KNAUR⊙

CHRISTINA KLEIN

Roadtrip mit Emma

1 Van, 2 Verliebte und 40 000 Kilometer
bis ins tiefste Sibirien

Besuchen Sie uns im Internet:
www.knaur.de

Originalausgabe Mai 2019
Knaur Taschenbuch
© 2019 Knaur Verlag
Ein Imprint der Verlagsgruppe
Droemer Knaur GmbH & Co. KG, München
Redaktion: Nadine Lipp
Covergestaltung: Isabella Materne
Coverabbildung: Christina Klein
Bildnachweis: Alle Fotos im Innenteil aus dem Archiv
von Christina Klein und Paul Nitzschke
Karten: Computerkartographie Carrle unter Verwendung von
Shutterstock.com: dikobraziy und KuKanDo
Bus: Vector / Shutterstock.com
Satz: Adobe InDesign im Verlag
Druck und Bindung: CPI books GmbH, Leck
ISBN 978-3-426-79030-4

2 4 5 3 1

INHALT

PROLOG
7

BERLIN
9

VON POLEN BIS NACH
RUMÄNIEN
31

DURCH MOLDAWIEN UND
TRANSNISTRIEN
38

DURCH DIE UKRAINE
NACH GEORGIEN
49

GEORGIEN
55

RUSSLAND
74

KASACHSTAN, ZUM ERSTEN
101

SIBIRIEN
110

KASACHSTAN, ZUM ZWEITEN
131

KIRGISISTAN
143

TADSCHIKISTAN
158

USBEKISTAN
185

ASERBAIDSCHAN
202

IRAN
209

HALLO, EUROPA
220

EPILOG
221

PROLOG

Ich bin Emma. Ein Mercedes 407 D, geboren 1986. Unter Fachleuten werde ich auch gerne Düdo genannt. Für mein Alter bin ich schon ein Oldtimer, und manchmal fühle ich mich auch so. Etwa wenn ich eine kleine Roststelle habe oder beim Fahren ab und zu quietsche. Aber solange man mich liebevoll pflegt und mich nicht in einer Scheune vergisst, werde ich auch noch die nächsten dreiunddreißig Jahre auf der Straße unterwegs sein.

Vor etwa sechs Jahren hat Paul mich aus meinem Schlaf geweckt. Ich war früher als Fahrzeug fürs Technische Hilfswerk im Einsatz, bis mich ein Bauer erwarb und als Transporter für seine Kälber nutzte. Doch mein wahres Potenzial hat erst Paul aus mir herausgeholt. Er baute mich innerhalb eines Jahres mit viel Liebe zu einem kleinen, gemütlichen Zuhause um. Mit allem, was dazugehört. Einem großen Bett, das tagsüber zu einer Sitzecke umfunktioniert wird, und einer kleinen Küche mit Waschbecken und Gasherd. Sogar eine Dusche und eine Markise sind an meinem Dach befestigt. Ich bin bereit, die Welt zu erkunden, solange mich meine Räder tragen. Eine schönere Berufung hätte ich mir nicht vorstellen können.

BERLIN

Tinder und seine Folgen

Es ist zwei Uhr morgens. Ich liege im kalten Bett. Verstecke meine Nase unter zwei dicken Daunendecken. Es ist bitterkalt auf dem brandenburgischen Land. Draußen sind null Grad, in dem Dachgeschosszimmer, in dem ich schlafe, sind es ganz sicher weniger als fünfzehn. Meine Augen fallen zu. Mein Körper konzentriert sich darauf, die etwa siebenunddreißig Grad Körpertemperatur zu halten, doch meine Kraft hat mich für heute schon verlassen.

Ich schaue neben mich, die Bettseite zu meiner Linken ist leer. Paul steht noch draußen und baut an unserem zukünftigen Zuhause. Unserem Haus auf Rädern. Woher er wohl diese Motivation nimmt? Meine Motivation jedenfalls ist auf dem Tiefpunkt. Arbeiten, Uni, Camper bauen, ausziehen, Bürokratiestuff erledigen, alles zusammen ergibt eine anstrengende Mischung. Die letzten Wochen sahen wie folgt aus: aufstehen, wenn es fürs Duschen nicht reicht, schnell Trockenshampoo ins Haar, dann Uni, Architekturstudium. Linien ziehen, Wände verschieben, passt nicht, wieder Wände schieben. Zwischendurch Facebook, Instagram, was essen. Linien ziehen, Facebook, Instagram. Dann die letzte Bahn nehmen und schlafen. Tag für Tag. Der Energydrink wird zum täglichen Muss und das schnelle Schawarma-Sandwich zu meinem besten Freund.

Wenn die Architektur nicht meine Zukunft wäre, hätte ich das wohl keine zwei Wochen durchgehalten. Aber ey, schon ganze fünf Jahre ziehe ich das durch, und so kurz vor dem Ziel ist aufgeben keine Option. Der Master ist zum Greifen nah, und unsere große Reise kommt auch immer näher. Durchhalten.

Wenn ich nicht in Brandenburg beim Umbauen von Emma mithelfe, findet mein Alltag in Berlin statt. In dem aufregenden Berlin, von dem ich momentan absolut nichts mitbekomme. Denn das da draußen sind die anderen. Nicht ich. Die anderen fahren Freitagabend zu Freunden mit einem Bier in der Hand. Ich fahre nach Hause, um mich in mein friedliches Bett zu legen. Die einzige Verbindung zur Außenwelt ist die U-Bahn. In ihr sitze ich Tag für Tag. Kenne jeden bettelnden Obdachlosen. Jede stinkige Haltestelle. Die trostlosen Gesichter der Passagiere. Von Neukölln bis in die Uni nach Wedding sind es ganze vierzig Minuten. Fast zwei Stunden tägliches soziales Überleben. Ich sitze auf dem rot-blauen Camouflagemuster. Mit meinen schwarzen Klamotten sondere ich mich von der Sitzfläche ab so wie alle anderen in Berlin. Schwarz ist die Lieblingsfarbe der Berliner. Gerne melancholisch wirken, nicht zu fröhlich sein und auf keinen Fall zufrieden aussehen. Der Boden der U-Bahn ist übersät von festgetretenen Kaugummis. Man muss genau hinsehen, um sie zu erkennen. Auf dem grau melierten Laminat fallen sie kaum auf.

»Yallah, yallah!«, höre ich jemanden beim Einsteigen rufen. Ich blicke zu ihm auf. Ein Mann um die dreißig mit kurzen schwarzen Haaren und einem sehr akkurat rasierten Bart. Er drängelt sich an den anderen Passagieren vorbei. Er wirkt etwas genervt und hektisch. Während er sich durch die U-Bahn schlängelt, um einen Platz zu finden, kann ich nicht aufhören, ihn anzustarren. Wo kommt er wohl her? Wie ist er in Berlin gelandet? Ist es diskriminierend, wenn ich bei seinem Erscheinungsbild denke, dass er Ausländer ist? Sein Gesicht erzählt eine Geschichte. Ich würde nur zu gerne genauer wissen, was für eine. Ich lasse meinen Blick weiterschweifen und sehe mir die Personen im Bahnabteil an. Keine gleicht der anderen. Wo sie wohl alle herkommen? Das blonde Mädchen mit den hochgezogenen Socken oder der attraktive große Mann mit den zerrissenen Jeans. Welchen Ort oder welche Gegend würden sie als ihre Heimat angeben? Berlin? Das Vogtland? Oder ein Land im Fernen Osten? Was würde ich antworten, wenn man mich fragen würde? Würde ich Deutschland-Bayern-Unterfranken sagen oder doch Russland?

Diese Frage begleitet mich, seit ich denken kann, seit ich in Deutschland lebe. Meine Vorfahren waren Deutsche, die in Russland lebten. Sie sind eines Tages ausgewandert, um Hunderte Jahre später wieder einzuwandern. Wir sind als sogenannte Spätaussiedler nach Deutschland gekommen, doch die russische Zeit wiegt schwer. Sie hat sich wie ein Schleier über das Leben gelegt. Er bestimmt, wie dich jemand ansieht und wie du andere siehst. Wie du fühlst und denkst, wie du tanzt und dich in der Welt bewegst. Was dich zum Weinen bringt und was dich krümmen lässt vor Lachen. Die Zeit lässt den Schleier immer dünner und dünner werden. Doch er bleibt. Er lässt sich niemals endgültig abstreifen. Ich kann nicht sagen, ob ich deutsch oder russisch bin. Ich bin etwas dazwischen. Immer dazwischen zu sein lässt einen nachdenklich werden.

Als wir 1995 ausgewandert bzw. wieder eingewandert sind, ließen meine Eltern alles, was sie hatten, zurück. Allein mit uns Kindern im Gepäck ging es in ein fremdes Land. Sie waren Deutschrussen. Jedoch war zu dem Zeitpunkt absolut nichts Deutsches an ihnen. Der deutschen Sprache nicht mächtig, mussten sie sich ein neues Zuhause aufbauen. Ein neues soziales Umfeld erschaffen. Ich weiß noch, als ich mit meiner Mutter zum Metzger gegangen bin. Es war Herbst. Herbstzeit war die Zeit, um Wurst zu machen. Dafür setzten sich meine Eltern ein ganzes Wochenende lang in die Küche, mit einer Flasche Wodka bewaffnet, und kochten Schweineohren, Füße und Leber. Diese wurden durch den Fleischwolf gejagt, um dann in

11

echten Darm gestopft zu werden. Den Darm mussten wir uns extra beim Schlachter besorgen.

»Sechs Meter Magen, bitte«, forderte meine Mutter ganz selbstverständlich.

»Magen? Sechs Meter? Was soll das für ein Tier sein?«

»Na Schwein. Ich brauche für Wurst«, sagte meine Mutter, »zum Stopfen.«

Der Metzger begriff so langsam, was meine Mutter von ihm wollte. Er ging nach hinten, verschwand für eine Weile und kam mit einer kleinen Tüte voll Darm zurück. Meine Mutter zahlte zufrieden.

Ach, Mamuschka. Als Kind hatte ich von da an das Problem, Magen und Darm zu unterscheiden. In der Tiefkühltruhe hatten wir dann Vorräte, um mindestens den ganzen Winter über unsere eigene Wurst zu verspeisen. Eier mit Wurst. Kartoffeln mit Wurst. Pausenbrote mit selbst gemachter Wurst. Letzteres machte bei den anderen Kindern in der Schule keinen besonders coolen Eindruck. Wenn ich die Alufolie von meinem Wurstbrot abnahm, wanderten alle Augen zu mir und schauten fragend, was für ein ekliger Knoblauchgeruch das sei.

Während ein anderer ekliger Geruch mir in der U-Bahn in die Nase steigt, knallt mir eine leere Flasche Bier bei jedem Stopp an einer Haltestelle gegen die Sneakers. Ich werde aus meinen Tagträumereien gerissen. Ich würde die Flasche gerne zur Seite schieben oder, besser noch, ein gutes Vorbild sein und die Flasche aufheben und bei der nächsten Gelegenheit neben einem Papierkorb abstellen, damit sie ein Pfandsammler mitnehmen kann. Aber selbst dafür reicht meine Kraft momentan nicht aus. So lasse ich die Flasche die nächsten acht Haltestellen immer und immer wieder gegen meinen Fuß rollen. Fast schon angenehm. So komme ich nicht in die Versuchung, meine Augen zu schließen und die Haltestelle zu verschlafen. Aber bald ist es vorbei. Bald ist ja Mai. Dann ist die Wohnung abgegeben, der Master abgeschlossen, und wir sitzen beseelt in unserem orangen Bus Richtung Ferne. Der Gedanke an den baldigen Aufbruch in die Freiheit lässt mich in einen tiefen Schlaf fallen.

Am nächsten Morgen versuche ich meine letzten Kräfte dafür zu nutzen, mich in meine Arbeitsklamotten zu zwängen. Paul steht schon draußen in der Kälte und schraubt. »Dieser Verrückte«, denke ich. Es ist Samstagmorgen und mitten im Februar. In einem kleinen Dorf in Brandenburg namens, wie passend, »Klein Mutz« befindet sich der Hof von Pauls Eltern. Ein alter Vierseitenhof mit Scheunen aus Klinker, die jetzt als Ferienwohnungen dienen. Der perfekte Ort, um dem Stadtgetümmel zu entfliehen und um ganz in Ruhe am Camper zu werkeln. Dieser Samstag zeigt sich von seiner besonders eisigen Seite. Die kurzen Tage zwingen uns zu einem enormen Tempo. In ein paar Stunden wird es schon wieder dunkel, und die Sonne verschwindet dann langsam hinter dem altersschwachen Schuppen. In ein paar Minuten ist sie nicht mehr zu sehen, und die Kälte legt sich wie ein frostiger Schleier über den gesamten Hof. Dann werden aus zwei Grad gefühlte minus fünf, und die Hände gefrieren zu steifen Klumpen. Ich ziehe mir noch ein zweites Paar Socken an, bevor ich in meine Stiefel schlüpfe. Als ich aus dem Haus trete, sinkt meine Arbeitsmotivation gegen null. Jetzt macht mir nicht nur meine Müdigkeit zu schaffen, wegen der zusätzlichen unerträglichen Kälte wünsche ich mich erst recht ins Bett zurück.

Ich laufe über den Hof zum Camper. Es brennt ein kleines Licht in der Werkstatt. Ich höre schon den Akkuschrauber von Weitem dröhnen, bevor ich Paul erreiche. Er versteckt sich im vollgestellten Wagen zwischen all dem Holz und befestigt die Schranktür der Küche. Als ich laut nach ihm rufe, dreht er sich zu mir um. Erschöpft sieht er aus. Unter seinen Augen haben sich tiefe, dunkle Ringe gebildet. Sein Bart ist lang und wirkt ungepflegt. Er wischt sich die laufende Nase mit seinem schmutzigen Ärmel ab und schaut mich ganz entmutigt an. Die Tür passt nicht.

Du hast dich beim ersten Mal verschnitten und die Löcher für die Scharniere falsch gesetzt. Für den zweiten Anlauf war nicht mehr genug Holz da. Nun werkelst du an dem ersten Fehlversuch rum und gibst dein Möglichstes, um wenigstens einen Punkt auf der heutigen To-do-Liste abzuhaken. Am liebsten würde ich dich jetzt in meine Arme schließen und dir den ganzen Druck von den Schultern nehmen. Aber dafür ist keine Zeit. Mein Ziel für heute sind die Mosaikfliesen in der Küche. Die kleine Camperküche soll aus einer Arbeitsfläche zum Hochklappen, aus einem Wasch- und Spülbecken und einem Herd bestehen. Im Bereich des Beckens und des Gasherdes muss die Fläche mit kleinen schwarzen Mosaikfliesen bestückt werden. Während ich den Mörtel für die Fliesen anmische, schweifen meine Gedanken ab.

Ich sehe Paul im Klub vor mir stehen. Wie er mich mit großen Augen anschaut. Das Licht so schräg, die Musik so laut. Es sind nun fast genau zwei Jahre her, dass wir uns kennengelernt haben. Es begann mit einer Dating-App.

Nein. Nein. Hm. Nee. Next. Nope. Ach, der vielleicht. Weiter. »Du hast ein Match mit Paul« erscheint groß auf meinem Handydisplay. Wer war noch mal Paul? Ach ja, der mit dem schwarz-weißen Foto. Weiter. »Hallo« zeigt mir Tinder an. Eine Nachricht von Paul. »Hallo« schreibt er. Mehr nicht. Ich schaue mir seine Fotos noch einmal an. Irgendwie nicht mein Typ, denke ich und gehe zurück zur allgemeinen Fleischbeschau. Ich muss ja nicht antworten. Mit einem Wisch sind sie weg. Wisch und weg. Weg auch jegliche Toleranz, Persönlichkeit, Selbstachtung und die eigene Würde. Hier zählt nur der erste Eindruck. Manchmal sogar die erste Emotion, die aufkommt. Ich lasse Pauls »Hallo« unbeantwortet. Wer hätte da schon ahnen können, dass das von Tinder groß angekündigte

»Any swipe can change your life!« mein Leben wirklich auf den Kopf stellen und es um 180 Grad drehen würde.

Zwei Wochen später begegne ich Paul im Kater, einem Berliner Klub. Als ich ihn im Vorbeilaufen sehe, rattert es in meinem Kopf. Mein Gehirn scrollt alle meine Matches durch. All die fremden Männer, die unverbindlichen Nachrichten. Wie bei einem einarmigen Banditen. Man zieht an ihm, und das Glück nimmt seinen Lauf. Kirsche, Kirsche, Paul. Nun kann ich sein Gesicht zuordnen. Ihn in Person und im echten Leben vor mir zu haben lässt mich gar nicht mehr so abgeneigt sein, ihn kennenzulernen. Nun habe ich eine Mission. Ich gehe auf ihn zu und erkläre ihm, dass wir doch ein Match auf Tinder hatten, ich aber leider auf seine Nachricht nicht geantwortet habe. Er sieht mich erstaunt an, und ich kann ganz genau sehen, wie sein einarmiger Bandit im Kopf anfängt zu rattern. Nur leider macht es bei ihm nicht »Jackpot«. Wir gehen trotzdem zusammen an die Bar in der Hoffnung, dass der Alkohol schon sein Übriges tun wird.

Betrunken vom Alkohol und der Nacht und den bunten Lichtern, kommt ein Gefühl der Wärme auf. Ich spüre, dass dieser Mann mir großen Ärger bereiten wird. Dass er große Veränderungen in mein Leben bringen wird. Ich spüre, dass es was ganz Besonderes wird.

Zwei Monate später erzählt er mir von seinen großen Plänen. Er möchte gerne verreisen, nicht nur für ein oder zwei Monate, nein, für ein ganzes Jahr oder mehr. Sogar vom Auswandern spricht er. Aussteigen aus dem Alltagsleben und von unterwegs arbeiten, komplett unabhängig sein.

Als diese Zukunftspläne auf den Tisch kommen, sehe ich schon den schmerzhaften Abschied vor mir. Ein Mann mit großen Träumen und Fluchtgedanken. Ich ärgere mich darüber. Wieso passiert mir das jetzt? Ich hatte doch schon unsere 08/15-Zukunft vor uns gesehen. Eine gemeinsame Wohnung, am Wochenende Freunde treffen, abends nach der Arbeit gemeinsam essen. Faul und zufrieden vom Leben werden. Gemeinsam. Doch dann kommen meiner Vision seine Ideen und sein Wunsch nach Freiheit in die Quere, und plötzlich stelle ich alles infrage. Unsere Beziehung, meine Zukunft, das Leben, das sich andere für mich vorgestellt haben.

Für Paul ist es keine Option, das Leben zu verschlafen. Ich für meinen Teil habe nie etwas lieber getan, als Tage, Wochen, Monate zu verschlafen. Für Paul stand auch immer schon außer Frage, ein Leben wie alle anderen zu führen. Für mich war es das Normalste der Welt, zu denken, dass alle anderen das richtige Leben führen.

Ich habe mir nie groß Gedanken um meine Zukunft gemacht. Es wird schon kommen, wie es kommt. Wie es halt auch die letzten fünfundzwanzig Jahre gewesen ist. Ich hatte nie großartig geplant. Klar, ich hatte genug von dem Kleinstadtleben und dem Kleinstadtdenken, deswegen ging ich zunächst nach Erfurt, dann nach Hamburg und schließlich nach Berlin.

Sobald man aber in Berlin ist, merkt man, dass man die Kleinstadt, die in einem drinsteckt, nicht wegkriegt. Zwischen all den alternativen Leuten fühlt man sich erst recht wie eine Landpomeranze.

Aber was will ich eigentlich? Paul hält mir mit seinen Zukunftsplänen und seinen Vorstellungen vom Leben ständig den Spiegel vor. Er weiß, was er will. Ich dachte immer, dass ich es auch weiß. Aber als ich anfing, darüber nachzudenken, wie meine Zukunft wirklich aussehen soll, wusste ich es nicht mehr. Nimmt man nämlich seine Familie, jegliche Vertrautheit und Sorglosigkeit einer sich nach den Gesetzen der Logik aufbauenden Zukunft und die Geschichten, die andere vom Leben erzählen, heraus, was bleibt dann? Ist das dann der eigene Wunsch?

Ich fing an, mir immer mehr Gedanken darüber zu machen, wohin ich will. Wo ich in zehn Jahren sein möchte. Und es kam immer mehr Unsicherheit in mir auf. Aber nur weil ich nicht weiß, wie meine Zukunft konkret aussehen soll, bedeutet das, dass ich den Traum anderer leben soll?

Innerlich drehte ich schon langsam meine Gefühle zu Paul auf Sparflamme. »Das hat doch keine Zukunft«, dachte ich mir. Als verzweifelte Strohwitwe in Berlin sah ich mich nicht, und so war nur noch das Ende der Beziehung ein möglicher Ausweg aus diesem Dilemma. Doch so rational, wie ein Mensch fühlt, so rational handelt er auch – nicht. Ich ließ es einfach laufen. In der Hoffnung, dass Paul seine Pläne über Bord werfen und doch bei mir bleiben würde, in Berlin und bei seinen Freunden. Doch es kam alles anders. Je mehr Zeit wir miteinander verbrachten, desto mehr liebäugelte ich mit seiner Vorstellung von der Zukunft.

Um mit Paul mehr Zeit verbringen zu können, musste ich mich entscheiden: Entweder ich werkle mit am Bus rum, oder unsere Beziehung besteht nur aus wöchentlichen Treffen. Es war anfangs schwierig zu akzeptieren, dass der Bus Emma mehr Aufmerksamkeit bekam als ich. Manchmal verspürte ich sogar eine leichte Eifersucht. Sie genoss täglich seine Streicheleinheiten, und ich musste mich nur mit der Vorstellung vertrösten. So beschloss ich, einfach selbst mit anzupacken. Eine kleine Dreier-Liebesgeschichte entstand. In jeder freien Minute schraubten wir gemeinsam an Emma. Der Boden wurde neu verlegt, die Wände und die Decke mit Holzlatten verkleidet. Plötzlich wurde der Camperausbau zu einem gemeinsamen Projekt, und ich wurde ein Teil von Pauls Reiseplänen. Langsam nahm alles eine realistische Gestalt an. Je kompletter der Ausbau wurde, desto greifbarer wurde die Vorstellung einer gemeinsamen Zukunft auf Reisen. Stück für Stück konnte ich mich mit dem Gedanken anfreunden, Deutschland zu verlassen und ein Leben außerhalb der Norm zu führen. Was hatte ich denn zu verlieren? Meine Skepsis wich einer unnatürlichen Euphorie. Ich bildete mir manchmal ein, endlich den Sinn meines Daseins verstanden zu haben. Ich bin doch frei. Ein Individuum. Wer hat schon das Recht, mir zu sagen, wie ich meine Zukunft zu gestalten habe? Ich werde reisen. Keinen Urlaub machen, sondern reisen. Weit weg und unabhängig. Wie die Nomaden von Land zu Land umherziehen. Nicht wissend, wo der Tag endet und der Morgen startet. Essen, was die Natur hergibt. Sprachen lernen. Kulturen verstehen. Mich bis auf das Minimum reduzieren. Und dann holte mich die Realität wieder ein. Ist es mein Traum, oder werde ich den Traum eines anderen leben?

Nun hatten Paul und ich nicht nur ein gemeinsames Projekt, sondern auch ein gemeinsames Ziel. So traumhaft das jetzt auch klingen mag, so furchtbar war es manchmal. Wir kannten nur noch das Arbeiten auf das Ziel hin. Dinge erledigen, um die nächsten Dinge anzufangen. Das Projekt Emma forderte alles von uns und unserer Beziehung. Wir gaben unsere Beziehung im Jetzt auf, um eine Beziehung im Später zu haben. Das war verrückt. Es entfernte uns mehr, als es uns zusammenführte. Gemeinsame erholsame Tage – Fehlanzeige. Mal ein entspanntes Abendessen oder ein Kinobesuch waren nicht mehr drin. Es kreiste alles nur noch um Emma. Ich erkannte eine Beziehung in unserer Beziehung nicht mehr. Das, was andere Pärchen hatten, war bei uns nicht üblich. Aber der Gedanke an eine gemeinsame Reise ließ uns weitermachen. Es einfach durchstehen. Aus einem Flirt wurde eine lebensverändernde Entscheidung.

Hier sitze ich nun. Mit den kleinen Mosaiksteinen in der Hand in meinem zukünftigen Zuhause auf Rädern. Wer hätte das wohl gedacht, als es bei Tinder hieß: »Any swipe can change your life!«

Ich gehe dahin, wohin du gehst

Ich bin gerade die falsche Straße abgebogen. Ich versteh das nicht. Zum bestimmt dreißigsten Mal fahre ich diese Strecke von Berlin nach Klein Mutz, und ausgerechnet jetzt biege ich falsch ab. Eine kleine abgelegene Straße, auf der zwei Autos kaum aneinander vorbeipassen. Die Äste der an der Straße stehenden Bäume biegen sich durch den Fahrtwind. Ich muss aufpassen, dass ich ihnen nicht zu nah komme und die feinen Spitzen den Lack des Autos zerkratzen. Im Gepäck ist meine Familie. Mein Vater sitzt neben mir und brodelt innerlich, weil ich seinen 3er-BMW mit sechzig Kilometern pro Stunde auf einer nie befahrenen Landstraße entlangjage. Meine Schwester sitzt hinter mir und brüllt mir ins Ohr, was ich sowieso schon längst weiß, dass ich falsch abgebogen bin, und meine Mutter versteht momentan gar nicht, was los ist.

Wir sind auf dem Weg zu Pauls Familie. Ich weiß gar nicht, wer diese blöde Idee zuerst hatte. Pauls Mutter, meine Mutter? War das doch ich, in einem euphorischen Moment? Auf jeden Fall ist es jetzt zu spät, umzukehren. Dank der Schotterpiste ist es im Auto zu laut, und die Lautstärke meiner panischen Gedanken wird dadurch immer leiser. Meine russischen Eltern treffen auf Pauls deutsche bürgerliche Familie. Das kann ja nur heiter werden – oder auch nicht. Ich war noch nie ein Fan davon, Familien zusammenzuführen. Außer es würde in irgendeiner fernen Zukunft eine Hochzeit stattfinden. Wieso sollte man sich treffen? Es muss doch seinen Grund haben, warum jeder seine eigene Familie hat. Meiner Mutter war es wichtig, Paul kennenzulernen. Den Mann, mit dem ich das nächste Jahr ununterbrochen zusammen sein werde und der mich durch die halbe Weltgeschichte kutschieren wird. Er muss ja begutachtet und für gut befunden werden, bevor ich in seine Obhut gelassen werde. Nur fürs Gewissen aller Beteiligten, weil sich an meiner Entscheidung ja sowieso nichts mehr ändern wird. Macht man ja so. Bei den Russen. Da werden alte Sitten noch bis ins 21. Jahrhundert getragen und über den halben Kontinent gezerrt.

Als ich meiner Mutter von meinen Reiseplänen erzählte, hat sie reagiert wie bei jedem meiner unerwarteten Pläne. Mit Kopfschütteln.

»Mama, ich mache keine Ausbildung, ich möchte mein Fachabitur machen und dann studieren.«

»Wieso?«, fragte sie ungläubig.

»Mama, ich gehe nach Erfurt zum Studieren.«

»Wieso? So weit weg? Nicht lieber in der Nähe?«, schüttelte sie den Kopf.

»Mama, ich gehe nach Hamburg.«

»Wieso? Muss das sein? Da unterstütze ich dich aber nicht«, antwortete sie verärgert.

»Mama, ich gehe nach Berlin.«

»Nein! Wieso? Ach, mach, was du willst, aber erwarte keine Hilfe von mir«, schüttelte sie erneut ihren Kopf.

Mich wundert es, dass vor lauter Kopfschütteln ihr hübscher Kopf noch so aufrecht steht. Ich weiß nicht, ob ich viele Entscheidungen getroffen hätte, wenn sie auf alles mit »Ja und Amen« geantwortet hätte. Viele Entschlüsse waren sicher aus Trotz. Nach einem »Nein« folgte für mich immer der Widerstand. Deswegen nehme ich ihr die Gegenwehr auch nicht übel. Ohne ihr Kontra wäre ich sicher niemals da gewesen, wo ich war und jetzt bin.

Als ich ihr von der Reise erzählte, kamen ihr sogar die Tränen. Natürlich hab ich erwartet, dass sie dagegen sein und weinen würde, aber ich verstand es nicht. Ich verstand nicht, wieso sie es nicht verstehen konnte, dass ich um die Welt ziehen möchte. Ich verstand auch nicht, wieso eine Frau wie meine Mutter so viel Angst vor Ferne und Abstand hat. Sie hatte sich damals doch auch für eine große Reise entschieden. Eine viel größere als ich. Sie ließ Vertrautes und Geliebtes zurück. In einer schweren Zeit, mit zwei kleinen Kindern. Sie hat ihren Job gekündigt, ihre Einzimmerwohnung verkauft und hat Tschüss zu Russland gesagt. Sie hat doch ein viel größeres Opfer gebracht als ich jetzt. Ich weiß nicht, ob ich damals an ihrer Stelle genauso viel Mut gehabt hätte. Aber vielleicht ist genau das der Grund für ihre Ablehnung. Sie weiß, wie hart es für sie war, und möchte nicht, dass ich diesen Schmerz auch empfinde. Weil ihre Familie so weit weg ist, möchte sie mich nun umso näher bei sich haben. Aber ich will nicht für immer weg, ich möchte nur wissen, wo ich eigentlich herkomme. Wo meine Wurzeln sind und was mich zu dem Menschen macht, der ich jetzt bin.

Meine Eltern sind zu Zeiten der Sowjetunion aufgewachsen. Als Russland noch ein großes Reich mit viel Macht war. Als östlich von Deutschland bis in die Mongolei ein und dieselbe Sprache gesprochen wurde. Als der Rubel noch rollte, bis er schließlich aufhörte zu rollen. In der Schule lernten sie Deutsch, und nach der Schule ging es raus aufs Feld. Zum Studieren ging es in die große Stadt, und geheiratet wurde im sibirischen Winter auf dem Dorf. Bis die Zusage aus Deutschland kam. Drei Jahre haben sie auf eine Antwort gewartet. Im November 1995 begann ein neues Kapitel für uns und eine Tragödie im Leben meiner Mutter.

Wenn ich meine Mutter frage, wie es damals für sie war, spüre ich eine Menge Trauer. Ich habe sie viel über Russland und das Leben in einem kommunistischen Staat ausgefragt. Ihre Geschichten sind spannend und klingen für mich wie aus einer fremden Welt. Gerade deshalb zieht es mich nach Russland zurück. Immer wenn ich russische Musik höre, bin ich gedanklich wieder in meiner Kindheit. Ich kenne sie alle. Die Popsongs, die immer noch auf Hochzeiten gespielt werden, die Songs zum Mitsingen, die auf keiner russischen Party fehlen dürfen, und die Songs, die ich als Kind auf meinem Kassettenrekorder gehört habe. Ich höre sie immer noch. Dann überkommt mich ein gutes Gefühl und gleichzeitig eine eigenartige Melancholie. Am liebsten würde ich dann gerne weinen und lachen und tanzen und singen und alles auf einmal zur gleichen Zeit.

Ich will Paul den Ort zeigen, an dem ich meine Kindheit verbracht habe. Den Ort, der mich im Tiefsten geprägt hat. Zeigen, wo meine Narbe am Knie herkommt und meine Leidenschaft für Teigtaschen. Vielleicht versteht er dann, wieso ich diese schreckliche Musik immer noch höre und lautstark voller Begeisterung mitsinge. Gleichzeitig ist das auch eine Reise für mich, damit ich selbst sehe, wo mein Ursprung ist, und um meine Erinnerungen zu füttern, damit sie nicht vollkommen erlöschen.

Für Paul war die Entscheidung, die ehemalige Sowjetunion zu durchqueren, eine Erleichterung. Er wollte schon immer den östlichen Teil Europas und Zentralasien sehen. Doch ohne jegliche Sprachkenntnisse und ohne sich in der sowjetischen Kultur auszukennen, wäre das eine unglaubliche Herausforderung gewesen.

Um eine Strecke von 20 000 Kilometern zurückzulegen, braucht man manchmal mehr als nur Abenteuerlust. Die Motivation, in eine andere Gesellschaft einzutauchen und ein bestimmtes Ziel zu haben, sollte nicht fehlen. Ich verstand mich plötzlich als Tor zur russischen Welt. Ich würde ihm russische Schimpfwörter beibringen, ihm zeigen, wie einem bei der Russenhocke die Beine nicht einschlafen und wie man nach dem zehnten Wodkashot immer noch aufrecht stehen kann. Ihn in den Kosmos der frittierten, gekochten, gebratenen Teigtaschen einführen und ihm meine Liebe zu russischem Pop begreiflich machen. Aus Paul wird Pawel. Ganz bestimmt.

Unsere Familien sitzen gemeinsam am Küchentisch. Kaffee steht bereit, Kuchen auch. Doch die Stimmung löst sich erst, als der erste Sekt geöffnet wird. Zack, finden unsere Mütter ein gemeinsames Thema: Kinder, besser gesagt Enkelkinder. Dass es doch endlich Zeit für Nachwuchs wäre und wenn wir diese Reise überstanden haben, dann wäre das doch ein Zeichen. Sie würden uns dabei unterstützen, und wir hätten doch die besten Voraussetzungen, um eine kleine Familie zu gründen. Paul und ich wissen nicht, was wir darauf antworten sollen. Doch unsere Meinung ist in dieser Angelegenheit momentan sowieso nicht gefragt. Wir lassen unseren Müttern die gemeinsame Begeisterung und stoßen alle auf unsere Zukunft und die Zukunft, die für uns beschlossen wurde, an.

Nachdem Paul begutachtet wurde, geht es nun zu Emma. Meinem zukünftigen Zuhause auf Rädern. Meinem neuen Heim, das mir die Welt zeigen wird. Meine Eltern stehen vor diesem alten Bus, der früher mal als Transporter für Kälber diente. Ein wenig sieht man dem Gefährt seine Erfahrung an, doch wenn man dieses positive Orange ein wenig auf sich wirken lässt, entsteht ein warmes Gefühl der Geborgenheit. Man fühlt, dass Emma uns dahin bringen wird, wohin wir auch immer wollen. Meine Eltern können diese Begeisterung jedoch nicht ganz nachvollziehen. Als Russe hältst du nichts von alten Autos. Sie müssen neu und schnell sein, Aufsehen erregen und nach Geld aussehen und am besten mit einem Fünfjahreskredit abbezahlt werden. Aber ey, Hauptsache coole Karre!

Ich sehe meiner Mutter den leichten Schock an. Sie schaut sich im Camper um und wirkt etwas überfordert. Während mein Vater anfängt, kleine unwichtige Details zu bemängeln, höre ich von ihr kein Wort. Ich merke, wie ihre sorgenvollen Gedanken in ihrem Kopf immer lauter werden.

»Mama. Es ist gut, dass das Auto so alt ist. Paul kann dadurch ganz viel selbst reparieren«, versuche ich, ihr die Sorgen zu nehmen.

»Schau, wie gemütlich es sein wird, mit dem Bett und der kleinen Küche. Richtig schön. Mein kleines neues Zuhause.«

Mist. Nur noch fünf Stunden. Ich renne von A nach B. Sortiere ein und um. Die gelben Säcke füllen sich immer mehr mit dem Müll vom Ausbau. Ich versuche, das Chaos der letzten Monate zu ordnen. Paul hat noch bis in die Morgenstunden die letzten Handgriffe am Camper getätigt und ist zwei Stunden später zur Arbeit gefahren. Ich musste schon um drei Uhr nachts kapitulieren, weil mein Körper nicht mehr konnte. Nicht mehr wollte. Zwei Tage zuvor hatte ich meine Masterverteidigung. An Feiern durfte ich keinen Gedanken verschwenden. Direkt danach ging es wieder auf den Hof, und es wurde weitergebaut. Denn bis heute musste alles stehen. Jedes Gewürz, alle Teller und Töpfe an ihrem Platz sein. Mit dem ganzen Stress hatte ich noch gar keine Zeit, mir Gedanken zu machen, was ich überhaupt genau einpacken muss. Geplant ist ja, dem Sommer hinterherzufahren. Also werden nur zwei Pullis, eine lange Hose und ein Übergangsmantel zu den Sommerklamotten gepackt. Ich darf ohnehin nicht zu viel mitnehmen. Paul hat mir ein kleines Regal zur Verfügung gestellt. Ein Miniregal für ein ganzes Jahr. Ist klar. Hab ich ein Glück, dass er beim Einräumen nicht dabei ist.

In allen möglichen Ecken verstecke ich noch Cremes und Kleider. Da noch einen Rock und dort noch ein Jäckchen. Hier noch einen Föhn. Es fällt mir schwer, einige meiner Lieblingssachen zurückzulassen. Doch ich denke, unterwegs werde ich sicher keinen Blazer oder fünf Paar Schuhe gebrauchen können. Da wird mein Lieblingsoutfit wohl aus einer Leggings und einem Hoodie bestehen. Den restlichen Platz in den Schränken nehmen Bettwäsche, Handtücher und Küchenutensilien ein. Auf dem Dach sind zusätzlich noch zwei große Boxen befestigt, in denen sich alle möglichen Werkzeuge für Emma befinden. Ersatzteile, Öl und was einem noch so zur Reparatur eines Autos einfällt, will Paul unterwegs kaufen. In den östlichen Ländern soll es viel günstiger sein. So denken wir bei vielen Dingen, die eigentlich zum Reisen dazugehören. Medikamente, Lebensmittel oder passende Kleidung können wir immer noch besorgen, sobald wir Bedarf haben. Wir fahren ja nicht für ein Jahr in die Sahara, sondern einfach nur in den Osten.

Ich kratze meine letzte Energie zusammen. In fünf Stunden müssen wir auf unserer Abschiedsparty sein. Paul kommt in zwei Stunden von der Arbeit. Sein letzter Tag heute. Emma muss abfahrtbereit sein, die Scheune aufgeräumt hinterlassen werden, und ich muss mir auch noch den Stress der letzten Monate vom Körper waschen und mich zurechtmachen, damit mir jeder die glückliche Reisende abnimmt. Denn keiner kann sich vorstellen, was wir das letzte halbe Jahr durchmachen mussten. Von durchgemachten Nächten an unserer Camper-Baustelle bis hin zu dramatischen Streitereien. Es war wirklich kein Zuckerschlecken. Diesen stetigen Kampf ums Überleben unserer Beziehung hätten wir fast nicht gemeistert, wenn wir uns nicht immer vor Augen gehalten hätten, wie kurz vorm Ziel wir sind.

Selbst ein Tag vor der Abfahrt kreist eine unangenehme Unsicherheit in meinem Kopf herum. Was, wenn das Ganze nichts für mich ist? Was, wenn ich nach ein paar Wochen diese Enge und die Zweisamkeit nicht mehr aushalte? Ich habe hier in Berlin alles aufgegeben, da kann ich dann nicht einfach wieder zurück. Vielleicht kann ich mich doch nicht mit so einem Lifestyle identifizieren. Ich brauche doch meine drei Kosmetiktaschen und die Möglichkeit, meine Ruhe zu haben. Zwar bin ich keine verwöhnte Modefanatikerin, die sich ungerne die Hände schmutzig macht, jedoch bin ich auch keine leidenschaftliche Unter-den-Sternen-Schläferin. Denn immer wenn ich an Camping denke, tauchen Lisa oder Agnes in ihren Outdoorklamotten vor meinem inneren Auge auf, wie sie Holz fürs Lagerfeuer sammeln. Sie wollen ihr Leben um 360 Grad drehen. Ihren Besitz minimalisieren und zu einem großen Abenteuer aufbrechen. Im Dorf sagt jeder ungläubig: »Oh, ist das denn nicht gefährlich? Für mich persönlich wäre das ja nichts. Ich reise dieses Jahr lieber nach Bulgarien.« Lisa oder Agnes und ihr Mann sind dann die neuen Helden im Ort. Hier in Berlin interessiert es aber niemanden, ob nun das tausendste Pärchen zu einer Weltreise aufbricht. Hier ist ja irgendwie jeder auf seiner ganz eigenen permanenten Reise.

Klar reise ich auch gerne. Bin natürlich auch schon einige Male verreist. Mal eine Woche Istanbul, mal ein paar Tage nach Italien, aber gleich 365 Tage über zwei Kontinente und durch sechzehn verschiedene Länder? Kann ein Mensch überhaupt so viel verarbeiten und in seine Erinnerungen verpacken? Hat unser Gehirn nicht eine begrenzte Kapazität, die nach, sagen wir mal, zwanzig Millionen neuen Eindrücken verbraucht ist? Sodass das, was danach kommt, einfach nicht mehr abgespeichert wird und in den Untiefen unseres Unterbewusstseins verschwindet? Wird mich das Reisen zu einem anderen Menschen machen?

Vier Stunden später als geplant erscheinen wir nun auf unserer eigenen Party. Alle sind da, Familie und Freunde. Was vier Stunden Vorsprung beim Alkoholkonsum bedeuten, wird in diesem Moment besonders deutlich. Eine schäbige Bar mitten auf der Sonnenallee. Oben Biertheke, unten Kegelbahn. Ein Schnapsglas nach dem anderen wird geleert. Auf eine gute Reise angestoßen. Auf den Erfolg, gemeinsam so weit gekommen zu sein, und auf den Abschied.

Abschiedspartys kenne ich nur von Bekannten und von Freunden von Freunden. Abitur-Absolventen, die für ein Jahr ins Ausland gehen. Vor dem Studium noch was erleben. Danach geht ja das wahre Leben los. Mit sechsundzwanzig Jahren fühle ich mich etwas alt für solche Gedanken. In meinem Alter macht keiner mehr »Work and Travel« in Australien. Generation Y fliegt jetzt in Krisengebiete und zählt stolz die Länder auf, die sie bereist hat. Ein voll gestempelter Pass hat die gesammelten Festivalbändchen als Statussymbol abgelöst. Natürlich sage ich mir: »Ich mach doch was anderes. Ganz für mich selbst. Ich will noch was erleben.« Doch dass ich zu dieser Generation gehöre, ist einfach nicht abzustreiten.

»Ich soll meine Komfortzone verlassen«, sagt Paul mir ständig. Etwas riskieren und vom Materialismus Abstand nehmen. Meine Lebenszeit nutzen. Raus aus dem Alltag. Etwas wagen! Aber ich mag es in meiner Komfortzone. Sie heißt ja nicht umsonst KOMFORT-Zone. Da fühle ich mich wohl, da ist es bequem. Ich fliehe vor nichts. Ich mag Berlin, meine Freunde hier, und freier als in Berlin fühlt man sich in keiner anderen deutschen Stadt. Es ist keine Flucht. Es ist nur ein Abschnitt. Ein Abenteuer, von dem ich wieder nach Hause kommen werde.

Pauls Gedanken sind da etwas anders gestrickt. Er will nicht mehr für andere arbeiten. Er möchte sich seine Unabhängigkeit beweisen. Etwas aufbauen von unterwegs. Den zu hohen Mieten, dem schlechten Wetter und der deutschen Bürokratie entfliehen. Als digitaler Nomade leben und endlich frei sein. Seine Arbeitszeiten selbst bestimmen. Unter Palmen bei schönem Wetter arbeiten. Seine Motivation, ein anderes Leben zu führen, hat uns bis hierher gebracht.

Da stehen wir. Halten eine kurze Rede, bedanken uns für die große Unterstützung und entschuldigen uns für die Verspätung. Mir kommen dabei die Tränen. Jetzt ist es plötzlich so weit. In ein paar Stunden werden wir Berlin verlassen. Ins Ungewisse starten. Nach einem Jahr Vorbereitung fällt nun auch der Druck von meinen Schultern. Emma steht abfahrtbereit vor der Tür. Mit einem Mal begreift man, was jetzt passiert. Die Komfortzone liegt bald hinter uns, und wir sind bereit, ein paar letzte Schnäpse mit Familie und Freunden zu trinken.

Der Kopf fühlt sich schwer an. Der Mund trocken. Eine leichte Übelkeit überkommt mich, als ich versuche aufzustehen. Ich blicke nach links. Neben mir liegt Paul. Angezogen und mit einer dezenten Alkoholfahne. So langsam kommen die Erinnerung an den gestrigen Abend und das Bewusstsein, wo wir uns befinden. Ich setze einen Schritt nach dem anderen. Stütze mich auf dem Weg zum Klo an der Wand ab. Ganz langsam, damit mir nicht schwindlig wird. Wir sind bei Elke, und es ist unser letzter Morgen im wunderschönen Berlin. Die schlimmen Kopfschmerzen und der Kater kommen von unserer Abschiedsparty. Das Einzige, was jetzt noch helfen kann, ist ein ausgiebiges Frühstück mit ausgiebig viel Sekt.

Elke hantiert schon in der Küche rum. Ich frag mich, wie sie das nur macht. Jeder Kater, den ich habe, fühlt sich für mich wie eine Nahtoderfahrung an. Für Elke bedeutet jeder ausschweifende Abend einen Blackout. Mehr nicht. Am nächsten Morgen ist sie immer frisch und munter. Nur kann sie sich an kaum mehr was erinnern. Ich glaube, ich würde auch lieber den Blackout wählen. Manchmal ist es besser, nichts zu wissen, als sich am nächsten Tag bis sechs Uhr abends in seiner Scham und Übelkeit zu wälzen.

Als die Partyleichen wieder an einem Tisch versammelt sind, jeder für sich seinen Kater auf seine ganz eigene Art und Weise verdaut, werden Brötchen geschmiert, ein Kühlschrank voll Sekt geleert und die Ereignisse der letzten Nacht noch mal besprochen. Es ist ein schöner Morgen. Passend zu unserer Abfahrt scheint die Sonne. Gefühlt das erste Mal in diesem Jahr. Ich sitze auf der Bank, an die Wand gelehnt, trinke abwechselnd Kaffee und den leckeren Schaumwein. Ein wohliges Gefühl kommt in mir hoch, während ich das Geschehen am Tisch betrachte. Die Luft in der Küche wird schwer. Der Qualm der Zigaretten und das Licht der Sonne bilden einen empfindlichen Schimmer, sodass alles wie in Zeitlupe erscheint.

Dieser Moment beseelt mich. Ich weiß, dass ich diese Menschen einige Monate nicht sehen werde, aber ich weiß auch, dass ich wieder zurückkomme, und nichts, auch nicht diese schlappen zigtausend Kilometer, kann uns emotional auseinanderbringen.

Der Abschied von meiner besten Freundin Jasmin fällt mir besonders schwer. Ich wusste, dass bei mir kein Auge trocken bleibt, jedoch hätte ich nicht gedacht, dass es so dramatisch wird. Als bei Jasmin die Tränen kullern, ist bei mir alles vorbei. Jasmin, die ich in den ganzen Jahren unserer Freundschaft nur maximal zweimal habe weinen sehen, weint. Wegen mir. Wegen uns. Weil wir nicht mehr Tag für Tag füreinander da sein können. Jasmin und ich haben die letzten sechs Jahre das gleiche Schicksal geteilt, und in den letzten sechs Monaten haben wir unsere Freundschaft tagtäglich an der Uni intensiviert.

Wir arbeiteten bis in die Nacht zusammen an unserer Masterarbeit. Motivierten uns gegenseitig, mal das Haus zu verlassen. Gönnten uns zwischendurch großzügige Ablenkungen. Fuhren gemeinsam nachts mit der letzten U-Bahn nach Hause. Ich glaube, ohne sie hätte ich diese Zeit niemals so durchgestanden. Es ist immer gut zu wissen, dass man nicht alleine ist. In egal was für einer Situation. Jetzt müssen wir uns aber trennen. Jede geht ab heute ihren eigenen Weg, der unterschiedlicher nicht sein könnte. Ich ziehe in die Welt, und sie bleibt. Ich finde raus, was ich möchte, und sie sucht sich einen Job. Ich schlafe an den unwirtlichsten Orten ein und wache an noch unwirtlicheren Orten auf, und sie geht zur Arbeit. Ich hoffe, eine so wichtige Freundschaft hält diese Unterschiede aus. Wenn ich zurückkomme und wir von Neuem in die Nacht ziehen, möchte ich die gleiche Wärme der Vertrautheit spüren. Als wäre nie was gewesen. Als wäre ich nie weg gewesen. Viele Freundschaften halten eine solche Distanz nicht aus. In

Zeiten von Social Media und der ständigen Erreichbarkeit wird uns das Kontakthalten aber leicht gemacht. Wir müssen es nur tun.

Als wir Emma vom Karl-Marx-Platz fahren, winken sie uns mit Taschentüchern hinterher. Ich lehne mich aus dem Fenster und blicke noch einmal zurück auf diese wunderbaren Menschen.

VON POLEN BIS NACH RUMÄNIEN

Die ersten 2000 Kilometer

Die ersten 1000 Kilometer der Reise sind wohl die einfachsten. Die darauf folgenden 1000 wohl die schwierigsten. Ich glaube nämlich, dass ein Mensch einen gewissen Zeitraum braucht, um zu begreifen, dass er unterwegs ist. Und ich glaube, dass, wenn man mit dem Auto unterwegs ist, die ersten 1000 Kilometer dieser gewisse Zeitraum sind. Weil nicht nur die Landschaft und die Architektur sich erst ab einem gewissen Radius stark von denen der Heimat zu unterscheiden beginnen, sondern weil auch das Bewusstsein erst nach und nach die Komfortzone verlässt.

So fahren wir recht zügig durch Polen und die Slowakei. Uns hält es nicht auf den großen Autobahnen. Sobald Deutschland nicht mehr im Rückspiegel zu sehen ist, verschwindet das Einheitliche. Vor allem, seit wir das mystische Rumänien erreicht haben. Hier weicht die triste Gestalt Mitteleuropas einer unglaublichen Landschaft mit Häusern, wo keines dem anderen gleicht. Hier schreibt einem keiner mehr vor, dass das Hausdach mit roten Ziegeln gedeckt werden muss, damit es der Norm entspricht.

Auch die Straßen beginnen eine andere Sprache zu sprechen. Von ordentlich gegossenem Asphalt geht es nun mit der alten Emma über Schotter und kaputte Straßen. Wir müssen aufpassen, dass wir nicht über die Schlaglöcher brettern und uns die Achse ruinieren. Aber wir sind sowieso nicht die

Schnellsten. Als mir Paul vor der Abreise erzählt hat, dass wir nicht schneller als siebzig Kilometer pro Stunde fahren werden, war mir in keinster Weise bewusst, wie langsam das ist. Bei dieser Geschwindigkeit fühlt man sich ziemlich alleine auf der Straße. Aber mit siebzig Kilometern pro Stunde rauscht die Welt nicht an einem vorbei. Die Zeit, sich in die Landschaft zu verlieben und den Menschen hinterherzuschauen, fühlt sich unendlich an. Der Körper entschleunigt, und die Gedanken können sortiert werden.

Anfangs fiel es mir schwer, mich auf Langsamkeit umzustellen. Ich hatte immer noch die Schnelllebigkeit im Gepäck. Sie von Bord zu werfen funktionierte nur, indem ich Tag für Tag ein bisschen mehr runterschaltete. Die ersten Tage träumte ich noch von meinem Master. Immer wieder der Traum, wie ich kurz vor der Abgabe stehe und noch lange nicht fertig bin, in Panik gerate und erleichtert bin, als ich aufwache. Ich merke in den ersten Tagen, wie sich mein auf Leistung getrimmter Körper nur langsam wieder ins Gleichgewicht schaukelt, und dazu passt unsere Reisegeschwindigkeit perfekt, und genau hierfür habe ich die ersten 1000 Kilometer gebraucht. Auf den nächsten kann ich nun begreifen, was wir hier gerade tun.

Wir fahren durch Transsilvanien und sind auf dem Weg in die Karpaten, um von dort aus die Europäische Union zu verlassen, in Richtung Republik Moldau. Für Juni ist es ungewöhnlich kühl hier in der Region. Die Sonne lässt sich nur selten blicken. Wir fahren das erste Mal in Rumänien durch eine etwas große Stadt. Wir müssen ein paar Lebensmittel besorgen und Geld abheben. Die Stadt ist voll und laut. Schmutzig und stinkig. Da verstehe ich, warum sich die Sonne nicht zeigt. Für diesen Fleck auf der Erde lohnt es sich einfach nicht zu scheinen.

Emma schiebt sich langsam an den ganzen Autos vorbei. Die Menschen laufen auf der Straße, vor dem Auto und neben dem Auto. Vollbepackte Pferdewagen mit Großfamilien kommen uns entgegen. Ich bemerke, dass wir gegen den Strom fahren. Aber wo wollen alle hin? In dieser grauen, stickigen Stadt erhebt sich plötzlich auf der rechten Seite ein riesiger Jahrmarkt. Es funkelt und leuchtet, und ein dumpfer Bass ist zu spüren. Ich überrede Paul, einen Abstecher dorthin zu machen. Ich bin neugierig. Vor allem auf die Essensstände. Wir parken Emma rechts von der Hauptstraße. Als wir aussteigen, stellen wir fest, dass wir die neue Attraktion sind. Wir laufen keine zehn Meter weg vom Bus, und plötzlich schleichen drei komische Gestalten um unser Auto herum. Die Männer versuchen, zwischen den Vorhängen einen Blick ins Innere zu erhaschen. Ist es Neugier, oder suchen sie nach etwas Bestimmtem? Wir haben kein gutes Gefühl, Emma hier alleine stehen zu lassen. Paul beschließt hierzubleiben, während ich mich dazu durchringe, alleine auf den Jahrmarkt zu gehen.

Als ich über die Brücke laufe, unter mir ein ausgetrockneter Fluss und ein Haufen Müll, denke ich nach, ob es richtig war, Emma nicht alleine zu lassen. Vielleicht waren die Männer auch nur interessiert an Emmas Schönheit. Ihre Gestalt in dieser tristen Stadt wirkte vielleicht so anziehend, dass man nicht anders konnte, als einen Blick ins Innere erhaschen zu wollen. Vielleicht wollten die Männer auch nur ein paar Fotos machen, um Freunden und Bekannten zu zeigen, dass hier zwei verrückte Deutsche mit einem über dreißig Jahre alten Fahrzeug unterwegs sind. Aber unser Gedanke war natürlich, dass diese Männer nichts Gutes im Schilde führen. Diese Gypsies, Roma oder Zigeuner. Die wollen doch sicher nur klauen. Wir hätten Emma später ohne Felgen und ohne unsere Wertsachen wieder vorgefunden. Diese Vorurteile. Diese Klischees. Eigentlich ging ich davon aus, weltoffen zu sein und beim Anblick von jungen rumänischen Männern kein Urteil zu fällen.

Doch je mehr ich darüber nachdenke, desto mehr fällt mir auf, dass ich gar nicht so unvoreingenommen reise wie gedacht. Woran liegt das? Wieso kommt mir das Bild des Terroristen in den Kopf, wenn ich darüber nachdenke, dass wir bald durch Tschetschenien fahren werden? Warum glaube ich, dass uns in Russland auf jeden Fall der ein oder andere betrunkene Dörfler Stress machen wird? Ist meine Wahrnehmung gegenüber anderen Kulturen und Ländern durch die Medien so verfälscht, dass ich immer mit einem bestimmten Bild vor Augen in ein Land reise?

Ich bin ein toleranter Mensch. Bin anderen Kulturen gegenüber offen und interessiert. Kann ich meinem Umfeld die Schuld an meiner eigenen Voreingenommenheit geben? Vor der Reise hatten wir noch versucht, uns einen Plan aufzustellen und Informationen zu sammeln, was die jeweiligen Einreisebedingungen für bestimmte Länder sind. Schnell landet man auf der Seite des Auswärtigen Amtes, und schnell liest man Horrorwarnungen für die Einreise in die Ukraine, nach Russland, Tadschikistan und all die Länder dazwischen. Sobald ich die Warnungen vor Terroristen und korrupten Grenzern gelesen hatte, sponn ich mir ein Bild in meinem Kopf zusammen, und Angst und Unsicherheit machten sich breit. Will ich wirklich in ein Land reisen, in dem man entführt, verschleppt und vergewaltigt werden kann? Ist jeder Mensch, der mir in diesem gefährlichen Land begegnet, ein potenzieller Triebtäter?

Während ich mich durch die Menschenmenge zum Jahrmarkt dränge, merke ich, wie mich meine negativen Gedanken nicht loslassen. Die Menschen, die mir entgegenkommen, verurteile ich aufgrund ihres Aussehens. Bei jedem gefühlt komischen Blick drücke ich meine Tasche fester an mich. Als ich die ersten Meter durch den Eingang geschafft habe, merke ich, dass mein Verhalten total albern ist. Was tue ich hier gerade? Ich möchte das nicht. Ich möchte unvoreingenommen durch die Menge laufen, mich von der Stimmung mitziehen lassen. Mich sicher fühlen, und ich bin hier sicher. Ich werde interessiert angestarrt, und viele der Fremden grüßen mich.

Mich zieht es an den bunten Fahrgeschäften vorbei an die Essensstände. Ich hatte Paul versprochen, ich besorge uns was nettes Rumänisches zu essen. Die Schlange ist überschaubar, die Essensauswahl jedoch nicht. Auf dem Grill liegen Unmengen an Würstchen. Würstchenschnecken, Halbmeter-Würstchen, Würstchenspieße. Wer nicht so auf Wurst steht, gönnt sich was von der üppigen Grillfleischauswahl. Es gibt auch kleine frittierte Fische, Fleischbällchen, die wie Köfte geformt sind, Krautsalat und Kartoffeln. Ich entscheide mich für die letzteren vier Leckereien und beschließe, noch eine Runde zu drehen. Mit meiner Tüte voll mit in Alu verpacktem fettigem Essen schlendere ich vorbei am »Brakedancer«, der aussieht, als hätte er keinen TÜV mehr in Deutschland bekommen, aber gerade noch so gut ist, um im Ausland noch ein paar Jahre seine Runden zu drehen. Auf der anderen Seite hat sich eine Traube Halbwüchsiger gebildet. Sie brüllen laut. Artikulieren fluchend mit den Händen. Feuern an. Meine Neugier zieht mich näher ran. Zwischen all den jungen Männern steht ein Automat mit einem Boxsack, an dem man seine Kraft messen kann. Ich bleibe wie angeklebt stehen. Es fasziniert mich, wie ein banaler Boxsack all diese Jungs anzieht. Wie überall auf der Welt. Ob in Frankfurt, Nowosibirsk, Prag oder eben in Târgu Neamţ. Alle wollen ihre Kräfte messen, sich eine gewisse Stellung erboxen. Ich muss schmunzeln und gehe weiter, bevor das Essen kalt wird.

Wir sind froh, weiterfahren zu können. Aus der stinkigen Stadt weiter in die Berge. Wir brauchen einen Schlafplatz für heute Nacht. Einen Schlafplatz zu finden ist in der Realität leider nicht so romantisch, wie man es sich vorstellt. Meistens entscheiden wir spontan. Je nachdem, wie lange Paul Lust hat, und je nachdem, wie weit wir kommen wollen. Da wir momentan noch einen strengen Zeitplan haben, fahren wir manchmal sogar bis in die Nacht hinein. Sobald es dunkel wird, ist die

Schlafplatzsuche noch nervenaufreibender. Wir sind in Gegenden unterwegs, durch die wir zum ersten Mal fahren. Wir wissen meistens nicht, wie die Beschaffenheit der Straßen sein wird oder wie gut es die Menschen finden, wenn wir quasi in ihrem Vorgarten übernachten.

An diesem Abend haben wir leider wieder kein genaues Ziel. Die Landschaft verändert sich. Aus tristen Kleinstädten werden puristische Dörfer. Aus Asphaltstraßen werden Schotterpisten. Die weiten Agrarfelder weichen hohen Bergen. Plötzlich ist es grün um uns. Unglaublich grün. Die Straße in die Berge ist eine kleine Herausforderung für unsere Emma. Sie schlängelt sich nur langsam hinauf. Aber dafür habe ich genug Zeit, um die Aussicht zu bestaunen. Bei dem Anblick dieser Tannenwälder werde ich demütig. Rumänien hat es auf jeden Fall verdient, gesehen zu werden. Genau hier ist es wichtig, die ganzen Vorurteile beiseitezuschieben und sich selbst einen Eindruck von den Menschen zu machen. Ich würde am liebsten hier auf der Stelle stehen bleiben und die Aussicht bis zum Sonnenuntergang genießen. Paul möchte jedoch weiterfahren. Er ist noch fit und motiviert und möchte noch weitere 150 Kilometer zurücklegen.

Die Dunkelheit senkt sich langsam über die grünen Berge. Mit der Dunkelheit kommt der Nebel, und mit dem Nebel schwindet die Weitsicht. Einen guten Stellplatz für die Nacht zu finden wird also umso schwieriger. Immer wenn wir glauben, hier wäre ein guter Ort, merken wir, dass wir inmitten von Bauernhöfen stehen. Und sobald wir von der Hauptstraße abfahren, wird die Umgebung immer mystischer. Wir stellen uns an den Rand eines Feldweges. Durch den Nebel können wir keine fünf Meter weit blicken. Wir beschließen trotzdem hierzubleiben. Immerhin ist es schon weit nach Mitternacht.

Der Wecker klingelt. Wir möchten heute zeitig weiterfahren. Ich kann nur schwer meine Augen öffnen. Mir scheint es, als wäre es noch dunkel draußen. Über Nacht hat sich die Temperatur drastisch abgekühlt. Ich fasse mir an meine kalte Nase, um sie zu wärmen. Paul schläft noch tief und fest und hört den Wecker auch beim fünften Klingeln nicht. Ich krieche aus dem Bett, schlüpfe in meine warmen Socken und trete nach draußen. Was ich in diesem Moment erblicke, hätte ich nicht erwartet. Wir stehen in einem kleinen Dorf, umgeben von kleinen Holzhütten. Der Nebel steht immer noch leicht über den Hausfassaden. Wie Emma wohl in dieser mystischen Umgebung aussehen mag? Ein kleiner oranger Fleck in einem nebligen Grün.

DURCH MOLDAWIEN UND TRANSNISTRIEN

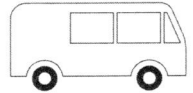

Hallo, ehemalige Sowjetunion

Rund 2500 Kilometer von Berlin entfernt verlassen wir die EU. An der Grenze zur Republik Moldau erhalten wir die ersten Stempel in unsere Pässe. Wäre nicht die Hälfte meiner ehemaligen Arbeitskollegen im Restaurant, in dem ich gejobbt hatte, aus Moldawien gewesen, wüsste ich nichts über dieses kleine Land, das zwischen Rumänien und der Ukraine liegt. An diesem Grenzübergang stellen wir uns auch zum ersten Mal die Frage: »An der Lkw- oder Pkw-Schlange anstellen?«

Die Lkw-Schlange ist deutlich länger, und da wir mit unseren 3,5 Tonnen glücklicherweise offiziell kein Lkw sind, geht es an all den wartenden Lkws vorbei. Wir werden von Weitem von einem Grenzbeamten gesichtet. Gezielt und mit strikter Miene stampft er zu unserem Auto. Er schaut etwas ungläubig, als er unser Gefährt sieht. Er bittet uns, zur Seite zu fahren und kurz zu warten. Einige Minuten später kommt ein junger Soldat mit einem Sturmgewehr im Anschlag und durchsucht den Camper erst einmal provisorisch. Er stellt Standardfragen wie: »Waffen dabei? Unerlaubte Substanzen im Gepäck?« Die ganze Prozedur vollbringt er, ohne einmal zu lächeln. Bis jetzt erfüllt der Grenzübergang jegliche Grenzklischees. Als sein Englisch nicht mehr ausreicht, packe ich meine eingeschlafenen Russischkenntnisse aus. Das kommt ihm natürlich gelegen. Zügig führt er mich in ein Häuschen, reicht mir Papier und Stift und lässt mich alleine zurück. In dem Moment bereue ich meine

Angeberei mit dem Russisch. Das Formular, das es auszufüllen gilt, ist natürlich in kyrillischer Schrift. Ich bin nie in Russland zur Schule gegangen, geschweige denn habe ich jemals ordentlich Russisch lesen und schreiben gelernt, also brauche ich eine ganze Weile, um überhaupt zu verstehen, was das Ganze soll. Für die Einfuhr des Autos muss eine ganze DIN-A4-Seite ausgefüllt werden. Mit allen Angaben zum Fahrzeug: Hubraum, Anzahl der Sitze, Leergewicht. Zudem noch für die Passagiere. Für jeden einen Zettel. Als ich mich mühselig durch die Formalitäten quäle, sehe ich an der Wand den gleichen Zettel hängen, nur auf Englisch. Toll. Hätte ich mir den Stress mit dem Russisch auch sparen können.

Jetzt habe ich nun mal die russische Version davon vor mir liegen, und so versuche ich, mich durchzuschlagen. Allerdings hilft mir der englische Zettel in der Vitrine, die schwierigsten Begriffe zu verstehen. Ich fülle den Wisch jedoch mit lateinischen Buchstaben aus. Kyrillisch kriege ich nur meinen und Pauls Namen hin. Der Beamte betrachtet mein halb geglücktes Ergebnis kritisch. Ich hoffe nur, dass ich nicht noch mal von vorn anfangen muss. Er zögert etwas, drückt mir die gestempelten Pässe in die Hand und gibt mir mit einem leichten Nicken zu verstehen, dass wir die Grenze passieren dürfen.

Plötzlich finden wir uns mitten in der ehemaligen Sowjetunion wieder. Moldawien ist ein überschaubares Land, es ist nicht viel größer als Brandenburg. Sobald man es betritt, spürt man den Einfluss der umliegenden Länder und den Einfluss des großen Bruders Russland. Zwar spricht man hier überwiegend Rumänisch, jedoch versteht mich jeder, wenn ich mein holpriges Russisch auspacke. Ich habe auch das Gefühl, dass die Menschen lieber russisch sprechen, aufgrund ihrer langen Zugehörigkeit zur UdSSR. Doch die Jugend zieht es überwiegend nach Europa. So auch meine Arbeitskollegen im Restaurant. Das liegt wohl auch daran, dass Moldawien zu einem der ärmsten Länder in ganz Europa gehört. Mit einem monatlichen Durchschnittseinkommen von nicht einmal 100 Euro verwundert es mich auch nicht, dass die Menschen ihr Glück im Ausland versuchen.

Mit gutem Wein, schnellem Internet und Ökodörfern versucht Moldawien, den Tourismus zu fördern. Wir haben uns entschlossen, einen kleinen Abstecher nach Orheiul Vechi zu machen. Es ist ein Naturschutzgebiet mit Klöstern und mittelalterlichen Ausgrabungsstätten. Wir beschließen, die Nacht in Butuceni zu verbringen. Auf einem Hügel über dem Dorf befindet sich ein Kloster, neben dem wir Emma abstellen. Da es noch recht früh am Abend ist, laufen wir runter in den Ort. Teile des Dorfes wurden als Museumsdorf hergerichtet, um für Touristen die ursprüngliche Lebensweise erfahrbar zu machen.

Schon beim Durchfahren fielen uns die kleinen alten Häuser und ein Restaurant auf. Wir haben tierischen Hunger und wollen unbedingt den leckeren moldauischen Wein probieren. In dem Restaurant sieht es ein bisschen aus wie bei meiner alten Tante in der Sommerküche. Bunte Teppiche, geblümte Tischdecken, Holzstühle und handbestickte Wandtücher. Aus dem Ofen riecht es nach frisch gebackenem Brot, und die Bedienung kommt mit Kopfschmuck und bunter Schürze an den Tisch. Als ich die Karte durchschaue, wird mir ganz warm ums Herz. Da Paul das Menü nicht lesen kann, übernehme ich die Bestellung. Eine halbe Stunde später haben wir ein unglaubliches Festmahl auf dem Tisch. Auf kleinen bemalten Tontellern liegen Bratkartoffeln mit Speck, eingelegte Auberginen, Leberbuletten in Fettnetz gewickelt und mit Spinat gefüllte Teigtaschen. Ich kann meinen Augen nicht trauen, wie schön all diese Speisen auf dem gedeckten Tisch wirken. Der Anblick des von Hand zubereiteten hochwertigen Essens in Kombination mit seinem Ursprung und ohne jegliches Geschnörkel rührt mich fast zu Tränen. Wenn ein Land es hinkriegt, sich seiner Kultur bewusst zu sein und das auch auf kulinarische

Art und Weise darzustellen, dann ist es für mich definitiv eine Reise wert.

Am nächsten Morgen wachen wir durch ein leichtes Klopfen an der Tür auf. Entweder ist es für jemanden nicht okay, dass wir hier übernachtet haben, oder wir versperren den Parkplatz des Klosters. Paul blickt vorsichtig durch das Seitenfenster. Ein orthodoxer Mönch steht vor unserer Tür. Ein Mann um die fünfzig mit einem spitzen Bart, der ihm bis zur Brust reicht, und schulterlangen Haaren. Eine etwas schlaksige Statur in einem blassgrauen Umhang. Paul schlüpft schnell in seine Hose und zieht sich einen Pulli über, während ich in dem Gewusel nach meiner Leggings suche und es vor lauter Hektik nur schaffe, ein langes T-Shirt überzuziehen. Als wir aus dem Bus treten, begrüßt uns der Herr mit einem breiten Grinsen. Er erklärt mir auf Russisch, dass er unseren orangen Bus aus dem Fenster des Klosters gesehen hat, und er musste einfach aus Neugier unbedingt anklopfen. Wir sind erleichtert, dass wir hier niemandem den Weg versperren. Er fragt uns aus, woher wir kommen und was wir vorhaben. Beeindruckt von unserer Art zu reisen, kramt er unter seinem Gewand eine kleine Ikone heraus. Er drückt sie mir in die Hand und erzählt mir von seiner Reise hierher. Alexander heißt er. In Sibirien war er ein arbeitsloser Trinker, bis er den Film »Russischer Engel« sah. Da kam ihm die Erleuchtung. Ab diesem Zeitpunkt hat sein Leben einen Sinn ergeben, und er fühlte sich zu Höherem berufen. Er hörte auf zu trinken und pilgerte in die Welt. Bis er hier gelandet ist. In einem Kloster in Moldawien. Seit zehn Jahren ist er schon hier. Sein Alltag besteht nun aus beten, im Garten aushelfen und beten. Er war noch nie glücklicher. Er legt uns ans Herz, unbedingt diesen Film anzuschauen. Dadurch würden sich viele Fragen für uns klären.

Als Dank für die Ikone suche ich verzweifelt im Bus nach etwas, das ich ihm schenken könnte. Die deutsche Schokolade haben wir schon aufgefuttert, und Alkohol wäre für ihn wohl kein passendes Geschenk. Im Kühlschrank versteckt sich hinter dem ganzen Bier die selbst gemachte Marmelade meiner Mutter. Perfekt. Mit Liebe gemachte Heidelbeermarmelade. Ich reiche ihm das Glas. Zuerst lehnt er natürlich ab. Ganz bescheiden und irgendwie verlegen. Aber ich habe gelernt, in Russland drückst du jemandem so lange etwas auf, bis er es endlich annimmt. Nach langem Hin und Her und Nein und Doch lässt er letztlich die Marmelade unter seinem Umhang verschwinden. Wir verabschieden uns und erklären ihm, dass wir bald losmüssen, weil wir heute noch über die Grenze wollen. Er bittet uns, kurz zu warten, er müsse noch was holen. Während wir unsere Sachen zusammenpacken, sehe ich ihn vom Weiten mit einem großen schwarzen Sack auf uns zueilen. Ich ahne schon, dass wir hier nicht so leicht wegkommen. Mit einem breiten Grinsen reicht er uns die Tüte. Sie ist voll mit getrockneten Äpfeln. Bestimmt drei Kilo. Ein Geschenk aus dem Klostergarten. Die Äpfel sollen uns auf der Reise begleiten und uns gegen Hunger schützen. Es wäre jetzt eine Frechheit, dieses lieb gemeinte Geschenk abzulehnen. Immerhin steckt in dieser Tüte so viel Aufwand, da kann ich unmöglich Nein sagen. Paul blickt zu mir rüber, und ich sehe ganz genau, was sein Blick mir sagen will: »Was zur Hölle wollen wir mit diesen ganzen Äpfeln?« Ich bedanke mich bei Alexander und erzähle ihm, wie sehr wir getrocknete Äpfel als Snack zwischendurch lieben.

Es ist eine schöne Begegnung. Eine völlig unerwartete, aber dieser Mönch ist so freundlich und man sieht ihm regelrecht an, wie beseelt er ist. Ich würde gerne länger hierbleiben und mehr von ihm erfahren und bin mir sicher, er hätte viel zu erzählen. Sein Gesicht verspricht viele Geschichten. Wie schön, heute Morgen ein positives Erwachen gehabt zu haben. Emma zieht die guten Menschen an, habe ich das Gefühl. Ihr kann man nicht böse sein, wenn sie so in der grünen Landschaft strahlt. Mit diesem guten Gefühl fahren wir weiter.

Wir wollten eigentlich nur einen kleinen Abstecher durch die Republik Moldau machen, und irgendwie haben wir auch nicht viel vom Land erwartet. Umso mehr hat es uns beeindruckt. Abgesehen davon, dass der Wein schlechter ist als sein Ruf und der Internetempfang besser als erwartet, ist dieses kleine Land voller Kultur. Doch wir müssen weiter. Wir wollen nach Transnistrien.

Transnistrien ist ein Land, von dem ich noch nichts gehört hatte. Vielleicht liegt es auch daran, dass selbst die Bewohner der Nachbarländer von Transnistrien kaum etwas von diesem Stück Erde wissen, geschweige denn seine Existenz anerkennen. Transnistrien gehört zur Gemeinschaft der nicht anerkannten Staaten. Diesem Staat ergeht es im Grunde wie Bergkarabach und Südossetien. Sie sind die Spielbälle zweier Länder und regieren in der Schwebe. Nicht nur, dass die politische Situation dort immer angespannt ist, auch die Menschen befinden sich im Zwiespalt. Ein Drittel der Bevölkerung sind Moldauer, ein Drittel Russen und ein Drittel Ukrainer. Jedoch steht das Land unter starkem russischen Einfluss. Es besitzt nicht nur eine eigene Regierung, sondern auch eine eigene Währung, Verwaltung und ein eigenes Militär.

Als wir die offizielle Grenze überschreiten, ist es, als wäre die Zeit stehen geblieben. Als wäre man plötzlich zu Gorbatschows Zeiten mal für ein paar Blini mit Kaviar nach Russland geflogen. Überall sieht man russische Werbung, und die Anzahl der Ladas im Verkehr nimmt drastisch zu. Wir wollen nach Tiraspol, die Hauptstadt Transnistriens. Die Hauptstraßen erinnern eher an Landwege als an gut ausgebaute Hauptverkehrsstraßen. Rechts und links davon stehen fünfgeschossige Blockbauten wie zu Sowjetzeiten.

Wir treffen Andrej vor dem Panzer in Tiraspol. Paul hatte im ORF eine Reportage über Transnistrien gesehen. Darin hat

Andrej die Journalisten durch, wie er gerne sagt, sein Land geführt. Nach langen Recherchen fanden wir heraus, dass er das nicht nur fürs Fernsehen macht, sondern allgemein Touristen durch Transnistrien leitet. Wobei in mir die Frage aufkommt, wer hier überhaupt Urlaub macht. Na ja. Wir kontaktieren ihn und wollen ihn für eine kleine Führung haben. Für achtzig Euro widmet er uns einen ganzen Tag und zeigt uns die spannendsten Orte in diesem 50 mal 202 Kilometer kleinen Land.

Andrej spricht fließend Deutsch. Das wundert mich etwas, da er vor drei Jahren nur einen Monat in Deutschland studiert und sich die deutsche Sprache eher über deutsche Schlager beigebracht hat. Er ist, wie ich gerne sage, ein Vorzeigerusse. Seine slawischen Gesichtszüge lassen auch nichts anderes vermuten. Er ist nicht viel größer als ich und Anfang dreißig. Für einen Russen finde ich ihn recht attraktiv.

Unsere erste Anlaufstelle ist eine Polizeistation. Als Touristen müssen wir uns innerhalb eines Tages registrieren lassen und dürfen dann für vierundzwanzig Stunden in Transnistrien bleiben. Wir beschließen, Tiraspol mit unserer Emma zu erkunden. Andrej steigt auf den Beifahrersitz und navigiert uns. Als wir da ankommen, schauen die Polizeibeamten total verwundert. Ich glaube, mit Touristen rechnen sie hier eher selten.

Es gibt den üblichen Wisch. Andrej füllt für uns die Registrierungen aus und trägt sich sozusagen als unseren Gastgeber ein. Da wir mit dem Camper reisen, ist es schwierig, einen Aufenthaltsort anzugeben. Dabei fällt mir sein Pass auf. Die Einwohner Transnistriens haben alle einen transnistrischen Pass. Jedoch besitzt mehr als die Hälfte eine weitere Staatsbürgerschaft. Entweder zusätzlich noch die russische, ukrainische, moldawische und, wer Glück hat, sogar die rumänische, mit der man dann offiziell Europäer ist. Einige haben auch gleich drei Pässe zu Hause liegen.

Nachdem der bürokratische Teil erledigt ist, fahren wir zur Touristenhauptattraktion, dem großen Stolz Transnistriens.

Zur Festung. Als wir auf den Parkplatz fahren, merke ich, dass wir doch nicht die einzigen Touristen hier sind. Fünf große Reisebusse laden gerade Schulklassen und Seniorengruppen aus. Es sind jedoch keine Besucher aus England oder Frankreich, sondern ausschließlich Moldauer. Als Staatsbürger der Republik Moldau darfst du ohne Einschränkung in Transnistrien einreisen, da dieser Staat nach Meinung der moldawischen Regierung sowieso zur Republik Moldau gehört.

Andrej erzählt uns die Geschichte dieser Anlage. Dass sie früher zum Osmanischen Reich gehört hat und der Baron von Münchhausen hier mit seiner Kugel über die Festung geflogen ist. Das mit dem Baron finde ich spannend, bei dem Rest höre ich nur halb zu. Ich weiß nicht, woran das liegt, aber sobald ich mir Denkmäler, alte Burgen oder andere mit Touristen überfüllte Sehenswürdigkeiten anschaue, schalte ich auf Durchzug. Vielleicht ist die Schule daran schuld. Damals wurde man gezwungen, sich beim Schulausflug mit gewissen geschichtlichen Denkmälern zu beschäftigen, obwohl man als Jugendliche so absolut kein Interesse dafür gepflegt hat. Es ist nicht so, dass ich keinen Respekt vor der Geschichte des Landes habe, in dem ich unterwegs bin, aber wenn ich reise, sind für mich eher die Menschen, die Kultur und das Essen ausschlaggebend. Ich fühle mich stärker als Teil der jeweiligen Gesellschaft, wenn ich den ganzen Tag im Café einen schwarzen Kaffee nach dem anderen trinke und die Menschen um mich herum beobachte. So bin ich gerade auch mehr an Andrejs Geschichte interessiert als an der Geschichte dieser Burg.

Von der Burg aus geht es weiter in die Innenstadt. Hier zeigt uns Andrej, was die Konflikte zwischen Moldawien und Transnistrien angerichtet haben. Wir stehen vor einem typischen sowjetischen Wohnkomplex. Hinter uns ist eine Art Stadtplatz, mit Cafés und Burgerbuden. Er erklärt uns, dass mitten auf diesem Platz, mitten in dieser Wohngegend der fünfmonatige Krieg zwischen den beiden Ländern ausgetragen wurde. An den Hausfassaden kann man noch die Einschusslöcher erkennen. 1992 hat der damalige moldauische Präsident mit militärischen Mitteln versucht, Transnistrien zu besetzen. Am Ende hat sich Russland eingemischt, und bis heute sind die »russischen Friedenssoldaten« hier stationiert. Die Transnistrier sind den Russen sehr dankbar für ihre Unterstützung, jedoch ist dies nur eine Taktik, um die Macht in dieser Region zu stützen. Da Russland nämlich dieses Land auch nicht als eigenständig anerkennt, weil sie Angst haben, Moldawien an die NATO oder die EU zu verlieren, ist es eindeutig, mit welchem Motiv die Russen hier helfen. Moldawien ruft zwar immer wieder dazu auf, die Soldaten abzuziehen, doch das wird so lange nicht passieren, bis ein Friedensvertrag unterschrieben ist und Transnistrien endlich als ein eigenständiger Staat anerkannt wird.

Andrej möchte uns noch das »echte« Leben in Transnistrien zeigen, deshalb fahren wir zu seiner Tante Natascha. Wir entscheiden uns diesmal, mit seinem Auto weiterzufahren, da sich das Ziel außerhalb der Stadt befindet. Die tristen Bauten weichen grünen Alleen. Während wir an kleinen Dörfern und unzähligen Lenin-Denkmälern vorbeifahren, dreht Andrej das Radio auf und singt laut mit:

»Doch diesen Ärger spülten wir weg,
mit armenischem Kognak und sowjetischem Sekt.
Was wissen davon unsere Kinder?
Die lernen die Konjugation von ›idti‹
und behalten die Fälle von ›putj‹ fast nie.
Doch Russisch lernen ist Pflicht.
Denn es ist die Sprache der Weltraumflieger,
die Sprache unserer Klassenbrüder
und die vergessen wir nicht.«

Ich sitze hinten und betrachte die absurde Situation: Vor mir sitzt ein Transnistrier in seinem Mitsubishi, singt linke Lieder

der DDR mit und fährt durch ein Land, das eigentlich nicht existiert. Das nächste Lied ist von Freundeskreis – A-N-N-A. Selbst das singt er spielend runter. Mit dem russischen Akzent bekommt das Lied eine ganz andere Poesie. Fast ist mir dieses »Wie Vinyl für meinen DJ, die Dialektik für Hegel, Pinsel für Picasso, für Philippe Schlagzeugschläge. Anna, wie war das da bei Dada? Du bist von hinten wie von vorne A-N-N-A« verständlicher als je zuvor.

Um diese einzigartige Playlist vollständig zu machen, darf »День победы – Tag des Sieges« nicht fehlen. In dem Lied von Lew Leschtschenko feiert die alte Sowjetunion das Ende des Zweiten Weltkrieges. Jeder Russe kennt diese Melodie, ob er will oder nicht. Ich hätte nur nicht gedacht, dass dieses Lied mir so früh auf unserer Reise begegnet.

Mit den letzten Strophen fahren wir vor einen blau gestrichenen Zaun. Dahinter ist ein kleines Ziegelgebäude zu sehen mit einem Blechdach. Durch den Vorgarten geht es hinters Haus. Seine Tante hat schon Tee aufgesetzt und ein paar Hefetaschen warm gemacht. Wir setzen uns auf eine Holzbank, die mit einer harten Plastikfolie bezogen ist. Tante Natascha ist sicher einen Kopf kleiner als ich, hat kaum noch Zähne und ein Kopftuch auf. Erinnert mich an meine kleine Oma. Es fühlt sich an wie ein nächster Programmpunkt dieser Touristenführung. Wir sind sicher nicht die Ersten, die die Tante verköstigt. Aber irgendwie kann ich das nachvollziehen. Für Touristen, die diese Welt nicht kennen, die die Romantik eines solchen einfachen Lebens im Dorf fasziniert, ist so ein Ausflug sicher spannend. Für mich jedoch ist das kaum ein Unterschied zum Dorfleben meiner Oma in Sibirien, nur nicht ganz so vertraut und schön. Nach der Tasse Tee verabschieden wir uns auch schon. Wir müssen zurück zu Emma und uns langsam um einen Schlafplatz kümmern.

Erst hatten wir vor, in einem Hostel zu schlafen oder in einem preiswerten Hotel, da es in der Stadt schwierig ist, einen ruhigen Stellplatz zu finden. So etwas gibt es hier aber nicht. Die zwei Hostels, die im Lonely Planet standen, sind unauffindbar oder längst nicht mehr in Betrieb, und das einzige Hotel ist nicht unsere Preisklasse.

Wir beschließen, uns an den Fluss Dnister zu stellen. Ein kleiner Feldweg führt uns direkt ans Wasser. Abschließend frage ich Andrej, wie er zu seinem Land steht und ob er hier eine Perspektive für sich sieht. Er antwortet sehr gewissenhaft, um Transnistrien zusammenfassend nicht in ein negatives Licht zu stellen. Er wünscht sich, dass irgendwann eine friedliche Lösung gefunden wird und alle umgebenden Staaten sich auf Frieden und Freiheit einigen. Also auf die Unabhängigkeit der Pridnestrowischen Moldauischen Republik. Er fügt noch hinzu, dass er hier niemals weg möchte. Hier sei sein Zuhause, und er habe seinen eigenen Weg gefunden, in einem so gespaltenen Land seine Freiheit und Selbstständigkeit auszuleben.

DURCH DIE UKRAINE
NACH GEORGIEN

Rinderhälften nach Kasachstan

Um unseren Reiseplänen gerecht zu werden, wählen wir den schnellsten Weg nach Georgien, und zwar den Weg über das Schwarze Meer. Durch die Ukraine-Krise ist es unmöglich, nördlich über Russland nach Georgien zu gelangen. Die zweite Möglichkeit wäre über die Türkei. Da sich diese Route aber über 3500 Kilometer ziehen und uns sicher zwei Wochen kosten würde, entscheiden wir uns für die Variante mit der Fähre. Drei Tage auf offenem Meer mit fünfzig Lkw-Fahrern und schlechtem Essen hören sich für uns verlockender an als vierzehn Tage ununterbrochen Auto fahren.

Die Fähre legt im schönen Odessa ab. Unser Schiff heißt, wie passend, »Greifswald«. Eine mittelgroße Fähre, die üblicherweise eher als Frachtschiff dient. Das Prozedere, bis das Schiff ablegt, zieht sich über Stunden. Unsere Emma wird dreimal von schwarz gekleideten Grenzbeamten durchsucht. Darauf folgt ein Zettelmarathon. Hier abstempeln, danach Treppen hoch, zweite links, dritte Tür rechts, nächster Stempel. Alle gestempelten Zettel im Haus hinter der Halle abgeben. Dann wieder warten. Erst müssen ungefähr fünfzig Lkws in dem doppelgeschossigen Frachtraum geparkt und verankert werden, und dann werden noch fünf Waggons einer alten Eisenbahn aufgeladen. Wahnsinn, wie etwas, das auf dem Wasser aufliegt, so schwer beladen sein kann. Wir dürfen zum Schluss auffahren. Es sieht surreal aus, wie Emma sich zwischen den weißen

Lastwagen aufs Boot drängt. Sie wird in Ketten gelegt, damit sie ja nicht vom Schiff rollt. Ihre Größe ist unscheinbar, aber ihre Farbe strahlt in dem dunklen Frachtraum umso mehr. All die anderen Fahrzeuge transportieren Lebensmittel, Kleidung, Spielzeug. Emma transportiert uns. Sie kann sich glücklich schätzen, eine Aufgabe zu haben, die nicht von Konsum gesteuert wird.

Während ich Emma so versonnen betrachte, kriecht ein beißender, unerträglicher Gestank in meine Nase. Es riecht plötzlich nach Stall. Nach Fäkalien, altem verbrauchtem Heu und nach uringetränkten Ecken. Wie damals bei meinen Hamstern im Käfig, nur um ein Vielfaches stärker. Zu dem grässlichen Geruch gesellt sich ein ängstliches Quieken. Ein Laster mit lebenden Schweinen steht hinten in der rechten Ecke. Wir möchten uns das Ganze aus der Nähe anschauen. Es sind ungefähr vierzig ausgewachsene Schweine zusammengepfercht auf einem Lastwagen. Der Gedanke, dass diese Tiere, die wahrscheinlich schon seit einigen Tagen auf den schlechten Straßen der Ukraine unterwegs waren, jetzt in der prallen Sonne auf der Fähre sind und die darauffolgenden Tage in ihrem eigenen Dreck zum Schlachthaus fahren müssen, lässt mich ganz anders auf diese Tiere schauen. Man sieht ihnen die Strapazen der letzten Tage an. Sie sind erschöpft und haben nicht mal einen Quadratmeter Raum für sich. Wieso wird nicht das verzehrfertige Fleisch um die Welt gefahren, sondern lebende Tiere? Weil, wie ich später lese, ganz einfach der Transport von tiefgefrorener Ware viel teurer ist. Immerhin wird dafür ein Lieferwagen mit Kühlsystem benötigt. Also wird hier das Tierwohl geopfert, damit der Konsument am Ende ein billiges Stück Fleisch auf dem Teller hat. Obwohl wir den ganzen Tag noch nicht zum Essen gekommen sind, bleibt mir der Hunger erst mal aus.

Zwei Stunden später sitzen wir jedoch beim Abendessen. Das Bordrestaurant ist gleichzeitig der einzige Aufenthaltsort auf dieser Fähre. Schon beim Ablegen versammelten sich die Herrschaften hier zum Kartenspielen und Biertrinken. Uns wurde ein Tisch in der Mitte des Raumes zugeteilt. So, dass jeder auf die Touristen blicken kann. Heute gibt es Hähnchenflügel mit Reis. Keine kulinarische Überraschung, aber ich bin einfach nur froh, dass es kein Schweinefleisch gibt. Die Art und Weise, wie dieses Ensemble von Fleisch und Beilage angerichtet ist, erinnert mich an manches Mittagessen zu Hause. Wenn es mal schnell gehen musste, sah das Essen meiner Mutter genauso aus, aber lecker war es trotzdem. Paul dagegen ist eher nicht so angetan von dem trockenen Reis und den labbrigen Chicken Wings, doch mit Ketchup geht auch der letzte Flügel vom Teller. Wir sitzen am Tisch gemeinsam mit sechs anderen Männern. Ich nehme an, alles Lkw-Fahrer. Der Mann, der mir gegenübersitzt, hat sich gerade Nachschlag geholt, und als er sieht, dass ich meinen Pudding verschmähe, wendet er seinen Blick nicht mehr von ihm ab. Ich schiebe ihm die kleine Schüssel mit einem netten Lächeln hin, und er bedankt sich sehr verhalten auf Ukrainisch bei mir. Ein anderer verschwindet kurz aus dem Raum und kommt mit einer Flasche billigem kasachischen Wodka zurück. Diese Männer fahren wohl nicht zum ersten Mal mit dieser Fähre. Sie wissen, dass die alkoholische Verpflegung einem selbst überlassen wird, außer man zahlt übertriebene Preise an der Bar. So wie wir. Hier wird das Monopol eisern ausgenutzt.

Ich bemerke aber auch, dass die übliche osteuropäische Gastfreundlichkeit auf diesem Boot so gar nicht vorzufinden ist. Jeder hat sein eigenes Fläschchen dabei und gießt nur sich ein. Um nicht am zweiten Abend auf dem Trockenen zu sitzen, wirft man wohl jegliche Großzügigkeit über Bord. Der Mann mit dem kasachischen Wodka stellt sich uns als Sascha vor. Sein Anblick lässt vermuten, dass es den billigen Fusel nicht erst zum Abendessen gab. Er ist mir vorhin schon beim Einchecken aufgefallen. Sein eigenartiger Gang und seine eher seltsame Körperhaltung unterscheiden ihn von den anderen Männern hier auf dem Boot. Zwar haben alle gefühlt die gleiche Statur und einen gemütlichen Bauch, aber er ist irgendwie anders. Auffälliger. Er strahlt nicht die Härte und die Stabilität eines russischen Lkw-Fahrers aus, sondern eher eine leichte Verletzlichkeit. Obwohl er sicher um die 1,90 Meter groß ist und auf die vierzig zugeht, wirkt er auf mich wie ein Kind. Sein Gesicht ist mit kleinen tiefen Narben überzogen, und seine Stirn ist dauerhaft in Zornesfalten gelegt. Er ist etwas schüchtern, aber der Wodka lässt ihn sprechen. Verwundert fragt er uns, was wir hier auf dieser Fähre zu suchen haben. Das hier sei nämlich kein übliches Kreuzfahrtschiff, mit dem man eine Tour auf dem Schwarzen Meer macht.

Ich erzähle ihm von unserem Plan, bis nach Sibirien zu fahren, und dass der Sommer dort nicht auf uns wartet, und um Zeit zu sparen, sind wir hier gelandet. Er ist beeindruckt davon, dass wir freiwillig diese Strecke zurücklegen. Immerhin macht er das für Geld. Von der Ukraine bis nach Astana in Kasachstan und wieder zurück. Das sind fast 4000 Kilometer. Er fährt eine Woche durch, entlädt den Laster, fährt den leeren Lkw wieder zurück in die Ukraine, um dann aufs Neue beladen nach Kasachstan zu fahren. Ich will unbedingt wissen, was er transportiert. Was bitte will man in der kasachischen Steppe, was es in Osteuropa gibt? Er überführt Rinderhälften. Tiefgefrorene Rinderhälften. Ich bin etwas verblüfft, aber froh, dass es keine lebenden Rinder sind. Der Bedarf an Rindfleisch kann durch die eigene Aufzucht in Kasachstan nicht gedeckt werden.

Ich kann mir das kaum vorstellen, da dieses Land flächenmäßig zu einem der größten zählt und man dort unzählige Rinder halten könnte. Dann ist da noch die Tatsache, dass er diese Strecke wieder mit einem leeren Fahrzeug zurückfährt. Weniger Effizienz geht nicht. Eine unglaubliche Verschwendung von Diesel und Lebenszeit. Ich stelle mir die Arbeit als Lastwagenfahrer ungemein einsam vor. Tage und Nächte alleine unterwegs auf den Straßen der Welt. Man fährt an allem Schönen und Interessanten vorbei. Sieht nur das, was sich links und rechts der Hauptstraße befindet. Ich habe Respekt vor dieser Arbeit, aber gleichzeitig profitiere ich natürlich davon. Wir sind wahnsinnig privilegiert, Konsumgüter aus aller Welt in Deutschland kaufen zu können. Dabei vergisst man, dass diese Güter mit dem Lastwagen, dem Flugzeug oder dem Schiff zu uns kommen. Dass vieles, was wir als selbstverständlich in unseren Supermärkten vorfinden, einen absurd weiten Weg hinter sich hat.

Sascha erzählt mir auch, dass er eine Frau und Kinder in der Ukraine hat, die er kaum noch zu Gesicht bekommt. Er vermisst sie, aber gleichzeitig verdient er so den Lebensunterhalt seiner Familie. Er wäre froh, wenn er die Strecke nach Kasachstan nicht dauerhaft fahren müsste, und natürlich wünscht er sich einen angenehmeren Job. Aber er hat nun mal nie was anderes gelernt und musste sehr früh sein eigenes Geld verdienen. Ich verstehe ihn. Ich kann jetzt auch besser nachvollziehen, warum diese Männer die dreitägige Fahrt auf der Fähre dafür nutzen, sich zu betrinken, und ich verstehe jetzt auch, wieso diese Lastwagenfahrer immer wie harte Typen wirken. Man muss ziemlich abgehärtet sein, um diesen Job dauerhaft machen zu können.

Wir genießen es auch, mal nicht auf der Straße unterwegs sein zu müssen. Die nächsten achtundvierzig Stunden bestehen auch bei uns nur aus Schlafen, Essen und Wodkatrinken.

Der letzte Morgen auf der Fähre beginnt relativ früh. Wir müssen uns, bevor wir anlegen, für die Registrierung anstellen. Pässe werden geprüft, gestempelt und zurückgereicht. Es ist ein nebliger Tag. Wir stehen an der Reling, durch den Dunst, der in der Luft liegt, erkennen wir das Festland kaum. Es sind nur Hochhäuser zu erahnen. Die Skyline von Batumi. Langsam erblicken wir auch den Hafen. Kurz vor unserer Ankunft zeigt Paul aufgeregt mit dem Finger ins Wasser. Neben unserer

Fähre schwimmen in kaum zehn Meter Entfernung Delfine.
Sie sehen ganz aufgeregt aus. Sie tauchen unter und wieder auf.
Ich sehe zum ersten Mal in meinem Leben Delfine in ihrem
natürlichen Lebensraum. Wobei das gewaltige Schiff nichts
»Natürliches« hat.

Wir haben es geschafft. Wir sind in Georgien. Paul hat das
gesamte letzte Jahr von diesem Land geschwärmt. Wie aufregend und schön es sei. Er war schon mehrmals hier, und jedes
Mal hat er sich neu in dieses Land verliebt. Dementsprechend
hoch sind nun auch meine Erwartungen.

GEORGIEN

Wie ich den Wind
zu hassen gelernt habe

Ich werde wach von einer kleinen Erschütterung. Es fühlt sich an, als würde Emma sich von alleine in Bewegung setzen. Der Wind ist durch jeden Türspalt zu hören, ein unangenehmes Zischen. Er bringt den Bus zum Schaukeln. Die Zugbänder auf dem Dach schlagen bei jedem Windstoß gegen die Karosserie. Es hört sich an wie ein finsteres, monotones Musikstück, wie in einem Hollywoodfilm, wenn eine beklemmende Spannung aufgebaut wird. Diese Beklemmung spüre ich sofort in meiner Magengegend. Mein Herz schlägt unglaublich laut, sodass ich es hören kann. Ich schaue zu Paul rüber. Er schläft tief und fest in seinem Kissen vergraben. Ich wünschte, er könnte seine Ruhe mit mir teilen. Der Wind wird stärker, und Emma schwankt immer schneller von links nach rechts. Ich muss mich aufsetzen und die ganzen Geräusche und Bewegungen zuordnen. Was ist hier los? Plötzlich gibt es einen heftigen Ruck. Ich springe aus dem Bett nach vorne zum Fenster.

Draußen herrscht erdrückende Dunkelheit. Ich kann nur den Berg vor uns erahnen, da er pechschwarz aus der Dunkelheit herausragt. Ich merke, dass wir uns bewegen, dass uns der Wind nach hinten schiebt. Ich springe zurück ins Bett und versuche Paul aufzuwecken. Ich schreie ihn an, dass er aufwachen soll. Dass Emma wegrollt. Als er die Augen endlich öffnet, ist es zu spät. Die Hinterreifen verlassen festen Boden in Richtung

Abgrund. Wir werden ans Rolltor geschleudert. Ich will mich nach oben ziehen, um das Gewicht nach vorne zu verlagern oder mich noch aus dem Bus zu retten. Doch mein Körper fühlt sich an wie gelähmt. Ich will schreien und fürchte mich vor der kleinsten Bewegung. Die vorderen Räder schweben jetzt auch in der Luft. Das letzte Stück von Emma berührt nun keinen Untergrund mehr. Wie in Zeitlupe drehen wir uns den Abhang runter. Wir werden von hinten, nach oben und wieder nach vorne geschleudert. Ich versuche dabei, Pauls Hand zu greifen, mich überhaupt an etwas festzuhalten. Aber es fliegt alles durch die Luft. So muss es sich im Weltraum anfühlen. Wenn alles irre schnell an dir vorbeifliegt und vorbeirauscht, bis der Knall kommt und die Erdanziehungskraft wieder Oberhand gewinnt.

Wir krachen mit einer unfassbaren Wucht in den reißenden Fluss. Emma landet auf dem Dach. Ein großer Felsen hält sie davon ab, flussabwärts zu treiben. Von oben sieht sie sicher aus wie eine dicke Kakerlake, die auf dem Rücken liegt und sich nicht mehr umdrehen kann.

Ich kann Paul im Bus nicht mehr sehen. Ich will zu ihm, wir müssen hier raus. Durch das Rolltor schießt das Wasser rein. Ich schiebe meinen vor Angst erstarrten Körper nach vorne. Da liegt er. Bewusstlos über dem Fahrersitz. Ich ziehe an ihm. Er muss wach werden. Das Wasser steigt immer höher. Die eisige Kälte zieht langsam an meinen Beinen hoch. Uns bleibt nicht mehr viel Zeit, bis Emma mit Wasser vollgelaufen ist. Ich versuche, die Fahrertür zu öffnen, doch wegen des Drucks des Wassers lässt sich die Tür keinen Zentimeter bewegen. Das Fenster lässt sich nur langsam runterkurbeln. Ich muss mich beeilen. Das Wasser schießt mit einer Gewalt in den Innenraum, dass ich mich kaum halten kann. Als das Fenster endlich frei ist, steht schon das Wasser bis zur Decke. Ich schwimme aus dem Fenster, versuche, mich noch irgendwie am Rahmen festzuhalten. Paul ist immer noch bewusstlos. Ich greife nach ihm. Will ihn an seinen Armen rausziehen, doch die Strömung ist so stark, dass ich ihn nur noch für einen Moment berühren kann. Der Fluss zieht mich weg von ihm und Emma. Er zieht mich unter Wasser und schleudert mich an den Felsen vorbei. Er saugt meinen Körper in sich ein, raubt mir die Luft zum Atmen.

Ich liege im Bett und habe dieses Horrorszenario in meinem Kopf. Immer und immer wieder kommt in mir das Bild hoch, wie Emma die Klippe runterstürzt. Bei jedem unangenehmen Windstoß zieht sich etwas in mir zusammen. Es ist die Panik. Ich versuche, an etwas anderes zu denken. Mir positive Gedanken zu machen, doch der Wind und meine Angst sind größer. Sie lassen mich bis in die Morgenstunden nicht ein einziges Mal in Tiefschlaf fallen. Sobald ich die Augen schließe, ist wieder dieser Film in meinem Kopf, wie wir einfach in den Fluss stürzen.

Bis heute wusste ich nicht, wie unausstehlich Wind sein kann. Die Ängste des Alltags wirken auf einmal so belanglos. Alle Ängste, die mich über Jahre begleitet haben, lösen sich auf. Die Angst vor Überforderung, davor, nicht gut genug zu sein, nicht mithalten zu können, erscheint mir nun völlig banal. Plötzlich ist da ein Urinstinkt gegenwärtig, den man vergessen glaubte. Die Angst vor dem Tod. Ich möchte am liebsten fliehen. Mich einfach in ein geborgenes Nest legen, voller Stille und Sicherheit.

Ich lege mir die Hände auf die Ohren, drücke mein Gesicht ins Kissen und hoffe, dass ich so einschlafe, morgen wieder aufwache und die Nacht überstanden ist. Irgendwann spüre ich, wie der Wind sich auch zu Bett legt und immer mehr abnimmt. Endlich schlafe ich für ein paar Stunden.

Am nächsten Morgen nehme ich immer noch leicht die Angst in den Knochen wahr. Paul hat super geschlafen, für ihn war der Wind eine leichte Brise und die Nacht total erholsam. Wie neidisch ich gerade auf ihn bin.

Wir sind im Truso Valley. Im Norden von Georgien. Der Weg hierher war schon ein Abenteuer für sich. Das Tal liegt fernab der großen Schnellstraße. Über eine Schotterpiste gelangten wir in die verlassene Gegend. Die Dörfer stehen leer, die alten Holzhäuschen verlassen. Darin sind noch die Möbel, und die Kleidung hängt noch in den Schränken. Die, die hier ausgezogen sind, hatten es besonders eilig. Das Tal befindet sich an der südossetischen Grenze. Ehemaliges Kriegsgebiet. Südossetien gehört wie Transnistrien zur Gemeinschaft der nicht anerkannten Staaten. Früher offiziell ein Teil von Georgien, betrachtet es sich nun als unabhängig. Eine Einreise von der georgischen Seite ist bis heute unmöglich. Nur über Russland gelangt man in dieses Gebiet.

Diese Region diente 2008 als Schauplatz im fünftägigen Kaukasuskrieg. Russland und Georgien kämpften um ihren Einfluss und um Südossetien. Zum Schluss zog Georgien seine Truppen ab. Russland erkannte Südossetien zwar als unabhängig an, übt aber immer noch eine große Macht aus. Hätte dieser kleine Staat nicht die Hilfe des großen Bruders, würde Georgien wieder und wieder versuchen, ihn zurückzuerobern.

Die Verwüstungen des Krieges sind bis heute zu spüren und vor allem zu sehen. Es ist ein unglaublich schöner Ort mit einer leider besonders traurigen Geschichte. Eine schmale Passstraße führt an kaputten Gebäuden, alten Scheunen und Traktoren mit Einschusslöchern vorbei. Auf der linken Seite der Felsen rauscht ein Fluss entlang. Die Straße ist kaum als Straße zu definieren. Sie erinnert eher an einen Trampelpfad. Die Schlaglöcher sind menschengroße Pfützen, man weiß nie, wie tief sie sind. Manchmal steigen wir aus und werfen erst mal einen Stein rein, um uns zu vergewissern, dass Emma sich nicht die Achse bricht. Die Straße ist nicht nur ganz fürchterlich beschaffen, sondern auch noch unverschämt eng. Ich bin froh, dass uns kein Auto entgegenkommt. Das hätte keinen Platz neben uns. Auf den letzten Metern kommt eine kleine

Brücke. Nur leider unmöglich zu überqueren. Auf ihr liegt ein großer Felsbrocken. Entweder hat ihn jemand mit Absicht dorthin gehievt, damit niemand weiter ins Tal fährt, oder der Brocken wurde von Unmengen von Wasser genau auf die Brücke gespült. Auf jeden Fall ist der Weg für uns hier zu Ende. Wir müssen uns hier irgendwo einen Stellplatz suchen und den Rest zu Fuß erkunden. Paul überlegt noch ernsthaft, mit Emma durch den Fluss und somit an der Brücke vorbeizufahren, doch ich weigere mich, bei einem solch waghalsigen Unterfangen mitzumachen. Nachdem Paul es irgendwie geschafft hat, den Wagen auf dieser schmalen Straße zu wenden, steht nun die Frage im Raum, wo wir uns auf diesem Pass platzieren. Die einzige Möglichkeit ist ein Felsvorsprung zwischen der Straße und einem tiefen Abgrund Richtung Fluss. Ich habe erhebliche Bedenken, so nah an der Klippe zu stehen.

In der Nacht habe ich vor lauter Angst und Panik kein Auge zubekommen. Nun wollen wir wandern, und um diese Wanderung zu überstehen, muss erst mal ein Kaffee her. Während Paul den Espresso auf dem Gaskocher aufsetzt, sehe ich ein Militärfahrzeug um die Ecke rauschen. Als sie uns erblicken, drücken sie sofort auf die Bremse. Eine riesige Staubwolke bildet sich hinter dem Geländewagen. Mit dem haben die sicher kein Problem, durch Flüsse und über Schlaglöcher zu brettern.

Aus dem Auto steigen drei kräftige, uniformierte Männer. Alle drei haben einen gepflegten tiefschwarzen Bart. Ich könnte diese Herren nicht voneinander unterscheiden. Sie schauen besonders streng mit ihren leicht zugekniffenen dunklen Augen. Ich bin mir sicher, die werden uns gleich vom Platz verscheuchen, weil hier kein Tourist kampieren darf, und irgendwie wäre ich auch froh, bald von hier abzudampfen und nicht noch eine schlaflose Nacht verbringen zu müssen.

Sie sagen irgendwas auf Georgisch zu uns. Merken aber schnell, dass sie bei uns damit nicht weit kommen. Ich antworte einfach auf Russisch und erkläre, dass wir Touristen aus

Deutschland sind. Die Männer sind deutlich erleichtert, nicht englisch sprechen zu müssen, und fragen, ob wir wüssten, dass wir im ehemaligen Kriegsgebiet unseren Kaffee kochen. Natürlich wissen wir das. Aber wir haben auch gehört, dass es hier unglaublich schön sein soll, und wir wollten trotzdem die Gegend erkunden. Leider sind wir noch nicht weitergekommen und möchten heute noch eine Wanderung tiefer ins Tal machen.

Die drei flüstern sich irgendwas zu und kichern vor sich hin. Bestimmt halten sie uns für naiv und finden es wohl leicht komisch, dass Deutsche nach Georgien kommen und sich diesen Teil des Landes anschauen. Wo sich in Georgien doch auch Strände und touristische Führungen durch die Weinberge anbieten.

Ein kleines Frage-und-Antwort-Spiel beginnt. Von wo sind wir angereist? Wie lange sind wir unterwegs? Wo wollen wir noch hin? Wie lange bleiben wir an diesem Ort? Sie merken schnell, dass wir keine russischen Spione oder mögliche Terroristen sind. Einen Blick in den Camper wollen sie noch werfen, und dann lassen sie uns in Ruhe unseren Kaffee trinken.

Der Anführer schreibt mir noch seine Nummer auf einen ausgeblichenen Zettel. Falls wir Hilfe benötigen, können wir jederzeit anrufen. Sie steigen wieder in ihr geländetaugliches Fahrzeug und düsen davon. Ach, wie nett die doch eigentlich waren.

Nach dem schon kalten Kaffee brechen wir auf zu unserer Wandertour. Ich war sicher seit der Grundschule nicht mehr wandern. Nicht, dass ich Wandern nicht mag, es ist nur so, dass Russen nicht wandern gehen. Immer wenn meine deutschen Freundinnen davon erzählt haben, dass sie mit ihren Eltern im Urlaub da und da wandern waren, konnte ich den Reiz daran nie nachvollziehen. Wir fuhren immer all-inclusive in die Türkei. Sich tagsüber nicht eingecremt in der prallen Sonne eine Assibräune holen, sich anschließend im Hotelzimmer hübsch machen und ab ans Buffet. Ans Wandern hat bei uns niemand gedacht.

Daher kommt wohl auch meine Vorfreude auf den heutigen Tag. Sie ist nämlich so gut wie kaum vorhanden. Aber ich überwinde mich, und vielleicht wird es ja zu meinem neuen Hobby. Nach ungefähr drei Kilometern bereue ich auch schon meine Entscheidung, mitgegangen zu sein. Es ist heiß, meine Füße tun weh, und ich habe Hunger. Ich hoffe, dass hinter der nächsten Kurve eine Bratwurstbude steht und ich mir eine kalte Cola gönnen kann. Leider ist dies, hier in diesem verlassenen Gebiet, reines Wunschdenken. Paul merkt, dass ich immer langsamer werde, und versucht, mich zu motivieren.

Hinter der hundertsten Kurve erblicken wir ein buntes Tal. Ich kann kaum fassen, was ich sehe. Der kleine holprige Weg öffnet sich zu einer malerischen Kulisse. Vor uns liegt ein Kessel, umrahmt von grünen Bergen. Auf dem Gipfel liegt noch der Schnee, der sich wie weiße Fäden nach unten zieht. Unter meinen Füßen erstreckt sich ein glitzernder Steinboden. Der getaute Schnee fließt ganz seicht an den Steinen entlang. Wir müssen erst einmal eine Pause machen. Das alles auf uns wirken lassen. Zehn Minuten sitzen wir da und wechseln kein Wort. Wir sind beide damit beschäftigt, diesen Ausblick zu verarbeiten. Diese atemberaubend schöne Landschaft.

In diesem Moment fühle ich zum ersten Mal die Entfernung zu Deutschland. Genau hier merke ich, wie weit wir schon gefahren sind. Nach Norden hin wechselt die Farbe des Bodens von einem sanften Beigeton in ein erdiges Orange. Es riecht leicht nach Schwefel. So sind auch die Verfärbungen des Bodens zu erklären. Ein unglaubliches Farbspektrum, das sich unter meinen Füßen befindet. Das satte Grün der Berge und der Wiese wechselt zu verwaschenem Rot, und alles mündet in einen blauen Fluss. Auf der anderen Seite stehen alte Wachtürme und Mauern aus Stein.

Weiter vorne sehen wir eine kleine Rinderherde mit zwei

Hirten auf Pferden. Das Tal ist doch nicht so verlassen wie angenommen.

Jetzt bin ich wieder motiviert weiterzulaufen. Ich will mehr sehen. Ich will sehen, wie die Menschen hier leben. Nach ungefähr einem Kilometer erreichen wir ein kleines Dorf mit fünf noch bewohnbaren Häusern. Die anderen sind Ruinen, man erkennt teilweise nur noch die Außenwände der alten Steinhäuser. Dass hier Menschen wohnen, sieht man an der Wäsche, die im Vorgarten an der Leine im Wind weht, und an den Hunden, die angekettet die Häuser bewachen. Ich frage mich, wieso sich jemand dafür entscheidet, seine Heimat nicht zu verlassen, obwohl die Einsamkeit groß ist, die Lebensmittelbeschaffung sich allein auf Selbstversorgung gründet und man von der Regierung vergessen wurde. Aber vielleicht macht genau das ja auch Heimat aus. Dieses Gefühl, egal was kommt, man bleibt. Man geht nicht. Man identifiziert sich mit nichts anderem außer dem Ort, an dem man geboren wurde. Für Westler wie uns sicher unvorstellbar, aber irgendwie übt dieses Einsiedlerleben einen unglaublichen Reiz auf mich aus. Diese Abgeschiedenheit stelle ich mir zugleich romantisch als auch beklemmend vor.

Den Weg zurück zum Auto laufe ich voller Elan. Ich bin erschöpft, habe einen Sonnenbrand und nun umso mehr Hunger. Deswegen lege ich ein Tempo vor, dem Paul kaum folgen kann. Heute werde ich sicher vor lauter Müdigkeit schnell einschlafen und keine Gedanken an den Wind verschwenden.

Champagner und Kaviar
für die Nomaden

Von den Bergen Georgiens geht es nun in die Stadt. Wir wollen Tiflis erkunden. Über den Military Highway fahren wir wieder bergab. Es ist eine schöne Strecke. Aber der Highway fühlt sich an wie eine Landstraße, die zweispurig durch die Bergdörfer führt. Ab und zu müssen wir abbremsen, damit eine Kuh die Straße passieren kann. Die Szenerie wechselt stetig von der ländlichen Idylle zu einem Komplex aus riesigen Restaurantanlagen, grellen Lichtern und vierspurigen Straßen. Wir haben die Hauptstadt erreicht. Plötzlich werden wir in ein Tempo hineingesogen, das wir das letzte Mal in Berlin gespürt haben. Auf der Straße gilt hier nur ein Gesetz, der Größere hat Vorfahrt. Bis wir uns dessen überhaupt bewusst sind, vergehen unzählige Staus mit pausenlosem Hupen. Hier würde ich niemals freiwillig an Emmas Steuer sitzen wollen.

Zu der chaotischen Fahrweise der Georgier gesellt sich auch noch die unübersichtliche Straßenführung. Gefühlt ist hier jede Straße eine Einbahnstraße. Hast du die Ausfahrt verpasst, gibt es kein Zurück mehr. Dann musst du erst mal durch die halbe Stadt fahren, um genau wieder an diesen Punkt zu gelangen. Wir sind total blauäugig hier reingefahren. Ohne nachzudenken, wo wir in diesen verwinkelten und stark befahrenen Straßen überhaupt stehen können. Wir haben auf einen Park oder einen öffentlichen, ruhig gelegenen Parkplatz gehofft. Aber nachdem wir zwei Stunden rumgegurkt sind, wird uns klar, dass wir hier wieder rausmüssen.

Auf der Karte entdecken wir einen großen See, nördlich von Tiflis. Wir beschließen, für heute erst einmal neben der Stadt zu übernachten und uns für morgen einen Plan zu machen. Eine kleine Straße schlängelt sich komplett um den See rum. Wir fahren sie fast bis zum Ende ab, bis wir ein nettes Plätzchen finden, an dem es etwas ruhiger ist. Anscheinend ist der See bei den Einheimischen sehr beliebt zum Angeln. Auch neben uns befinden sich zwei ältere Herren, die auf kleinen Hockern halb im Wasser sitzen, mit der Angel in der einen Hand und dem Bierchen in der anderen. Wir überlegen, kurz noch in den See zu springen, aber irgendwie tut das hier keiner. Wenn man das Wasser genauer betrachtet, dann versteht man auch, wieso. Es ist trüb, und nur ein Weg aus Matsch führt hinein. Außer den unzähligen Fröschen ist hier wohl niemandem so richtig nach Schwimmen.

Während ich mich um das Abendessen kümmere, kontaktiert Paul alte Bekannte aus Georgien, die er letztes Jahr in Berlin kennengelernt hat. An einem sonnigen Sonntag kreuzten sich ihre Wege im Club der Visionäre, und der Kontakt blieb. Die beiden erwiesen sich als tüchtige und einflussreiche Geschäftsleute aus Georgien. Da die Bedeutenden und Reichen ihre Identität stets schützen wollen, nenne ich sie mal Irakli und Salma. Wir machen ein Treffen mit ihnen am nächsten Tag aus.

Wir stürzen uns wieder ins Getümmel der Straßen von Tiflis. Der nächste Versuch, die Stadt zu erkunden. Emma drängt sich wie ein typischer Tourist an den anderen Autos vorbei. Unbeholfen und wie ein Fremdkörper. Wir fahren zu dem Treffen mit den Georgiern. Treffpunkt ist ein Restaurant in der Altstadt. Im Felini. Wir futtern schwarze Pasta mit Trüffeln und trinken ein paar Gläser Champagner. Was auch sonst. Heute Morgen noch am schmierigen Stadtsee in Tiflis eine schnelle Dusche genommen, und plötzlich sitzen wir in einem der teuersten Restaurants der Hauptstadt. So normal der Tag gestartet hat, umso surrealer entwickelt er sich. Als wir Irakli und Salma treffen, stellen wir fest, dass unsere Welten, außerhalb der Partyszene Berlins, unterschiedlicher nicht sein können. Wir fahren mit einem dreißig Jahre alten Mercedes vor, und sie stellen ihren neuen mattschwarzen BMW M6 vor dem

Restaurant ab. Wir haben gerade so noch was Frisches zum Anziehen gefunden, während sie aussehen wie aus einem Modemagazin für reiche alternative Georgier entsprungen. Doch was den Durst auf Champagner anbetrifft, sind wir gleich. Der einzige Unterschied ist: Die können es sich leisten, wir nicht.

Trotz der vielen Gegensätze haben wir einen guten Draht zueinander. Wenn man die Oberflächlichkeiten und die Vorurteile weglässt, teilen wir die gleichen Ansichten, was Toleranz und Weltoffenheit anbetrifft. Wir unterhalten uns angeregt und inspirieren uns gegenseitig. Als die zweite Flasche geleert ist, wird es Zeit für einen Locationwechsel. Sie möchten uns noch was von der Stadt zeigen. Wir setzen uns alle in den schnittigen BMW und fahren zum Mtazminda-Park. Der Park, der sich auf dem gleichnamigen Berg befindet, liegt auf 730 Metern. Von dort hat man eine unglaubliche Aussicht auf die ganze Stadt. Die volle Pracht der Komposition aus Großstadt und den Bergen drum herum lässt Tiflis etwas klein wirken. Die Eine-Million-Einwohner-Stadt ist die größte in Georgien. Hier wohnt auch ein Drittel der gesamten Landbevölkerung. Ja genau, ganz Georgien hat so viele Einwohner wie Berlin. Doch Tiflis ist genauso laut und hektisch.

Wir werden ins nächste Restaurant geführt. Eine mit Georgiern überfüllte große Halle, auf massiven Stützpfeilern auf den Berg gebaut und mit einer Glasfassade zur Stadt hin. Hier ist auch die Endstation für die Seilbahn. Wenn man möchte, kann man sich von der Altstadt aus hinaufziehen lassen.

Irakli scheint wohl die Angestellten hier zu kennen, oder ich glaube eher, sie wissen, wer Irakli ist. Schnell kriegen wir einen Tisch. Der Charme dieses Restaurants liegt in der Mischung aus sowjetischem Prunk und verpasster Moderne. Von außen erinnert es aber eher an griechische Architektur mit seinen hohen Rundbogen und den verzierten Säulen. Hier wurden einfach Merkmale aus allen möglichen pompösen Epochen zusammengeschustert.

Irakli übernimmt für uns das Bestellen. Eigentlich bin ich noch von dem Champagner und der Pasta gesättigt und hoffe, es gibt nur eine Kleinigkeit. Aber wir sind hier ja in Georgien. Hier wird übermäßig viel Essen auf den Tisch gestellt, um den Reichtum und die Gastfreundschaft zu demonstrieren. Zuerst wird uns der Branntwein Tschatscha an den Tisch gebracht. Dann kriegt jeder noch ein Bier und eingelegtes Gemüse. Nach und nach füllt sich unser Tisch mit dem Besten, was dieses Restaurant zu bieten hat. Georgische Antipasti, bestehend aus dreierlei Frischkäse und gefüllten Auberginen. Hinkali, mit Fleisch gefüllte Teigtaschen. Hatschapuri, ein frittierter Fladen mit Käse und Ei. Unzählige Salate. Gebratene Kartoffeln mit Pilzen. Fleischspieße. Ich weiß gar nicht, wie ich das alles essen soll. Es ist so unglaublich viel und unglaublich fettig. Wir müssen natürlich alles probieren. Wir kosten uns von einer Teigtasche zur nächsten, und nachgespült wird mit dem Tschatscha. Dieser Branntwein wird sicher nicht mein Lieblingsgetränk. Aber er hilft, den ganzen Mageninhalt zu verbrennen, damit ich schnell wieder nachfüllen kann. Ich stopfe so viel Leckeres in mich, dass nicht mal mehr ein Schluck Wasser hineinpasst. Es ist noch so viel Essen auf dem Tisch. Es tut mir richtig leid, das alles zurücklassen zu müssen. Paul muss die Unterhaltung alleine fortführen, da ich mit dem Verdauen beschäftigt bin und mich das meine ganze letzte Kraft kostet. Ich bin froh, als es heißt, es ist Zeit zu gehen. Und wir wurden natürlich zu diesem Festmahl eingeladen.

Für heute Nacht haben wir uns ein Zimmer über Airbnb gebucht. Das Günstigste, was es gab. Neun Euro die Nacht. Dementsprechend sauber und wohlriechend ist es. Wir kriechen in das brettharte Bett, versuchen uns das schmale Laken zu teilen und schlafen volltrunken und vollgegessen ein.

Am nächsten Morgen werden wir von Hundegebell und laut diskutierenden Georgiern geweckt. Die Sonne scheint durch die pinken Synthetikvorhänge direkt in unser Bett. Fast könnte man meinen, dass es sich hier um ein Zimmer für bestimmte käufliche Vergnügen handelt. Mein Kopf fühlt sich immer noch nach Tschatscha an, und mein Magen hat gefühlt keinen Bissen verdaut. Diese Mischung bereitet mir eine leichte Übelkeit. Ich beschließe, noch einmal die Augen zu schließen, und hoffe, dass, wenn ich sie wieder öffne, das ganze Leid einer alkoholdurchtränkten Nacht verschwunden ist.

Wir haben uns bis zu einem Café in der Altstadt durchgeschlagen. Der Weg hierher war besonders beschwerlich. Zu Fuß sind wir durch die kleinen Gassen der Altstadt geschlichen, auf der Suche nach einem starken Kaffee. An Essen war immer noch nicht zu denken. Auf dem Weg hierher haben wir kein Wort miteinander gesprochen. Die ganzen neuen Eindrücke und der Restalkohol ließen uns für eine Weile verstummen.

Tiflis ist eine grobe Stadt. Robust und präsent. Hier herrscht eine impulsive Anordnung von alter sowjetischer Architektur, verrückten Neubauten westlicher Stararchitekten und Altstadtteilen, die verkommen. Dazwischen befinden sich noch monumentale Kirchen und Gedenkstätten aus vorherigen Jahrhunderten. In jeder Ecke der Stadt sieht es anders aus. So stelle ich mir Berlin vor zwanzig Jahren vor. Auch Tiflis ist gerade mitten im Wandel. Es wird viel gebaut, umstrukturiert und für Touristen attraktiver gestaltet. Aber man merkt, dass Georgien der Spagat zwischen westlicher Moderne und sowjetischem Konservativismus noch nicht ganz gelingt.

Homosexualität ist ein großes Tabuthema, Drogenbesitz von geringsten Mengen wird immer noch mit einer fünf- bis achtjährigen Haftstrafe geahndet, und Direktflüge in die Hauptstadt werden durch einen Deal mit der Türkei bisher noch unterbunden. Aber man spürt trotzdem ein Klima des Aufbruchs. Die jungen Menschen möchten hier was verändern. Sie möchten sich auch in Richtung Westen orientieren, aber ihre Kultur dabei nicht verlieren. Dies spiegelt sich auch in den Cafés,

Restaurants und Klubs wider. Alles ist sehr authentisch, und man fühlt sich hier schnell wie ein Einheimischer, weil die Orte für die georgische Bevölkerung ausgerichtet sind und nicht nur für den Massentourismus hochgezüchtet wurden.

Während wir mittlerweile schon unseren zweiten Kaffee schlürfen, melden sich die Georgier von gestern wieder. Irakli berichtet, dass er uns ein Zimmer im Radisson Blu für zwei Nächte gebucht hat. Wir sollen später dahin kommen und dann auch gleich mit ihnen zum Abendessen. Paul kommt gar nicht dazu, etwas dagegen zu sagen. Er bedankt sich einfach und bestätigt die Einladung. Ich schaue Paul nur mit großen Augen an und bin total sprachlos von so viel Großzügigkeit.

Die beiden waren wohl der Ansicht, dass wir nach zwei Monaten in unserem Camper eine Auszeit benötigen. Vom Café aus kann ich sogar das Radisson sehen. Es ist eins der höchsten Gebäude in Tiflis.

Wir stellen unseren orangefarbenen Camper auf dem Parkplatz vorm Hotel ab. Zwischen all den Luxusautos, schwarz und glanzpoliert, wirkt unsere Emma besonders sympathisch. Ein kleiner Lichtblick in der allzu tristen Norm. Der Parkwächter kann auch nicht so recht glauben, was hier geparkt wird. Wir packen nur eine Tasche mit frischer Kleidung und marschieren zur Rezeption. Als wir der Dame an der Anmeldung mitteilen, zu wem wir gehören, wird ihr Lächeln etwas breiter. Sie gibt uns zwei Zimmerkarten und zeigt uns den Weg zum Aufzug. Wir fahren bis in den dreizehnten Stock. Kaum haben wir das Zimmer betreten, sind wir schon von der Aussicht überwältigt.

Irakli hat das Premium-Zimmer für uns gebucht, mit Panoramablick. Ich stürze mich auf das riesige Bett und muss kurz den Augenblick verdauen. Mir ist so was eigentlich nicht wichtig. Also Luxusurlaube und überteuerte Hotels. Aber wenn man in einem ist, versteht man schon, wieso manche Menschen etwas mehr Geld für ihre Schlafgelegenheit ausgeben.

Als Erstes ist eine warme Dusche angesagt oder doch lieber ein Bad in der riesigen Badewanne? Ich entscheide mich für ein ausgiebiges heißes Schaumbad. Selbst von hier hat man einen tollen Ausblick auf die Stadt. Perfekt wäre natürlich noch ein Glas Sekt in der Hand. Aber an die Minibar trauen wir uns nicht ran. Die Getränke sind sicher unverschämt teuer. So macht sich Paul noch auf den Weg in einen Supermarkt und holt zwei Flaschen Sekt und ein paar Kekse, gegen den Hunger zwischendurch.

Zeit fürs Abendessen. Wir sind mit Irakli und Salma auf der Terrasse vom Radisson verabredet. Ich hab zum Glück ein einigermaßen schickes Hemd eingepackt. Man möchte ja ungerne negativ auffallen in der vornehmen Gesellschaft. Paul zwinge ich in ein T-Shirt statt seines armfreien Tops. Natürlich wird sofort Champagner bestellt. Ich blättere durch die Karte und sehe unverschämt hohe Preise. Es gibt hier Sushi in allen Variationen und welche, die ich noch nie gesehen habe. Da wir nicht darauf hoffen, eingeladen zu werden, bemühen Paul und ich uns, etwas günstigere Gerichte zu bestellen. Er nimmt einen Caesar Salad und ich eine einfache Sushivariante mit Lachs. Salma hat heute Hunger auf Kaviar. Es gibt eine teure Version des Störkaviars und eine noch teurere. Sie bestellt natürlich den teureren Fischrogen.

Man müsste meinen, dass ich als Russin so was in der Kindheit sicher ständig gegessen habe. Leider war das nie der Fall, auch wenn die Mehrheit der Menschen denkt, dass in Sibirien der Kaviar günstiger ist als Schokolade. Ich habe in meinem Leben noch nie echten Störkaviar auf meine Blinis gepackt. Auf meinen Pfannkuchen ist immer nur Fake-Kaviar gelandet. In russischen Supermärkten gibt es unzählige chemisch hergestellte Kaviarsorten. Die haben jedoch noch nie einen Fisch zu Gesicht bekommen, sondern bestehen nur aus Molekularkügelchen mit fischigem Aroma. Wer sich diese Blöße nicht geben wollte, für den haben die pfiffigen Russen den Auberginenkaviar entwickelt. Eine Art Ratatouille, das ganz fein gehobelt und mit unglaublich viel Fantasie und viel Wodka intus dem echten Kaviar sogar ähneln könnte. Immerhin heißt es auch Ikra, wie Kaviar auf Russisch. Aber heute werde ich echten essen und dazu wie eine Zarin Champagner trinken.

Verrückt, was wir hier gerade tun. Verrückt, wie gastfreundlich die Georgier sind.

Salma erzählt uns von einer georgischen Legende, die lautet: »Als Gott das Land unter den Menschen aufteilte, feierten die Georgier gerade eine Party, bei der sie sich ordentlich betranken. Folglich kamen sie zu spät zur Vergabe, woraufhin Gott ihnen mitteilte, dass bereits das ganze Land vergeben wurde. Doch sie antworteten ihm, dass sie nur zu spät kamen, weil sie lobpreisend das Glas auf ihn erhoben hatten. Von dieser Antwort angetan, gab Gott ihnen einen Teil des Fleckchens Erde, das er für sich selbst reserviert hatte.«

Irgendwie trifft diese Legende auf das, was wir hier bisher erlebt haben, voll und ganz zu.

Wieder an die Arbeit

Nach einer Woche müssen wir Tiflis schweren Herzens verlassen. Unser Geld wird knapp, und in der Stadt unterwegs zu sein heißt immer höhere Ausgaben. Da wir aber noch fast einen Monat haben, um nach Russland einreisen zu können, entscheiden wir uns, wieder in die Berge zu fahren, und irgendwie zieht es uns auch zurück in die Natur und in unseren Camper.

Es geht erneut den Military Highway entlang in Richtung Norden. In der Nähe der kleinen Stadt Stepanzminda, ungefähr dreißig Kilometer vor der russischen Grenze, finden wir einen schönen Ort, um zu verweilen. Unter einem großen Baum und neben einer Ruine richten wir für die nächsten Wochen unseren festen Wohnsitz ein. Ein paar Gehminuten entfernt befindet sich eine natürliche Quelle, von der wir unser Wasser holen können. Ins nächste Dorf zum Einkaufen ist es auch nicht weit. Also die perfekten Bedingungen, um einen Alltag zu gestalten und konzentriert zu arbeiten.

Unser Plan beziehungsweise Pauls Plan war es, von unterwegs zu arbeiten. Aber wir brauchten dennoch einen Puffer. Geplant waren 10 000 Euro Startkapital. Ich packte all mein hart verdientes Trinkgeld vom Restaurant zur Seite. Paul verkaufte alles, was er in die Finger kriegen konnte, alte Autoreifen, sein heiß geliebtes Fahrrad und längst vergessene alte Kameras. Ich zog ein paar Monate zu ihm in die WG, damit ich meine Miete sparen konnte. Selbst von einem Tanzwettbewerb auf der Weihnachtsfeier konnte ich mich nicht abhalten lassen. Hauptsache, es kam Geld rein. Doch egal wie sehr wir uns bemühten, alles, was wir in die Spardose steckten, nahmen wir wieder doppelt für den Umbau von Emma raus. Dieser Bus verzehrte unser hart erspartes Geld in einem rasanten Tempo und ohne Limit. Im letzten Monat waren Umbaukosten auf uns zugekommen, die einfach unseren Rahmen gesprengt haben – neue Reifen, Überholung der Bremsen und Dinge, von denen ich immer noch keine Ahnung habe.

Schlussendlich fuhren wir mit gerade mal 2000 Euro los. Als ich diese Summe in der Hand hielt, kam ein großes Unwohlsein in mir auf. Wie sollen wir damit bis nach Sibirien kommen, geschweige denn überhaupt über die europäische Grenze? Mir machte das große Sorgen, und ich fragte mich, ob wir nicht vielleicht zu naiv an diese Sache herangingen. Ich versuchte, mich mit Pauls Optimismus zu beruhigen und mir darüber Gedanken zu machen, wie ich denn unterwegs Geld verdienen könnte. Ich hatte null Onlinekompetenz, und diese Blogger-

Welt war für mich komplettes Neuland. Paul hatte einen Plan und ich gar keinen. Ich hab mein Geld sonst immer nur mit Kellnerjobs verdient. Um als freiberufliche Architektin von unterwegs arbeiten zu können, fehlten mir Erfahrung und ein Netzwerk. Also wie sollte das für mich funktionieren?

Paul sah dies als Chance, mich in sein Business mit einzubeziehen. Er wollte ein Produkt erschaffen, das uns durch die ganzen Länder finanziert. Er hatte zwei Monate vor Abreise begonnen, an einem Buch zu schreiben. Egal wie fertig er von der Arbeit und dem Umbau war, es mussten täglich in der Nacht noch zwei Seiten Buch entstehen.

Meine Aufgabe ist es nun, den geschriebenen Text zu strukturieren, zu korrigieren und alles mit schönen Bildern in ein nettes Layout zu verpacken. Eigentlich hätte das E-Book in zwei Wochen fertig sein sollen. Leider war ich noch unglaublich weit davon entfernt.

Um unterwegs auf Reisen zu arbeiten, benötigt man unglaublich viel Disziplin und Motivation. Es ist schwierig, wenn man an einem so schönen Ort wie diesem steht, sich trotzdem an den Tisch zu setzen und konzentriert zu arbeiten. Ich würde natürlich viel lieber in der Sonne liegen und von morgens bis abends leckere Sachen essen. Aber ohne die zusätzliche Arbeit wäre dieses Vergnügen nur von kurzer Dauer, und dann müssten wir spätestens in einem Monat die Heimreise antreten. Genau das wollen wir vermeiden. Paul hat zwar noch einen Freelancer-Job in seinem alten Unternehmen, aber sein Ziel ist es, unabhängig zu werden. Er möchte nicht mehr für jemanden arbeiten, sondern nur noch für sich. Nun müssen wir am selben Strang ziehen, damit wir unsere finanzielle Unabhängigkeit erreichen können.

Es gibt Tage, an denen ich das digitale Nomadentum und somit das Arbeiten unterwegs verstehe und an denen das alles für mich Sinn ergibt. Aber dann gibt es Tage, an denen ich unglaublich davon genervt bin. An diesen Tagen verfluche ich diese Form des Arbeitens und frage mich, wieso wir nicht einfach ein Jahr später mit mehr Erspartem losgefahren sind. Teilweise habe ich auch das Gefühl, das Land nicht richtig zu sehen und blind an allem vorbeizufahren, denn letztlich sind wir Opfer des Internets. Es gibt schöne Stellplätze, an denen wir zu gerne bleiben möchten, aber weit und breit kein Netz. Dann wird so lange weitergefahren, bis sich Edge in LTE umwandelt, und das passiert meistens nur in der Nähe von Städten. Ich bin froh, dass die bisherigen Länder mit einem deutlich besser ausgebauten Internet aufwarten können als Deutschland.

Mich wird diese Art zu reisen die nächsten Monate immer intensiver beschäftigen. Auch wird das Paul und mich in fürchterliche Streitigkeiten verwickeln. Aber wenn wir voran wollen, dann ist nur diese Art des Vorankommens möglich.

Richtung Wladikawkas fahren, denke ich über die Fragen der Grenzbeamten nach. Wieso würde ich eigentlich nicht zurück nach Russland übersiedeln wollen, und wieso finde ich russische Männer eher abschreckend als anziehend?

Vielleicht liegt es daran, dass ich einfach die meiste Zeit meines Lebens in Deutschland verbracht habe und, um nicht aufzufallen, eher die deutsche Kultur verinnerlicht habe. Ich liebe die deutsche Unabhängigkeit und den Fleiß der Deutschen. Ich will nicht für alle Russen sprechen, aber so einige Klischees kann ich wirklich bestätigen. Die Bürger Russlands sind sehr bescheiden, was ihre Lebensführung angeht. Mit etwa zwanzig wird geheiratet, dann kommen zwei Kinder und eine Datscha hinzu. Aber in Sachen Lebensstil leben sie stark über ihre Verhältnisse. In Russland kann man sich alles auf Kredit kaufen. Du willst neues Kinderspielzeug für 200 Rubel? Hol dir einen Kredit. Du willst ein paar neue Jeans? Hol dir einen Kredit. Überall wird mit kleinen Krediten für jedermann geworben. Selbst Senioren und Studenten kriegen problemlos Geld von der Bank geliehen. Dafür muss man nicht einmal ein festes Einkommen vorweisen. Der Haken? Zehn Prozent Zinsen!

Während wir uns in Deutschland über zwei Prozent Kreditzinsen aufregen und doppelt so lange überlegen, ob sich das auszahlt, ist der Russe da viel leichtsinniger. Der Schein nach außen muss gewahrt werden. Es ist wichtig, dass der Nachbar deine neuen Vorhänge sieht und neidisch auf dein neues Auto ist. Gedanken um die ganzen Schulden macht sich keiner. Sowieso habe ich das Gefühl, dass die Russen viel im Moment leben. Es zählt nicht die Zukunft. Lebens-, Unfall- oder auch Berufsunfähigkeitsversicherungen gibt es schlicht und einfach nicht. Die größte Versicherung, die man haben kann, sind die eigenen Kinder. Wenn du jahrelang Geld in ihre Erziehung und Lehre gebuttert hast, wird natürlich auch einiges zurückerwartet. Erst erziehen Eltern ihre Kinder, und dann passiert es genau andersrum. Viele verwechseln das mit einem tollen

Familienzusammenhalt, doch ich halte das für die falsche Art der familiären Prägung. Es werden eine Abhängigkeit und eine Erwartungshaltung geschaffen, aus denen man nicht mehr rauskommt. Du wirst darauf getrimmt, ein Leben zu leben, das die Nachbarn akzeptabel finden und die Familie glücklich macht. Nach deinen eigenen Wünschen und Bedürfnissen fragt keiner. Selbst meine Generation der Spätaussiedlerkinder in Deutschland baut jetzt Einfamilienhäuser mit einer zusätzlichen Einliegerwohnung für die Eltern.

Auch ich spüre diesen Druck vonseiten meiner Eltern. Es wird etwas von mir verlangt, weil sie sich das in ihren Vorstellungen zurechtgelegt und sie in ihrem Leben in Russland nie was anderes gesehen haben. Am liebsten hätten meine Eltern mich nach meiner mittleren Reife in einer Sparkasse als Bankkauffrau gesehen. Mit einem Deutschrussen verheiratet und zwei Kindern unterm Arm. Aber ich bin mit einem Deutschen zusammen, und Sinn und Zweck der Heirat haben sich mir immer noch nicht erschlossen. Und nun sitze ich auch noch in einem Camper und reise um die Welt, anstatt einen Kredit aufzunehmen und ein Einfamilienhaus für meine Kinder und meine Eltern zu bauen.

Dass meine Eltern vollends begreifen, dass ich anders ticke, als sie es gerne hätten, dass ich nicht wie die Maschine deutschrussischer Träume funktioniere, dafür bedurfte es genau dieser Reise. Ich sehe mich als ein Individuum an, stetig auf der Suche nach der eigenen Identität, aber meine Eltern bilden eine Entität in einem ganz anderen Universum. Sie haben Zeit gebraucht, um zu verstehen, dass es nicht nur eine Realität gibt, sondern jeder seine Realität für sich selbst bestimmt. Vor allem haben sie Zeit gebraucht, zu begreifen, dass es in Deutschland etwas anders läuft. Hier stehen Kinderkriegen und Heiraten nicht an erster Stelle auf dem Weg in eine glückliche Zukunft, sondern die Selbstverwirklichung.

In Wladikawkas wollen wir unser Auto reparieren und ein paar Besorgungen machen. Die Wochen in den georgischen Bergen haben ganz schön an unseren Vorräten gezehrt und genauso an unseren Bremsen. Zwar haben wir in einer Werkstatt in Tiflis einen Rundumcheck machen lassen, aber der Auspuff lockert sich ständig, und die Bremsen sind wegen der schlechten Straßen erneut verdreckt.

Unsere erste Anlaufstelle ist ein gigantischer russischer Supermarkt. Ich liebe fremde Supermärkte. Lieber besuche ich im Ausland einen Supermarkt, als mir Sehenswürdigkeiten anzuschauen. Ein Supermarkt sagt viel über die Kultur des Landes und des Ortes sowie über die Menschen aus. Natürlich auch über das Konsumverhalten und den Reichtum des Landes. Und ein russischer Supermarkt führt mich immer zurück in meine Kindheit.

Das kitschig verpackte Konfekt oder das russische Eis Plombir, das seit der Sowjetzeit seine Aufmachung nicht geändert hat, lässt mich wieder vier Jahre alt sein. 1995 gab es in Russland zwar nicht diese unglaubliche Auswahl an Lebensmitteln, aber das, was es damals gab, gibt es immer noch. Alleine bei der Fischtheke kriege ich Herzklopfen. Von getrocknetem bis zu gesalzenem und eingelegtem Fisch, von kleinen bis großen Fischen gibt es einfach alles, was ich gerne esse. Ich muss mich hier wirklich zusammenreißen, da unser Kühlschrank gerade mal Platz für etwas Milch und Brotaufstriche hat. Außerdem isst Paul einfach nicht gerne Fisch nach russischer Art. Ist ihm zu fischig, sagt er. Für mich gibt es nichts Schöneres als einen getrockneten salzigen Fisch mit Bier aus 1,5-Liter-Flaschen. Das ist die einzige Leidenschaft meines Vaters, die ich freiwillig übernommen habe. Als kleines Kind hat er mir immer den Fisch geschält und mir die schmackhaften Filetstücke gegeben. Während er sich mit dem Bier verköstigte.

Neben der vielfältigen Fischtheke erstreckt sich ein langes Kühlregal voll mit russischen Salaten. Hier kann ich mich nun wirklich nicht mehr zurückhalten. Hering unterm Pelzmantel, Karotten auf Koreanisch und Oliviersalat werden für mich in kleine Schälchen abgepackt, und jedes einzelne wird noch in eine Plastiktüte gesteckt. Ich erkläre der Verkäuferin zwar, dass eine Tüte für alle drei Salate völlig ausreichend ist, aber sie versteht es nicht. Ich glaube, sie will es absichtlich nicht verstehen. Sie macht es so, wie sie es immer macht, seit sie hier arbeitet.

Unser Einkaufswagen ist gut gefüllt. Paul hat in der Autoabteilung auch so einiges gefunden. Von Öl bis hin zum Werkzeugset ist alles Mögliche im Wagen gelandet. Aber etwas fehlt noch. Na sicher. Der Wodka. Auch hier ist die Auswahl wie beim Fisch. Unglaublich vielfältig. Wir entscheiden uns für einen Pinienkernwodka und einen ukrainischen Khortytsa. Mit 5000 Rubel an der Kasse hätten wir jedoch nicht gerechnet. Die Preise kamen mir damals nicht so hoch vor.

Besser mit einem Basie im Gepäck: Tschetschenien

Bevor wir losgefahren sind, haben wir überlegt, auf welchem Weg wir am besten zu meiner Oma nach Sibirien fahren. Direkt und ohne Umwege hätten wir durch das Baltikum nach Moskau und dann direkt in den Altai fahren können. Da Paul sich jedoch viel zu spät um ein Visum für Russland gekümmert hat (das soll nur ein kleines bisschen vorwurfsvoll klingen), hat er nur einen Monat genehmigt bekommen. In einem Monat hätten wir nicht einmal die Hälfte der Route geschafft, geschweige denn noch zwei Wochen Aufenthalt bei meiner Familie unterbringen können. Da Paul mir unbedingt auch Georgien zeigen wollte, entschieden wir uns, über den Norden Georgiens nach Russland zu fahren. Über den Kaukasus nach Wolgograd und dann nach Kasachstan, um ein neues Visum zu beantragen, und erneut nach Russland rein.

So ergab sich auch, dass wir unsere Reiseroute durch Tschetschenien und Dagestan legten. Dieser Teil von Russland war mir bis zu dieser Reise völlig unbekannt. Natürlich weiß ich um den Tschetschenienkrieg und auch, dass dieser Teil Russlands eine muslimische Mehrheit hat. Aber irgendwie war mir doch nicht klar, dass es zu Russland gehört.

Tschetschenien hat eine ähnlich bedrückende Geschichte wie Südossetien und Transnistrien, wenn nicht sogar noch bedrückender. Die Tschetschenen mussten nicht nur einmal gegen ihren großen Feind Russland kämpfen, es fanden gleich zwei grausame Kriege statt.

Der erste Krieg brach im Jahr 1994 aus. Russische Soldaten marschierten in Tschetschenien ein, um sich ihr ehemals zugehöriges Gebiet zurückzuerobern. Nach der Auflösung der Sowjetunion im Jahr 1991 hat Tschetschenien die Chance genutzt und seine Unabhängigkeit erklärt. Russland wollte diesen Schritt jedoch nicht akzeptieren. Nach zwei Jahren kam es 1996 dann zum Waffenstillstand und zu einer erneuten Unabhängigkeitserklärung. Diesmal offiziell von Russland anerkannt und mit dem Einverständnis von Boris Jelzin. Allerdings konnte sich das Land nur kurz vom Krieg erholen. Da Tschetschenien keine finanzielle Unterstützung von anderen Mächten bekam, sah es keine andere Lösung, als die Nachbarregion Dagestan anzugreifen, um sie zu erobern. Zeitgleich gab es unzählige Terroranschläge in Russland, verübt angeblich von tschetschenischen Terrororganisationen. Daraufhin erklärte Russland den Tschetschenen den Krieg, der diesmal ganze zehn Jahre andauerte.

Wieder zehn Jahre später fahren wir nun durch dieses ehemalige Kriegsgebiet. Es fühlt sich an, als ob es jederzeit wieder losgehen könnte. An jeder Ecke steht Militär. Alle zehn Kilometer werden wir von schwer bewaffneten Soldaten angehalten. Unsere Pässe werden kontrolliert. Die üblichen Fragen werden gestellt. Woher kommen wir? Was machen wir hier? Was ist unser Ziel? Zwar gibt es keine offiziellen Grenzen, aber dennoch Unmengen an Grenzposten. So kommen wir nur langsam voran.

Wir wollen in die Hauptstadt. Nach Grozny. Es wird langsam dunkel, und wir haben noch schleppende fünfzig Kilometer vor uns. Wir beschließen, noch vor Grozny zu übernachten, denn in der Stadt würde es sowieso schwierig werden, einen Stellplatz zu finden. Wir stoßen auf eine kleine Straße und fahren von der Autobahn ab. Auf der Karte sehe ich einen alten Flugplatz, der jetzt wohl nicht mehr in Betrieb ist. Ihn nehmen wir als Orientierung. Die kleine Straße mündet zwei Kilometer weiter in einen Feldweg und irgendwann in eine Sackgasse. Um uns herum ist meterhohes Gras und weit und breit kein Haus oder eine Menschenseele zu sehen. Wir entscheiden einfach, hier stehen zu bleiben. Scheint ja ein nettes Plätzchen zu sein. Paul fährt noch zwei Meter zurück, damit Emma gerade steht.

Als ich die Tür aufmache, kann ich mich vor einem Mückenangriff kaum retten. Ein ganzer Schwarm schwebt über unserem Camper. Sie drängen sich durch jeden Schlitz ins Innere des Autos. Ich springe wieder zurück auf den Sitz und schlage die Tür zu. Ich glaube, hier können wir doch nicht bleiben. Ich hatte ganz vergessen, dass der Hochsommer in Russland die mückenaktivste Zeit ist. Ich schaue zu Paul rüber. Er sieht schon sehr erschöpft aus, sodass Weiterfahren eigentlich keine Option ist. Ich klettere in den hinteren Teil von Emma und versuche, einige der fiesen Mücken zu erschlagen, damit wir am nächsten Tag nicht wie Streuselkuchen aussehen. Es ist eine unglaubliche Hitze hinten im Camper, aber an offene Fenster ist nicht zu denken bei der Armee, die draußen auf uns wartet.

Als wir beide händefuchtelnd im Auto zu Gange sind, höre

ich, wie ein Auto die kleine Schotterpiste entlangfährt. Ich schaue aus dem Fenster und sehe einen alten Mitsubishi, der direkt neben uns hält. Ich vermute mal, dass es die Besitzer des Feldes sind, auf dem wir unser kleines Nachtlager aufschlagen wollten. Ich klettere schnell aus dem Auto, damit nicht noch mehr Mücken reinfliegen. Aus dem anderen Auto steigen zwei junge Männer aus. So in unserem Alter. Beide etwas kräftiger gebaut, mit Glatze und schmalem Vollbart. Der etwas Kleinere von beiden hält einen Baseballschläger in der rechten Hand. Plötzlich fange ich am kompletten Körper an zu zittern. Paul kommt auch aus dem Auto und fragt mich, wer die Männer sind. Ich kriege kein Wort raus. Das kann doch jetzt nicht sein, dass uns gleich zwei Tschetschenen in einem Kornfeld mit einem Baseballschläger verprügeln und uns ausrauben. Dann sollten ja alle recht bekommen, die uns vor dieser Region gewarnt haben. Meine Eltern, das Auswärtige Amt, die Grenzbeamten in Georgien und der Tankstellenwart 100 Kilometer zurück.

»Was tut ihr hier?«, fährt mich der mit dem Baseballschläger an. »Habt ihr keinen besseren Platz zum Übernachten gefunden? Hier ist es doch voller Mücken und stockfinster.«

Ich höre eine leichte Fürsorge in seiner Stimme. Ein brutaler Schläger würde sicher anders klingen.

»Wir haben einen ruhigen Platz zum Übernachten gesucht und sind dann hier gelandet. Sollen wir wieder fahren? Gehört das Grundstück euch?«, frage ich besorgt.

Er erklärt mir, dass sie von der örtlichen Polizei seien und in Zivil unterwegs. Sie hätten uns schon an der Kreuzung beobachtet und sind uns dann hinterhergefahren. Sie würden gerne unsere Pässe sehen. Ich glaube ihre Geschichte nicht ganz und frage nach ihren Ausweisen. Nicht dass es doch Ganoven sind, die meine Identität rauben wollen. Aber nein, sie sind wirklich von der tschetschenischen Zivilpolizei.

Ich erzähle ihnen von unserer Route und dass wir noch bis

nach Sibirien fahren wollen, um meine Oma zu besuchen. Diese Geschichte, so habe ich mittlerweile begriffen, findet jeder spannend. Sie sind auch recht beeindruckt von unserem Fahrzeug und fragen, ob sie einen kleinen Rundgang durch das Innere unserer Emma bekommen. Ich kann schlecht Nein sagen und lass die beiden und unzählige Mücken hinein. Paul schaut mich immer wieder fragend an und hofft auf eine Übersetzung. Als die Lage für die Polizisten in Ordnung zu sein scheint und sie uns nicht mehr für russische Terroristen halten, lassen sie uns noch ein Abschiedsgeschenk da. Ihren Baseballschläger.

»Hier habt ihr was, um euch zu wehren. Es gibt viele Verrückte da draußen. Viel Glück noch«, verabschieden sich die beiden. Sie hinterlassen mit ihrem Auto eine riesige Staubwolke und bei uns fragende Gesichter. Paul hält den Schläger in der Hand. Er sieht schon etwas in die Jahre gekommen und gut gebraucht aus.

»Ach, die waren doch ganz nett«, sagt Paul und packt den Baseballschläger unter den Beifahrersitz. Wir beschließen trotzdem, nicht an dieser Stelle zu bleiben. Irgendwie haben die Polizisten uns Angst gemacht, und die Millionen Mücken kriegen wir hier auch niemals mehr aus unserem Auto. Wir entscheiden uns doch, die letzten Kilometer in die Stadt zu fahren und uns ein günstiges Hotelzimmer mit Klimaanlage zu gönnen.

Am nächsten Tag und nach einer ausgiebigen kalten Dusche wollen wir mit Emma ein wenig die Stadt erkunden. Schon auf dem Weg hierher sind uns die vielen Abbildungen von Tschetscheniens Präsident Ramsan Kadyrow und seinem Vater, dem ehemaligen Präsidenten, aufgefallen. Auf gefühlt jeder großen Hauswand, auf Werbebannern an Tankstellen oder einfach als Fahne am Straßenrand. Überall sieht man die beiden. Putin gesellt sich auch ab und zu auf einem der Banner dazu. Die besonders gute Beziehung zwischen Kadyrow und Putin spürt man nicht nur anhand der Präsenz beider Präsidenten auf Plakaten, sondern auch an der Üppigkeit der Gebäude. In den letzten Jahren hat Russland ordentlich Steuergelder in den Wiederaufbau Groznys gebuttert. Vor ein paar Jahren war hier nämlich noch die Hälfte der Stadt vom Krieg zerstört. Wenn man heute durch Grozny fährt, merkt man nichts von der brutalen Vergangenheit. Nicht nur die schnell hochgezogene Skyline der Stadt lässt einen schmunzeln, sondern auch die Achmat-Kadyrow-Moschee. Die größte Moschee Russlands. Alles in dieser Stadt scheint wie aus dem Ei gepellt. Kein Müll. Keine Straßenhunde. Keine Obdachlosen. Leider auch kaum Menschen auf den Straßen. Für eine so große Stadt mit über 300 000 Einwohnern ist es hier überraschend ruhig. Wir wollen an der Promenade, die übrigens nach Putin benannt ist, zu Mittag essen.

Es sind vierzig Grad im Schatten. Vielleicht sind genau deswegen so wenige Menschen in der Mittagshitze in der Stadt unterwegs.

Ich habe zuvor gelesen, dass Frauen in Tschetschenien nur lange Kleider oder Röcke tragen dürfen. Von einer Kleidungsvorschrift für Männer wusste ich nichts. Bis jetzt. Als Paul mit seiner kurzen Hose und seinen Birkenstock-Sandalen aus dem Auto steigt, kommen sofort drei junge Männer auf uns zu. Sie flüstern sich gegenseitig irgendwas auf Tschetschenisch zu und lachen dabei. Einer von ihnen klärt uns auf, dass es Männern nicht erlaubt ist, kurze Hosen und Sandalen zu tragen. Beine und Füße müssen immer bedeckt sein. Auch bei vierzig Grad. Ich überbringe Paul diese traurige Nachricht. Widerwillig steigt er zurück ins Auto und sucht seine lange Jeans raus, die er seit dem Start der Reise kein einziges Mal getragen hat. Aber wenigstens ist an seinem T-Shirt nichts auszusetzen.

Ein Stau direkt ins Glück:
Dagestan

Die schönsten Zufälle passieren immer dann, wenn alles beschissen zu sein scheint. Ich glaube an Schicksal. Daran, dass bestimmte Begegnungen, die genau da passieren, wo man sie kaum erwartet, dir den Trost schenken, der dir gefehlt hat.

Ich weiß nicht genau, woran es liegt, aber irgendwie ist seit Tschetschenien die Luft ein wenig raus bei uns. Vielleicht liegt es an den vielen Kilometern, die wir täglich zurücklegen müssen. An der Verschlossenheit der Tschetschenen oder auch an der ständigen Begegnung mit dem Militär. An jeder Straßenkontrolle werden wir rausgezogen. Wir müssen immer wieder die gleichen Fragen beantworten. Es wird skeptisch auf uns und in den Bus geschaut. Dreißig Kilometer weiter dann das gleiche Spiel. Durch die akute Präsenz des Militärs fühlt man sich als Tourist ziemlich sicher. Leider aber nicht frei.

Durch die nächste inländische Grenze geht es weiter nach Dagestan. Der Nachbarstaat von Tschetschenien, gegen den vor zehn Jahren noch Krieg geführt wurde. Leiden können sich die beiden Länder immer noch nicht. Dagestan hat, wie sein Nachbar auch, eine überwiegend muslimische Mehrheit. Doch so sicher wie in der Nachbarrepublik fühlen wir uns hier nicht mehr. Hier ist weit und breit kein Soldat oder auch Polizist zu sehen. Ich hatte davor auch noch nie was von Dagestan gehört. Als ich mich darüber informieren wollte, stieß ich nur auf Schlagzeilen wie: »Dagestan, die Republik der Verschwundenen« *(Die Welt)*. Oder »Dagestan: Das Terrornest« (ARD). Normalerweise versuchen wir, uns nicht durch die Medien beeinflussen zu lassen. Wir wollen alle Regionen selbst erkunden und uns ein eigenes Bild davon machen. Meistens können die Menschen, die dort leben, nichts dafür, was einige andere verübt haben. So werden wir immer aufs Neue überrascht.

Die Hauptstraße durch Dagestan in Richtung Kaspisches Meer führt direkt durch viele Städte und Dörfer. Alle paar Kilometer kommt eine Ansammlung von Reifenhändlern, Nussverkäufern, Ständen voll mit Billigware aus China und unzähligen Hähnchen am Spieß. Menschen laufen quer über die Hauptstraße. Sie sind am Verhandeln und Streiten, sie fuchteln übertrieben mit ihren Händen. Der ganze Staub, den die Autos aufwirbeln, legt sich auf die Waren. Die Händler sind ständig dabei, sie wieder abzuwischen. Sobald wir entlangfahren, herrscht ein Moment des Stillstands. Plötzlich hält jeder in seiner Arbeit inne. Man starrt uns ungläubig an, fängt an zu tuscheln, und dann wird weitergearbeitet. Als wir ungefähr die Hälfte der Republik geschafft haben, geraten wir in Bawtugai direkt in einen Stau.

Ein Stau in Dagestan hat nichts mit einem Stau in Deutschland zu tun. Eine Rettungsgasse bildet hier niemand, und am liebsten wird der Versuch gestartet, den Stau über den Gehweg oder was sich sonst auch immer neben der Straße befindet, zu umfahren. Alle drängeln und hupen und sind ungeduldig. Es geht nur schleppend voran, weil sich einfach jeder vordrängelt. Ich dachte eigentlich, man hätte Respekt vor der Farbe und der Größe unseres Autos. Aber nicht die Dagestanis. Sie haben keinerlei Scheu, nicht vor Fremden und voreinander sowieso nicht. Es werden ungeniert freie Wege abgeschnitten, und es wird lauthals gemotzt.

Paul versucht, sich der Fahrweise der anderen ein wenig anzupassen. Wer vorankommen will, muss Zähne zeigen. Klappt so weit auch ganz gut. Bis Emma keine Lust mehr darauf hat. Paul schaut mich mit großen Augen an und teilt mir mit, dass das Auto kaum Benzin zieht. Sie ist jeden Moment dabei, einfach auszugehen. Mitten im Stau. Zwischen all den verrückten, ungeduldigen Autofahrern. Paul versucht, Emma noch mit letzter Kraft von der Straße zu holen und auf einen kleinen Feldweg zu fahren. Dann geht nichts mehr. Ich sehe die Enttäuschung in Pauls Gesicht. Er versucht, sie noch mal zu starten. Sie ruckelt ein wenig, und dann passiert nichts mehr. Ich hoffe nur, dass es nichts Ernstes ist. Bitte kein Motorschaden oder sonst ein irreparables Problem.

Von dem ganzen Stress muss ich nun pinkeln. Weit und breit Menschen und Autos. Kein einziger Busch zu sehen, hinter dem ich mich ducken könnte. Rechts von uns befindet sich eine kleine Datscha. Die Besitzer sind gerade dabei, Aprikosen zu ernten. Die ganze Familie arbeitet. Von den Kindern bis zu den Großeltern und der Schwester des Onkels und dessen Bruder. Anscheinend erkennen sie unsere missliche Lage. Vor allem die mit der Toilette. Eine junge Frau packt mich am Arm, führt mich durch ihren Garten in ein kleines Häuschen, von dem nur noch halbe Wände und das Dach übrig sind. Sie sagt, dass es okay sei, wenn ich einfach hier auf die Toilette ginge. Das tue ich natürlich, ohne zu zögern.

Während ich so dahocke, erkunde ich die kleine Datscha. Neben dem Häuschen, in dem ich gerade sitze, ist noch ein zweites. Aber in einem besseren Zustand. Davor ist ein kleines Gemüsebeet. Umrahmt wird das Grundstück von jungen Aprikosenbäumen.

Als ich zurück zum Auto gehe, fängt mich ein Mann ab. Er stellt sich als Osman vor. Er fragt, ob wir Hilfe brauchten und was denn passiert sei. Ich nehme ihn mit zu Paul und Emma und erkläre ihm, wie wir hier gelandet sind. Er ist wohl kein Mechaniker, da ihm die Lösung des Problems auch nicht einfällt. Er hat dennoch eine Idee. Wir könnten es etwa 500 Meter weiter versuchen, vielleicht habe die Werkstatt noch geöffnet. Ansonsten lade er uns ein, bei ihm und seiner Familie zu übernachten, am nächsten Tag kümmere sich dann sein Schwager um das Problem.

Ich erzähle Paul von dem großzügigen Angebot. Er wirkt nicht so begeistert. Skeptisch schaut er mich an, während es in seinem Kopf nach Lösungen rattert. Wir wollen es erst mal mit der Werkstatt um die Ecke probieren. Zum Glück springt Emma wieder an. Doch rund läuft sie nicht. Wir schaffen trotzdem die 500 Meter, ohne wieder liegen zu bleiben. Das Tor der Garage steht noch offen, nur leider ist weit und breit niemand zu sehen. Wir hoffen, von dem Besitzer erblickt zu werden. Aber auch zwanzig Minuten später kommt keiner. Nur Osman. Er fährt mit seinem vollgepackten Familienvan ran. Er quatscht mit ein paar anderen Männern und teilt uns dann mit, dass heute Abend hier nichts mehr passieren würde. Wir seien herzlichst bei ihm eingeladen. Er wiederholt das unzählige Male, um sicherzustellen, dass er es mit der Einladung ernst meint.

Paul begreift nun auch, dass es keinen anderen Ausweg gibt. Wir fahren ihm mit gemischten Gefühlen nach. Immerhin kennen wir diese Person gerade seit fünf Minuten. Aber wir vertrauen einfach mal unserem Bauchgefühl und hoffen auf das Gute im Menschen.

Sein Haus steht in einer etwas wohlhabenderen Gegend. In der Straße reiht sich ein großer Neubau an den anderen, mit eigenem Hof und Garage. Unsere Emma muss leider am Straßenrand stehen bleiben. Sie passt nicht durch die Eingangspforte. Als wir das Haus betreten, ärgere ich mich schon wieder über meine Vorurteile. Erwartet habe ich ein gemütliches Häuschen, traditionell mit Teppichen an der Wand und rustikaler Einrichtung. Was wir vorfinden, ist eine Vierzimmerwohnung mit offener Küche und einem Wellnessbad. Eine stattliche Tafel, um die drei Meter lang, aus Massivholz und mit golden gestrichenen Ornamenten, ist der zentrale Punkt dieser Wohnung. Rechts davon befindet sich das Wohnzimmer mit einem knallfarbigen Sofa und einem unglaublich großen Flachbildfernseher.

Osman erzählt uns, dass in dem anderen Teil des Hauses seine Eltern leben, und gegenüber wohnen seine Großeltern. Sein Bruder wohnt nur ein paar Straßen weiter und kommt auch gleich zu Besuch. Wir dürfen erst mal am Tisch Platz nehmen. Seine Frau fängt sofort an, in der Küche Tee zu kochen, und richtet verschiedene Marmeladen, unzählige Kekse, Schokoladenpralinen und Honig am Tisch an. Ich biete ihr meine Hilfe an, werde aber sofort mit strengen Blicken gestraft. Wir sind ihre Gäste, und Gäste dürfen sich nur den Bauch vollschlagen und sich verwöhnen lassen.

Es geht alles so schnell. Plötzlich sitzen wir mit allen drei Generationen der Familie am Tisch. Ab und zu kommt ein Nachbar vorbei und wirft einen neugierigen Blick auf die Reisenden. Die Gäste wechseln im Stundentakt. Es kommt immer mehr Essen auf den Tisch. Mittlerweile hat Osmans Frau uns noch ein Abendessen gekocht. Nudeln mit Hackfleischsoße. Wir sind jedoch die Einzigen, die was essen. Alle anderen trinken einen Tee und nehmen höchstens einen Keks dazu. Uns wird aber ständig was anderes unter die Nase gehalten, mit ermahnendem Ton, wir sollten doch noch was essen. Obwohl wir schon längst satt sind, schieben wir uns immer noch aus Höflichkeit eine Kleinigkeit in den Mund.

Am späten Abend kommt auch Osmans Bruder zu uns an den Tisch. Er sieht aus wie die jüngere Kopie Osmans. Mit ein paar Haaren mehr und ein paar Falten weniger. Er wirkt, als wäre er schon leicht angetrunken, und als er uns begrüßt, ist seine Alkoholfahne präsenter als sein fester Händedruck. Wir erzählen erneut unsere Geschichte. Wo kommen wir her, wo wollen wir hin und wieso haben wir diese Reise überhaupt angetreten. Dieses Gespräch entwickelt sich jedoch etwas anders als die bisherigen. Osmans kleiner Bruder Adam interessiert sich eher für die deutsche Geschichte und Politik.

Ein abstruses Gespräch entsteht. Ich nehme die Position der Übersetzerin ein, denn er spricht immer nur an Paul gerichtet.

Vielleicht glaubt er, dass Frauen keine Ahnung von Politik haben. Er stellt Fragen über den Zweiten Weltkrieg, die Spaltung innerhalb der Bundesrepublik und darüber, wie Merkel in Russland dargestellt wird. Ich tue mich beim Dolmetschen extrem schwer. Zwar kann ich Paul die Fragen vermitteln, aber die Antworten auf Russisch zu formulieren fällt mir überhaupt nicht leicht. Mein Sprachniveau in meiner Muttersprache ist vergleichbar mit dem eines deutschen Kindes der fünften Klasse im Englischunterricht. Manche Begriffe sind für mich einfach unmöglich zu übersetzen, und ich greife zum Google-Übersetzer.

Nicht nur wegen der Wortfindung ist die Kommunikation erschwert, sondern auch wegen des Inhalts. Es werden nur schwere Themen auf den Tisch gepackt. Osmans Bruder war damals im Krieg gegen die Tschetschenen an der Front. Seit ein paar Jahren ist er nun Veteran – und trinkt. Nicht nur er leidet noch unter den Folgen des Krieges, sondern die gesamte Familie. Osman ermahnt ihn ständig, nicht immer diese Themen aufzugreifen. Andere haben sich schon während des Gesprächs verabschiedet. Nach zwei Stunden sitzen wir nun nur noch zu viert am Tisch. Osman, sein Bruder Adam, Paul und ich als Dolmetscherin.

Mir fällt auf, dass er viele Informationen aus den russischen Medien hat. Das Thema der Geflüchteten und der sogenannten Flüchtlingskrise 2015 wird in Russland besonders reißerisch diskutiert. Hier werden Fake News als harte Fakten verbreitet. Merkel sei doch daran schuld, dass uns die Flüchtlinge das Leben in Deutschland zur Hölle machten. Adam erzählt von bestimmten Ereignissen, die unseres Wissens nach niemals stattgefunden haben. Unglaubliche Lügengeschichten, die auf Russlands Nachrichtenplattform Nummer eins, dem Sender Perwyj Kanal, übermittelt werden.

Es ärgert mich. Weil die Menschen hier diese Dinge wirklich glauben. Aber wie sollten sie es auch besser wissen. Nur einige hinterfragen die Massenmedien in Russland und reflektieren über die Herkunft der Nachrichten oder informieren sich bei mehreren Quellen gleichzeitig. Die große Mehrheit glaubt, was ihr im Fernsehen vorgesetzt wird. Das ist etwas eigenartig, da die Menschen, die während der Sowjetzeit aufgewachsen sind, ja wissen müssten, was es bedeutet, keine unabhängigen Medien konsumieren zu dürfen. Entweder haben sie das verdrängt oder sich daran gewöhnt, weil sich anscheinend in der Hinsicht wenig geändert hat. Selbst bei meinen Eltern habe ich manchmal das Gefühl, dass diese Art von Gehirnwäsche funktioniert. Auch sie schauen lieber russische Nachrichten über Deutschland als deutsche Nachrichten über Russland. Jeder sucht sich dann seine eigene Realität raus. Würde ich es nicht anders kennen, ginge es mir vielleicht auch so.

Osman spürt offensichtlich unsere Erschöpfung, was das Gespräch und den Tag anbetrifft. Er bittet seinen Bruder darum, uns endlich die Ruhe zu gönnen, die wir nach all den Strapazen verdient haben. Doch nicht nur er zieht seine Schuhe an, sondern auch der Rest der Familie. Osman, seine Frau und die beiden Kinder stehen mit zwei gepackten Taschen vor der Eingangstür und teilen uns mit, dass wir das ganze Haus für uns alleine haben. Das Bett sei frisch bezogen, im Bad lägen Handtücher für uns bereit, und wenn wir noch was essen möchten, dann sollten wir uns gerne am Kühlschrank bedienen. Sie haben nämlich noch eine Wohnung nicht weit von hier, da nächtigen die vier heute. Unser Plan war es eigentlich, in unserer Emma zu schlafen. Also in unserem eigenen Bett. Aber wenn man so fürsorglich vor vollendete Tatsachen gestellt wird, ist es für niemanden hilfreich, eine Diskussion bezüglich der Übernachtungsmöglichkeit zu starten.

Da sitzen wir nun. In einem fremden Haus in Dagestan. Mit so viel Gastfreundschaft hätten wir nicht gerechnet. Wir wissen nicht, wie wir damit umgehen sollen. Man möchte natürlich was zurückgeben. Sich irgendwie großzügig bedanken.

Aber was in unserer Möglichkeit steht, wird dem nicht gerecht. Leider besitzen wir nichts, was wir verschenken und das anderen Freude bereiten könnte. Auch besitzen wir nichts mehr aus der Heimat, nichts, was mit Deutschland in Verbindung steht. Ich glaube, die einfachste und respektvollste Art, mit so einer herzlichen Gastfreundlichkeit umzugehen, ist, sich dankbar zu zeigen und das so anzunehmen.

Am nächsten Morgen steht Osman mit seinem Schwager vor der Tür. Mit dem Mann, der unser Autoproblem in den Griff kriegen soll. Ein junger, gut aussehender Mann, der nicht viel spricht. Sofort machen sie sich an die Reparatur von Emma. Schnell wird klar, was das Problem ist. Der Dieselfilter ist verstopft. So hat der Bus nicht genug Power und wäre auf Dauer auch nicht mehr angesprungen.

Es wird Zeit weiterzuziehen. Der strikte Zeitplan sitzt uns im Nacken. Als wir uns von der ganzen Familie verabschieden, lassen sie uns natürlich nicht ohne Geschenke gehen. Es wird alles aus dem Haus geholt, von dem Osman denkt, dass wir es gebrauchen könnten. Eine Spritzpistole, um unsere Felgen sauber zu machen. Ein Nachtsichtgerät aus seiner Militärzeit, falls wir mal in eine Krisensituation geraten. Natürlich auch zwei Eimer voll mit Aprikosen.

Wo sich die Buddhisten verstecken: Kalmückien

Dass man mittlerweile an den verschiedensten Orten der Welt auf den Buddhismus stößt, ist nichts Neues. Aber an einer Stelle hätte ich ihn dann doch nicht als vorherrschende Religion vermutet: im Westen Russlands. Kalmückien ist eine weitere Region dieses riesigen Landes, die mir gänzlich unbekannt war. Und sie hat die wahrscheinlich schönste aller Flaggen. Eine weiße Lotusblume auf leuchtend blauem und gelbem Hintergrund. Sie sieht so gar nicht nach der kommunistischen Geschichte des Landes aus. Eher nach Frieden und Ausgeglichenheit. Genau das soll sie auch darstellen: den Zusammenhalt der verschiedenen Nationen. Ein schöner Gedanke, finde ich.

Ich freue mich auf diese Gegend. Ich weiß zwar nicht genau, was uns hier erwartet, aber alleine die Tatsache, dass hier überwiegend Buddhisten leben, ist für mich schon spannend genug. Wie sehr beeinflusst die Religion diese autonome Republik? Findet man ihre Spuren in der Architektur oder eher in der Haltung der Menschen?

Als wir erneut eine Grenze passieren, die innerhalb eines Landes existiert und zwei Regionen trennt, verändert sich das Aussehen der Menschen schlagartig. Plötzlich stehen keine dunkelhaarigen, arabisch aussehenden Männer mehr vor uns, sondern eindeutig aus Asien stammende Grenzbeamte mit Kalaschnikows. Auch kein Wunder. Die Kalmücken sind ein mongolisches Volk. Nach dem Zweiten Weltkrieg wurden sie jedoch in den asiatischen Teil Russlands deportiert, weil sie während des Krieges mit den Deutschen kooperiert hatten. Erst ab den Sechzigerjahren kamen sie langsam wieder zurück in ihre Heimat.

Da wir beschlossen hatten, entlang des Kaspischen Meeres

zu fahren, haben wir die Hauptstadt Elista verpasst. Es sollte sich herausstellen, dass das ein riesiger Fehler war. In Dagestan merkten wir schon, dass das Kaspische Meer keine schönen Badestellen bot. Aber wir wollten nicht aufgeben. Immerhin stellt man sich doch das Camperleben so vor. Jeden Abend gemütlich am Lagerfeuer sitzen. Eine Morgendusche im Meer nehmen. Täglich den schönen Sonnenuntergang genießen.

Ich hab schnell gemerkt, dass es nur eine Traumvorstellung ist. Immer wenn wir versucht hatten, an einem hübschen See zu stehen, gab es diesen See entweder nicht, oder der Zugang war völlig zugewachsen, oder man konnte sich mit dem Auto nicht mal auf zehn Meter nähern.

So ist es jetzt auch mit dem Kaspischen Meer. Komischerweise besitzt Kalmückien kaum Städte oder Badeorte, die direkt am Wasser liegen. Wir versuchten es trotzdem. Wir suchten uns bei Google einen Ort, der aussah, als würde er besonders nah am Meer liegen. Zumindest sah das auf den Satellitenaufnahmen so aus. Eine Tortur über sandige Pisten und unberührte Dünen begann. Uns machte es ja schon stutzig, dass selbst die Straße, die auf der Karte ganz dünn eingezeichnet war, nicht existierte. Aber als wir dann von einer anderen Straße, die wiederum offiziell nicht gelistet war, in eine Düne mit alten vertrockneten Bäumen schlitterten, begriffen wir, dass es keinen Sinn machte, das Meer zu suchen. Zwar ist unser aktueller Standort, laut Google Maps, schon mitten im Wasser, aber das Wasser war weit und breit nicht zu sehen und nicht einmal zu riechen. Wir müssen aufgeben. Heute kein Traumstellplatz in der Sonne am Meer.

Etwas enttäuscht von dem zweistündigen sinnlosen Rumgegurke entscheiden wir uns dazu, weiterzufahren. Schön ist es hier sowieso nicht.

Wir hätten natürlich auch mitten durch die Teilrepublik Kalmückien fahren können, über Elista. Da wir uns eben entschlossen hatten, der Umrandung des Meeres zu folgen und später über Astrachan nach Kasachstan zu gelangen, fahren wir nun mitten durch die Einöde. So habe ich mir den buddhistischen Teil Russlands nicht vorgestellt. Wir sehen keine Tempel und auch keinen anderen Ausdruck dieser Kultur. Vielleicht liegt es auch daran, dass in der Sowjetunion Geistliche verfolgt und Tempel zum größten Teil zerstört wurden. Aber auch ursprüngliche Dörfer oder überhaupt Menschen sind kaum anzutreffen. So ist es vielleicht auch keine dumme Idee, einfach weiterzufahren, bis entweder Emma oder wir vor Müdigkeit nicht mehr können. Aber wir haben nicht mit den Straßenverhältnissen der kommenden Kilometer gerechnet. Laut unserem Navi wäre es einfach nur die Hauptstraße in Richtung Astrachan gewesen.

Einfach nur geradeaus. Von wegen. Ein gigantisches Schild macht uns deutlich, dass es hier nicht weitergeht. Ein Umweg von 200 Kilometern ist aufgezeigt. Man muss sich das mal vorstellen. Das Ziel ist fast schon zum Greifen nah, man kann es beinahe sehen. Doch irgendjemand dachte sich wohl, anstatt nur eine Spur zu sperren, wieso nicht gleich die komplette Straße dichtmachen? Deswegen hat der russische Staat einfach eine uralte Landstraße als »Umleitung« geöffnet, an der sicher über 500 Jahre nicht mehr gebaut wurde.

Wenn ich in Berlin zwei Kreuzungen nach rechts und dann wieder zwei nach links fahre, dann ist das eine Umleitung. Das hier ist einfach ein riesengroßer Umweg. Aber was bleibt uns anderes übrig. Es scheint der einzige Weg ans Ziel zu sein. So schiebt sich Emma nun knapp 200 Kilometer durch noch eine einödigere Einöde als die, die wir schon gesehen haben. Nur mit noch schlechteren Straßenverhältnissen. Eine Absperrung gibt es nicht, geschweige denn Markierungen. Als es dann auch noch dunkel wird, kommt eine Passage, die von Schlaglöchern durchzogen ist. Von Straßenbeleuchtung ist weit und breit auch nichts zu sehen.

Paul kann nicht schneller als vierzig Kilometer pro Stunde

fahren, da er sonst die kommenden Krater nicht sieht, um rechtzeitig auszuweichen. Uns kommt auch zwei Stunden lang kein anderes Auto entgegen. Komisch. Ab und zu sehen wir in der Ferne Lichter. Ob es sich aber um Häuser oder Autos handelt, können wir nicht erkennen.

Ich sitze total angespannt in meinem wackeligen Sitz. Eigentlich bin ich schrecklich müde, und mir fallen auch langsam die Augen zu, aber meine Nervosität hält mich noch aufrecht auf dem Polster. Ständig weise ich Paul auf das kommende Loch hin oder dass er doch bitte nicht so weit rechts fahren solle, da an der Seite die Straße schon abbröckelt. Er muss unglaublich genervt von mir sein. Aber ich habe das Gefühl, dass vier Augen für diese Straße besser geeignet sind.

Nach zwei Stunden haben wir gerade mal siebzig Kilometer der Strecke geschafft und überlegen, bald haltzumachen. Nur leider sind die einzigen Abzweigungen direkte Wege in irgendwelche Industrieanlagen. Es ist zum Verzweifeln. Ich kann mich nun so gar nicht mehr wach halten. Doch auch wenn ich beschließe, mich schlafen zu legen, wache ich bei jedem übersehenen Schlagloch wieder auf. So ziehen wir die nächsten 100 Kilometer durch, also die nächsten vier Stunden. Es ist schon fünf Uhr morgens, und natürlich ist es jetzt Zeit, einen Schlafplatz zu suchen. Mir ist gerade alles recht. Hauptsache, wir fahren keinen Meter mehr. Als wir diese Holperpiste endlich verlassen und auf eine asphaltierte Straße kommen, fällt ein extremer Druck von uns ab. Ich klettere sofort nach hinten, klappe den Tisch runter und beziehe das Bett in Rekordzeit. Und in Rekordzeit bin ich auch eingeschlafen.

Paul und die verdammte Schaschlikbar: Saratov

Wir stehen auf einem Balkon. Vor uns liegt die Wolga. Hinter uns der Kreml von Astrachan. Dazwischen brennt Paul mir gerade den zwanzigsten Mückenstich am Hintern mit einer Zigarette ab, damit er endlich aufhört zu jucken. Nach dem kalmückischen Desaster, unzähligen Stechmückenattacken und unschönen Stellplätzen haben wir uns dazu entschieden, in ein Hotel zu gehen. Wir wollen ein paar Tage unsere Ruhe. Einfach keinen Meter fahren und mal für länger an einem Ort bleiben.

So schön sich die Reisegeschwindigkeit am Anfang angefühlt hat, so sehr fällt sie uns jetzt zur Last. Klar sagt man:»Der Weg ist das Ziel«, aber momentan ist es genau das Gegenteil. Wir haben ein Ziel und nur noch zwei Wochen Zeit, um dahin zu kommen. Gäbe es nicht das Problem mit Pauls Reisevisum, würden wir das sicher entspannter angehen. Nun sind die Umstände so, und das zerrt ganz schön an den Nerven. Ich freue mich auf Astrachan und ehrlich gesagt auch auf ein stinknormales Zimmer, das größer ist als sechs Quadratmeter. Auf ein paar mehr Quadratmeter zum Atmen. Natürlich auch auf das immer erreichbare Klo und die warme Dusche.

Nachdem wir unsere Mückenstiche versorgt und uns den Dreck der letzten Wochen unter der Dusche abgeschrubbt haben, zieht es uns nach draußen. Hunger haben wir auch. Astrachan ist, für eine russische Stadt, eine sehr schöne Metropole mit viel Kultur und schön erhaltenen Altbauten. In den Straßen wechseln sich kleine Holzhäuser mit modernen Neubauten ab. An der Promenade reihen sich Gebäude aus dem Klassizismus, der Renaissance und der sowjetischen Neuzeit aneinander. Vor ihnen befinden sich lauter kleine Stände und für die Saison gezimmerte Bars und Restaurants. An der Wolga liegen alte Schiffe, die nun als Restaurant genutzt werden. Wir haben also die Qual der Wahl, wo wir heute zu Abend essen.

Mir sticht sofort eine typisch russische Tanzbar ins Auge. »Schaschlikbar« blinkt es in roten großen Buchstaben auf dem Dach. Auf dem Tisch tanzen schon die leicht bekleideten Frauen auf hochhackigen Schuhen. Die Männer sitzen mit eisgekühltem Wodka unten am Tisch und schauen sich das ganze Treiben etwas skeptisch an. Sie gucken immer wieder mal, ob jemand guckt. Ihre Frauen vielleicht zu intensiv anschaut und es dann endlich einen Grund gibt, eine kleine Schlägerei anzufangen.

Ein Kellner im Smoking bringt eine große Platte mit Schaschlikspießen an den Nebentisch. Während ich das alles so aus der Ferne betrachte, kriege ich immer mehr Lust darauf. Das ist genau mein Ding. So kenne ich Russland, und endlich fühle ich mich wie zu Hause. Halb nackte Frauen, Wodka und Schaschlik. Ein besseres Arrangement kann ich mir für heute nicht vorstellen.

Paul sieht das leider gar nicht so. Als ich ihm erkläre, dass das genau unser Laden für heute Abend ist, verstummt er für einen Moment. Ich sehe, wie sein Gesicht sich verzieht. Nun schaut er leicht angewidert und gleichzeitig ängstlich. Mir ist bewusst, dass diese Art von Laden so gar nicht Pauls Ding ist. Noch mehr Kommerz und Klischee kann man einfach nicht an einen Ort packen wie in dieser Tanzbar. Da stimmt einfach alles. Das Niveau. Die Gäste. Die Musik. Ein Blütenfest der Vorurteile. Wenn man es nicht besser wissen würde, könnte das so ein Ort für Touristen aus Europa und China sein, die einmal einen richtigen russischen Abend verbringen möchten. Der nur für Touristen so inszeniert wird. Aber hier sind keine Touristen, und die Partymeute, die dadrin ihr betrunkenes Tanzbein schwingt, inszeniert sicher kein Theater für gut zahlende, in die lokale Kultur eintauchen wollende Ausländer. Es ist einfach so echt. Es ist einfach Russland für mich, und hier existiert es. Wir mussten zwar über Umwege hierherfinden. Aber nun sind wir da. In Russland. Umso mehr ärgert es mich nun, dass Paul wie ein kleines Kind die Hände vor der Brust verschränkt und mir verständlich macht, dass er da auf keinen Fall reingeht. Er möchte sich lieber was auf die Hand holen und dann im Hotel entspannt eine Doku schauen und seinen russischen Döner futtern.

Ich fühle mich gerade wie ein kleines Kind, das sich auf McDonald's freut, die Mutter aber lieber Gemüsesuppe auftischt. Ich will ihn überreden. Nein. Ich muss ihn überreden. Wir sind so lange durch Russland gegurkt, ohne das für mich »richtige Russland« zu sehen.

Vor unserer Reise habe ich ihm erzählt, wie witzig dieses Land ist. Wie verrückt die Menschen und alkoholreich die Abende hier sind. Ich hab ihm erzählt, dass nicht die Landschaft hier wichtig sei, sondern die Art und Weise, wie die Russen leben, und jetzt, wo wir vor einem Musterstück der russischen Kultur stehen, will er lieber im Hotel eine Doku schauen? Ich kann mich nicht mehr halten. Ich werde immer lauter und meine Stimme immer weinerlicher. Die letzten Wochen waren anstrengend. Ich bin erschöpft. Ich will einfach hier mit dir einen Schaschlik essen und Wodka trinken. Denn dafür sind wir doch auf Reisen. Nicht um Kilometer zu machen und im Camper zu sitzen und zu arbeiten. Wir sind auf Reisen, weil wir zuerst die Welt kennenlernen möchten, um uns dann selbst besser zu kennen. Um eben nicht nach der Arbeit den Fernseher anzuschmeißen und den Tag gemütlich auf dem Sofa »ausklingen« zu lassen.

Ich dachte, wir sind genau hier, um so weit weg zu sein von dem, was du gerade von mir verlangst: auf dem Sofa sitzen und auf einen Bildschirm glotzen. Ich weiß, du bist erschöpft. Du bist viel gefahren, hast wenig geschlafen und stundenlang gearbeitet. Aber mach doch die Augen auf. Wir sind in Astrachan. An der Wolga. In Russland!

Ich spüre, wie sich der Frust der letzten Tage entleert. Ich brülle dich hier gerade wie eine typisch russische Frau in der Öffentlichkeit an, und du verhältst dich trotzdem wie ein typisch deutscher Mann. Du bleibst stur. Du willst da einfach nicht rein. Punkt.

Wir holen uns was zu essen und gehen zurück ins Hotel. Im Camper ist kein Raum, um nachtragend zu sein. Kein Platz für Streit und ärgerliche Stille. Die paar Quadratmeter mehr im Hotel lassen das jedoch zu. Wir gehen sauer aufeinander ins Bett und wachen sauer wieder auf.

Im Endeffekt geht es mir gar nicht um diese verdammte Schaschlikbar. Es geht mir um unsere Art zu reisen und natürlich darum, dass meine utopischen romantischen Vorstellungen nicht erfüllt werden. Vielleicht hat Paul ja recht. Wir machen keinen Urlaub. Wir leben unseren Alltag, nur eben ganz woanders.

KASACHSTAN, ZUM ERSTEN

Hallo, Astana, und tschüss

Nach fast 4000 Kilometern durch das unbekannte Russland und drei Wochen später überqueren wir endlich die Grenze zu Kasachstan, um Pauls Visum neu zu beantragen. Ursprünglich war ja unser Plan, von Astana nach Kasachstan einzureisen. Jedoch haben uns selbst die Einheimischen davon abgeraten, diese Straße zu nutzen. Sie existiert teilweise nicht, und das, was davon existent ist, kann man kaum Straße nennen. So beschlossen wir, noch weiter durch Russland zu fahren, über Saratov und Wolgograd bis nach Tscheljabinsk.

Sobald wir über der kasachischen Grenze waren, ging es auch schon wieder los mit unfassbar schlechten Straßen. Durch das ganze Gerüttel musste Paul alle 100 Kilometer den Auspuff festziehen, der sich leider seit der Werkstatt in Georgien wieder gelöst hatte. Bis jetzt sind uns ja so einige unbefahrbare Straßen, besser gesagt Schotterpisten, begegnet, aber das hier ist noch mal ein ganz anderes Niveau.

Nicht nur die Straßenverhältnisse sind hier gespenstisch, sondern auch die Bürokratie der, ich weiß nicht mal, wie ich sie nennen soll, Straßenbeamten. Es sind wie Soldaten gekleidete übergewichtige Männer, die in kleinen Buden an fast jeder Kreuzung sitzen und einen nach Lust und Laune rausziehen. Das passiert uns die 900 Kilometer von der Grenze Kasachstans bis nach Astana täglich acht- bis zehnmal. Wir werden rausgewunken, ich laufe mit den Autopapieren ins Häuschen.

Die Beamten schauen skeptisch, stellen mir die üblichen Fragen. Woher? Wohin? Was tun wir hier überhaupt? Dann tragen sie unsere Namen, Passnummern und das Autokennzeichen in ein dickes Buch ein, und wir dürfen weiterfahren.

Jedes Mal, wenn ich in das Stationshäuschen laufen muss, denke ich, dass sie sich jetzt was ausdenken werden, um mich irgendwie abzuziehen. Zum Glück waren sie aber nie so dreist und ließen uns ohne Bestechungsgeld weiterfahren. Nur blieb mir dieses Buch ein Rätsel. Was zur Hölle machen sie damit? Das hat sicher über 1000 Seiten. Irgendjemand muss doch dann die gesamten Daten in ein Registrierungssystem eintragen. Oder schauen sie nach, ob wir hier schon mal langgefahren sind? Die finden uns da doch niemals wieder. Was für ein grotesker bürokratischer Vorgang. Vielleicht ist es aber auch nur eine Arbeitsbeschaffungsmaßnahme.

Die letzten 100 Kilometer vor der Hauptstadt Astana verwandelt sich die Straße aus alten Sowjetzeiten in eine sechsspurige westliche Autobahn. Nach fast 1000 Kilometern auf unbefestigten Wegen und durch öde Steppe ist es eine Wohltat, für uns und natürlich auch für Emma, auf einem perfekt asphaltierten Verkehrsweg zu sein. 1000 Kilometer hören sich nicht wirklich viel an. Aber bedenkt man, dass man vom nördlichsten Punkt Deutschlands zum südlichsten Punkt des Landes nur auf verkümmerten, mit unzähligen Schlaglöchern übersäten Straßen unterwegs ist, dann erst hat man eine annähernde Vorstellung davon, wie es ist, solche Strecken zu überstehen. Umso dankbarer sind wir, dass es zwischenzeitlich ein Ende hat.

Von Weitem schon ist die Skyline der Hauptstadt zu erkennen. Eine innerhalb von wenigen Jahren hochgezogene Stadt inmitten der kasachischen Steppe. Es blinkt und leuchtet, und plötzlich sind wir mittendrin. Mitten im Verkehrschaos und mitten in der absurden Metropole. Astana ist seit 1997 die Hauptstadt von Kasachstan, zuvor war es Almaty. Die Nähe zu

Russland fanden die Kasachen für eine Hauptstadt wohl attraktiver als die Bindung zu China und Kirgisistan.

Als mir früher meine russischen Freundinnen erzählten, dass sie in Kasachstan geboren wurden, war für mich Kasachstan immer Russland. Deshalb auch meine russischen und nicht kasachischen Freunde. Ich sah damals keinen Unterschied. Die Sprache und die Kultur waren für mich ein und dasselbe. Als Kind schien für mich sowieso jeder, der russisch sprach, auch gleichzeitig ein Russe zu sein. Doch jetzt, wo ich so mittendrin bin, merke ich, dass Kasachstan ein eigenständiges Land ist, mit seiner eigenen Kultur. Ich würde jetzt nicht sagen, dass Astana der Inbegriff kasachischer Kultur ist, doch die Menschen um uns herum schon. Viele haben einen asiatischen Touch. Die geografische Nähe zu China und die damalige Eroberung durch die Mongolen machen sich in den Gesichtern der Menschen bemerkbar. Meine Freunde sehen eher russisch-europäisch aus, vielleicht habe ich sie deshalb auch nie als Kasachen gesehen. Ganz schön subjektiv von mir.

Die Sache mit dem Visum erledigen wir schnell und unkompliziert. Innerhalb von zwei Tagen hat Paul die erneute Einreisegenehmigung für Russland in seinem Pass. Das Prozedere erwies sich als einfacher und günstiger als in Deutschland. Zwar hatten wir jetzt das Visum, und obwohl wir es ja eilig haben, nach Sibirien zu gelangen, ergreifen wir die Gelegenheit, um auf der Expo 2017 vorbeizuschauen.

Die Weltausstellung findet alle paar Jahre statt, dieses Jahr lautet das Thema »Energie der Zukunft: Maßnahmen für weltweite Nachhaltigkeit«. Etwas widersprüchlich, eine Ausstellung zugunsten der erneuerbaren Energien in einem Land zu machen, das von fossilen Rohstoffen profitiert und davon lebt. Sowieso ist dieses ganze Konzept etwas missverstanden worden. Von manchen Ländern, die hier ausstellen, wird dieses Thema einfach ignoriert, und es wird einfach Werbung fürs eigene Land gemacht. Russland wirbt zum Beispiel mit seinen schwimmenden Atomkraftwerken in der Antarktis. Die USA ignorieren den Fakt der Klimaerwärmung mit tanzenden und glücklichen Amerikanern, die davon singen, dass wir Menschen die Energie sind. Man hat das Gefühl, dass die Deutschen die Streber der globalen Schulklasse sind. Ihr Stand ist einer der informativsten und anschaulichsten der ganzen Ausstellung. Allgemein hat man das Gefühl, dass die Expo mehr Schein als Sein ist. Angefangen mit der Architektur des Pavillons. Inmitten des Ensembles ragt eine riesige Kugel, die den letzten Tropfen Öl darstellen soll. Ah ja. Soll das hier eine Satire darstellen? Ein überdimensionaler letzter Tropfen Öl inmitten einer Konsummetropole in einem Land, das von diesem Rohstoff abhängt?

Fast zwei Milliarden Dollar wurden für dieses Spektakel ausgegeben. Zwei Milliarden Dollar, die woanders fehlen. Das Argument, dass diese Gebäude später als Büro- und Wohneinheiten genutzt werden, ist für mich so Fake wie das Thema der Expo. Von Nachhaltigkeit würde ich hier nicht sprechen. Die Glaskuppel hat an einigen Stellen schon Risse an den Scheiben, und die umliegenden Gebäude sind nicht unbedingt dafür konzipiert, später eine Wohnnutzung möglich zu machen. Aber ich will nicht nur schlecht von Astana sprechen. Kasachstan gibt sich sehr viel Mühe, seine Unabhängigkeit darzustellen. Das Land möchte sich nicht mehr hinter seinem großen Bruder Russland verstecken. Dazu gehören eben auch internationale Ausstellungen und eine Vorzeigemetropole. Aber anstatt sich westlich zu orientieren, gestalten sie lieber so, dass sie ihrer Kultur gerecht werden. Das ist auch das Vertretbare dieser Stadt. Trotz prägender Neubauten versucht die Architektur, durch besondere Merkmale der Geschichte als Nomadenvolk gerecht zu werden.

Dennoch möchten wir so schnell wie möglich weiterziehen. Es sind immerhin noch um die 1000 Kilometer bis nach Sibirien zu meiner Oma. Im Vergleich zur Strecke, die hinter uns liegt, ist es nur noch ein Katzensprung entfernt.

Auf dem Weg an der Grenze zu Russland liegt das kasachische Städtchen Pavlodar. Wir hatten eigentlich keinen längeren Aufenthalt hier geplant, jedoch kommt es natürlich anders. Zu dem sich ständig lockernden Auspuff kommen nun ein leckender Kupplungsgeber und das stetige Überhitzen des Motors hinzu. Es wird wieder Zeit für einen Werkstattbesuch.

Während wir mit Emma vor einem Imbiss mitten in der Stadt parken und nach Werkstätten in Pavlodar googeln, klopft es an der Tür. Ein kompakter Mann steht vor unserem Bus. Er freut sich, uns zu sehen, so als ob wir uns schon ewig kennen würden. Seine Begeisterung über den Anblick unserer Emma ist enorm. Mit einem heftigen Händedruck stellt er sich als Almat vor. Mit seinen kleinen wurstigen Fingern drückt er ganz schön fest zu. Almat gehört der Imbiss genau gegenüber. Sie verkaufen Schaurma. Aber nicht so, wie man es in Kasachstan kennt, sondern wie es die Westler essen. Mit einer leckeren Soße und Salat.

Es ist eine kleine Bude, aber sie unterscheidet sich von den anderen Essensständen in Kasachstan. Sie sieht aus wie eine moderne amerikanische Fast-Food-Kette, die von einem Hipster gestaltet wurde. Also eher eine Seltenheit hier in der Gegend. Er erzählt uns, dass sein nächstes Projekt ein Food Truck werden soll. Deswegen ist er so begeistert von unserem Bus. Er will das gleiche Modell nur mit Stehhöhe. So was gebe es hier noch nicht. Das wäre eine Gelddruckmaschine. Das Orange würde auch super dazu passen. Während er sich in unserem Camper umschaut, plant er schon die Inneneinrichtung für seinen Food Truck. Wir empfehlen ihm jedoch ein anderes Modell für seine Bedürfnisse, eins, das dafür schon extra umgebaut wurde. In Kasachstan ist das schwer zu finden. Ins Ausland müsste man, um von dort aus Sprinter zu importieren, erklärt er uns. In Kasachstan gäbe es nur Autos aus China und Russland. Die sind für so was nicht zu gebrauchen.

Wir quatschen ein bisschen über unsere Reiseroute, und er

lädt uns auf einen Kaffee in seinem Imbiss ein. Ein richtiger Kaffee ist das. Kein Nescafé mit Milch und Zucker. Sondern ein cremiger Americano aus einer Siebträgermaschine. Das ist uns auf der Reise bisher eher selten begegnet. Ich erzähle Almat von unserem Autoproblem und dass wir auf der Suche nach einer guten Werkstatt sind. Ein paar Anrufe später fahren wir seinem weißen Mitsubishi hinterher. Am Rande der Stadt, zwischen Plattenbauten und alten Werkhallen, befindet sich eine kleine provisorische Werkstatt. Die Mechaniker sehen leider auch etwas provisorisch aus. Ein junger, introvertierter Mann mit dunklen Haaren schaut sich unseren Kupplungsgeber genauer an, um uns mitzuteilen, dass wir nun auf die Suche gehen müssen und die Ersatzteile selbst auftreiben sollen. Wenn wir die gefunden haben, dann kann er uns ihn gerne wechseln. Puh.

Zum Glück weiß Almat sofort, wo wir suchen müssen. Auf einem großen Basar, fünf Reihen hinter dem Gemüse und drei Reihen rechts vom Fleischer, verkaufen Händler von gebrauchten bis hin zu neuen Teilen aus China fast alles. Nur leider nicht unseren Kupplungsgeber.

Wir laufen fast zwei Stunden von einem Stand zum nächsten, ein Händler schickt uns zum nächsten, bis endlich jemand hinter unzähligen Kartons und Autoschrott einen neuen Kupplungsgeber für unseren Mercedes rauszieht. Was für eine Erleichterung. Kurz dachten wir, dass wir in Pavlodar länger als geplant Zeit verbringen müssen, bis die nötigen Ersatzteile aus dem Ausland geliefert werden. Zurück in der Werkstatt, wundern sich selbst die Mechaniker über unseren Fund. Der junge Mann macht sich sofort an die Arbeit. Nach dem Kupplungsgeber ist der lockere Auspuff dran. Am liebsten würde er ihn einfach mit dem lockeren Verbindungsstück zusammenschweißen. Paul ist weniger begeistert von der Idee. Er ist sowieso leicht skeptisch, was diese Werkstatt angeht. Wir einigen uns auf eine andere Lösung und sind froh, auch diesen Werkstattbesuch mit nur fünfzehn Euro weniger in der Tasche verlassen zu können.

Wir wollen uns gegenüber Almat erkenntlich zeigen und laden ihn und seine Frau zum Abendessen ein.

Am Abend treffen wir uns im »Alpenhof«. Ein bayerisches Restaurant mitten in Pavlodar. Eigentlich machen wir einen großen Bogen um deutsche Restaurants im Ausland, aber da wir schon seit drei Monaten nicht mehr deftig deutsch gegessen haben, kommen allein schon bei dem Gedanken, gleich ein Schnitzel verputzen zu können, unglaubliche Glücksgefühle in mir hoch.

Aber als Erstes bestelle ich mir ein Hefeweizen. Eine Flasche Wodka kommt auch auf den Tisch. Die Besitzer dieses Restaurants haben mal ein paar Jahre in Bayern gelebt. Dementsprechend sehen auch die Einrichtung und die Speisekarte aus. Fast wie in einer guten deutschen Gaststätte. Ich bin begeistert. Nach zwei Hefeweizen und ein paar Wodka kriege ich bei dem Anblick meines Schnitzels eine Art Heimwehgefühl. Es ist nur eine Art von Heimweh. Früher im Schullandheim hatte ich Heimweh, und das fühlte sich anders an. Damals verspürte ich das Gefühl, nach Hause zu meinen Eltern zu wollen, weil die anderen Kinder mich geärgert hatten. Dieses Heimweh fühlt sich deshalb anders an, weil ich nicht das Verlangen verspüre, nach Hause zu fahren, sondern merke, wie lange ich schon nicht mehr zu Hause war.

Komisch, dass mich ein deutsches Schnitzel meine deutsche Heimat vermissen lässt und frittierte Teigtaschen mich zurück zu meiner Oma nach Russland versetzen. Da steckt selbst in einem scheinbar simplen Begriff wie Heimweh ein Identitätskonflikt. Klar vermisse ich meine Familie, meine Freunde und die deutsche Ordnung, aber es ist eher ein schönes Gefühl, daran zu denken, und kein schmerzhaftes. Es fühlt sich nämlich immer mehr danach an, dass das Unterwegssein mein Zuhause ist. Emma und die fremden Straßen. Unser neues Zuhause.

Nachdem die Flasche Wodka geleert ist, schleppen uns Almat und seine Frau auf einen schwarzen Tee mit in ihre Wohnung. Eigentlich sind Paul und ich viel zu müde und zu betrunken, um noch in Gesellschaft zu sein. Am liebsten würden wir einfach in unser gemütliches Bett, aber wir haben uns vorgenommen, so wenige Einladungen wie möglich abzulehnen. Also begleiten wir die beiden in den sechsten Stock einer Platte.

Nazima, die Frau von Almat, serviert uns Tee im Wohnzimmer. In Kasachstan ist es typisch, auf dem Boden zu sitzen sowie dass die Frauen in die Küche verschwinden und die Männer sich am Tisch bedienen lassen. Ich als Gast muss auch sitzen bleiben. Nazima erzählt uns, dass sie typisch kasachisches Essen vorbereitet hat. Es ist schon nach Mitternacht, und wir sind immer noch vom Schnitzel satt, aber anscheinend hätte das nur die Vorspeise sein sollen. Eine große Platte mit Nudeln und Fleisch wird mitten auf den Tisch platziert. »Beşparmak« nennt man das hier. Und das Fleisch ist nicht nur irgendein Fleisch, sondern selbst gemachte Pferdewurst. Die Nudeln sind auch selbst gemacht. Sie sehen aus wie zu kurz geratene Bandnudeln. Sie werden erst in einer Fleischbrühe gegart und dann mit einem Zwiebelsud übergossen. Als Krönung kommt die in dicke Scheiben geschnittene Pferdewurst drauf.

Irgendwie freue ich mich drauf, denn ich bin immer neugierig, die landestypischen Spezialitäten zu kosten. Aber in dem Moment, als ich auf diese Pferdewurst beiße, bin ich froh, dass ich meine Sättigung als Ausrede nehmen kann, nicht noch mehr davon essen zu müssen. Es ist das erste Mal, dass ich Pferdefleisch esse. Ich habe schon öfter davon gehört, dass Pferdesalami ja ganz lecker sein soll, aber das hier ist weit davon entfernt, köstlich zu schmecken. Ich schaue zu Paul rüber und beobachte, wie er gerade an diesem zähen Fleisch kaut. Nach Begeisterung sieht das nicht aus. Ganz anders bei unseren Gastgebern. Sie hauen jetzt richtig rein. Ich hab mich schon gewundert, warum sie im Restaurant so wenig bestellt hatten. Erst dachte ich, es ist ihnen unangenehm, weil wir sie eingeladen haben, und sie wollten die Rechnung nicht zu hoch ausfallen lassen, aber jetzt wird mir der wahre Grund bewusst. Sie wollten lieber genug Platz für den »Beşparmak« lassen. Almat verschlingt ein Stück Wurst nach dem anderen, während ich immer noch an dem einen zu kauen habe.

Als wir uns verabschieden, packt mir Nazima einen großen Brocken von der Wurst in Folie ein. Eigentlich würde ich das jetzt dankend annehmen, aber ich sehe schon, wie sie in unserem Kühlschrank verkommt und wir sie nach 3000 Kilometern wegschmeißen müssen. Während die beiden viel mehr Freude damit hätten. Ich denke mir eine kleine Notlüge aus, dass unser Kühlschrank kaputt sei und dass es um diese leckere Wurst viel zu schade wäre, wenn sie in der Hitze kaputtgehen würde. Ich sehe an ihrem Blick, dass sie mir kein Wort glaubt. Egal. Hauptsache, diese Wurst landet nicht in unserem Camper.

SIBIRIEN

Der Wodka danach und
der Wodka davor

Wir haben es endlich geschafft. Nach fast 10 000 Kilometern sind wir nun vier Monate später im September in Sibirien. An der östlichsten Stelle unserer Reise. Unsere erste Anlaufstelle ist Barnaul, die Hauptstadt der Region Altai. Barnaul liegt ungefähr 200 Kilometer südlich von Nowosibirsk und 250 Kilometer von der kasachischen Grenze entfernt. Hier ist es wie in Samara, Ufa, Wolgograd. Plattenbau, Industrie, Lenin. Hier kommt die Jugend zum Studieren hin und die Russlanddeutschen, um ihr Heimweh zu bekämpfen. Meine Eltern haben hier auch studiert und sich hier kennen- und lieben gelernt, und wenn sie zurückkehren würden, dann wahrscheinlich in diese Stadt.

Ich liebe die Geschichten meiner Mutter über diesen Ort. Wie sie hier in einem Mädchenwohnheim gelebt und mit ihren Freundinnen immer Klamotten getauscht hat, weil jede nur ein Kleid und einen Mantel besessen hat. Meine Lieblingsgeschichte ist die, wie sie meinem Vater begegnet ist. Auf einer Tanzveranstaltung ist er ihr sofort aufgefallen, weil er eine schicke, gut sitzende Jeans anhatte. Freunde haben sie dann einander vorgestellt. Tanzen wollte mein Vater aber nicht. Das war noch nie sein Ding. Ich kann mir gut vorstellen, wie mein Vater mit seinem Schnurrbart lässig an der Wand lehnt, eine selbst gedrehte Zigarette raucht und meine Mutter ihm schöne

Augen macht, indem sie vor ihm im luftigen Kleidchen herumtänzelt.

Ein paar Monate später haben sie mitten im sibirischen Winter geheiratet, und nach ein paar weiteren Monaten war meine Mutter schwanger. Von wegen, man lernt sich erst richtig kennen. Dafür war keine Zeit. Wenn man sich nicht auf den ersten Blick verliebt hat, dann hatte man ein Leben lang in der Ehe Zeit, sich zu verlieben.

Irgendwie mag ich in Sachen Liebe die russische Kultur. Da wird nicht lange gefackelt. Hier ist das erste Ziel im Leben eines Mannes, eine anständige Frau zu finden, und die russischen Männer lieben ihre russischen Frauen. Manchmal habe ich das Gefühl, dass in keinem anderen Land Drama, Liebe und Hass so eng miteinander verbunden sind wie in einer Ehe östlich der Wolga. Obwohl ich mich privilegiert fühle, weil ich ein westliches Leben führe, frage ich mich trotzdem oft, wie mein Leben hier verlaufen wäre. Wahrscheinlich wäre ich schon längst mit einem Eugen verheiratet und hätte zwei Kinder. Wir würden uns zu viert eine winzige Einzimmerwohnung teilen, und ich würde täglich mit meinem Mann schimpfen, weil er den Wodka doch mehr liebt als mich. Vielleicht aber wäre ich auch direkt nach der Schule nach Moskau geflüchtet, um dann ungewollt schwanger wieder zurück ins sibirische Dorf zurückkehren zu müssen. Ich werde nie erfahren, was gewesen wäre, wenn. Aber ich spiele gerne mit diesen Gedanken. Dabei hole ich jedes Klischee hervor und vermische es mit russischen Songtexten, paniere das Ganze mit der Literatur von Tolstoi und spüle es dann mit meinen Kindheitserinnerungen runter. Dabei entstehen verrückte Was-wäre-wenn-Szenarien. Mal bin ich unabhängig und schwimme hastig gegen den Strom, oder ich füge mich der Dorfphilosophie und gebe mich meinem für mich vorbestimmten Schicksal hin. Aber in jedem Szenario bin ich eine starke russische Frau. Egal ob mit Mann, Kind oder alleine. Die russischen Frauen strahlen eine unglaubliche

Kraft aus. Die mancher als arrogant oder übellaunig interpretieren würde. Aber es ist eher ein Schutzschild, den sich die Frauen hier vorhalten. Sexismus und Diskriminierung stehen in Russland auf der Tagesordnung. Da ist es verständlich, dass man sich einen Schutz zulegt.

Wenn ich russisches Musikfernsehen schaue, kann ich manchmal nicht zwischen Musikvideo und Sexy Sportclip unterscheiden. Diese Videos bestehen aus halb nackten Frauen in anzüglichen Posen. Wenn sie mal was anhaben, dann tragen sie Gucci, Pelz und Gold. Ihre langen schlanken Beine steigen in fette, tiefer gelegte Cabrios. Am Steuer harte Männer mit zu engen Hemden und Golduhren. Gleichberechtigung? Selbstbestimmung? Unabhängigkeit? Begriffe, die ich auf Russisch nicht mal kenne.

Obwohl die Frauen in Russland früher das Wahlrecht erkämpft haben als in Europa und der Anteil der weiblichen Führungskräfte im Land einer der höchsten der Welt ist, hat sich das Rollenbild seit der Sowjetzeit nicht verändert. Wären die russischen Männer nicht so faul, dann würden sie den Frauen selbst das Arbeiten verbieten.

Paul sagte mal zu mir, dass er großen Respekt vor den russischen Frauen hat, weil sie die Familien zusammenhalten und in der Gesellschaft eine enorm wichtige Rolle spielen, auch wenn es nach außen hin manchmal anders wirkt. Sie sind wie Superwoman. Sie können kochen, sich um die Kinder kümmern, arbeiten gehen und vergessen niemals, dabei gut auszusehen.

Unsere erste Anlaufstation ist mein Onkel Sascha. Oder ist es mein Großonkel? Oder wie nennt man den Cousin seiner Mutter? Auf jeden Fall kennt mich Sascha schon mein Leben lang. Als er damals für ein paar Monate mit uns in der kleinen Einzimmerwohnung in Sibirien gelebt hat, musste er immer auf mich und meine Schwester aufpassen. Ich hab ihn sehr geschätzt. Jetzt lebt er mit seinen zwei Kindern und seiner Frau

Ich beim Lackschleifen

In den rumänischen Bergen (Transsilvanien)

Rumänische Snacks auf dem Jahrmarkt

Typisches Abendessen in Moldawien

Emma auf dem Platz der Freiheit in Tiraspol, der Hauptstadt Transnistriens

Unser Schlafplatz für zwei Wochen in den georgischen Bergen

Kleine Pause in Georgien

Ein entspannter Abend mit Emma und Buch

Typische Marktsituation in Tiflis

Arbeitsalltag in Tiflis

*Ich in einer Ruine in einem ehemaligen Kriegsgebiet
in den Bergen Georgiens*

Selfie mit See in den tschetschenischen Bergen

Emma vor der Skyline Groznys

Meine russische Familie: Oma Walja, Großtante Nina, Großtante Mascha, ich, Großonkel Vanja, Onkel Wowa, Paul

Familienfoto mit Tante Tanja, Onkel Wowa, mir, Paul, Großtante Nina, Großtante Mascha, Oma Walja, Tante Julia, Cousine Christina, Großonkel Vanja

Emma vor typischen Sowjetbauten

Unterwegs auf den Straßen Kasachstans

Stellplatz in Kirgisistan

*Endlich Wäsche waschen am Issyk Kul,
dem größten See in Kirgisistan*

Rast am Songköl-See in Kirgisistan

In den einsamer Bergen Kirgisistans

*Emma vor dem Panorama der tadschikischen Berge
auf dem Pamir-Highway*

Kinder am Rand des Pamir-Highways

Die furchtbaren Straßen
des Pamir-Highways

Nur eine Flussbreite von Afghanistan entfernt

Paul und ich vor dem Registan-Platz in Samarkand

Usbekisches Souvenir

Ausblick über die Dünen im Iran

In der besten Werkstatt im Iran in der Nähe von Isfahan

Unter Palmen im Iran

in einem Vorort bei Barnaul. Seine Kinder hat er nach mir und meiner Schwester benannt. Nastja und Christina. Vor einem Jahr haben sie angefangen, ein Haus zu bauen. Mittlerweile ist es halb fertig, aber eingezogen sind sie trotzdem schon. Ich freue mich, ihn endlich wiederzusehen. Lange ist es her seit dem letzten Mal.

Als wir mit Emma vorfahren, wartet schon die ganze Familie vor der Tür auf uns. Es ist schön, wieder zu Hause zu sein. In dem Zuhause, das ich als Erstes so nennen konnte. Keine fünf Minuten später steht der Wodka auf dem Tisch in Gesellschaft einer Wurst- und Käseplatte und natürlich eingelegter Gurken und Heringe. Als wir das letzte Mal zusammen waren, durfte ich offiziell noch nicht trinken. Jetzt vernichten wir einen Wodka nach dem anderen und essen immer etwas Salziges hinterher.

Sascha kann es kaum glauben, dass seine kleine Nichte mit einem deutschen Mann durch ganz Russland gefahren ist, um ihre Familie in Sibirien zu besuchen. Wenn ich das so erzähle, kann ich das manchmal auch nicht so recht fassen. Nach jedem Trinkspruch auf die Liebe und die Gesundheit und natürlich die Familie wird ein Glas gehoben. Innerhalb einer Stunde spreche ich wieder fließend Russisch, und Paul fängt auch endlich an, die paar russischen Wörter, die ich ihm in den letzten Monaten versucht habe einzutrichtern, rauszuhauen.

Mittlerweile haben wir es uns vor Emma bequem gemacht. Die Markise wurde ausgefahren, und die Bierbänke wurden aufgestellt. Aus der Bose-Box dröhnen russische Hits aus den Neunzigern. Irgendwie ein typischer Nachmittag in diesem Land. Ich versuche, zwischen all den Wodkagläsern auch ein paar Schluck Wasser zu trinken, damit ich nicht bald unter der Bierbank liege. Für Paul gibt es zwischendurch Bier aus 1,5-Liter-Flaschen. Immer wieder erkundige ich mich, ob es Paul gut geht und er noch kann. Aber er macht einen richtig fitten Eindruck. Keine Anzeichen von Übelkeit oder Ermüdung.

Als die Sonne endlich untergegangen ist, ist auch der Wodka leer. Das ist aber kein Grund, nicht weiterzutrinken. Aus irgendwelchen Ecken wird noch der Selbstgebrannte gezogen. Dazu gibt es nun Schaschlik vom Grill. Ich hoffe, dass bald jemand müde wird, damit auch ich einen Grund habe, mich abzulegen. Von wegen. Nun fangen wir an zu tanzen. Sascha und ich halten uns in den Armen und singen ein Lied von Ruki wwerch. Als dieses Lied rauskam, war ich in der zweiten Klasse, zu der Zeit hat Sascha in der russischen Armee gedient. Ich kenne jeden Song dieser Band auswendig. Das Album hatte ich auf Kassette. Es wurde im Kinderzimmer rauf und runter gehört.

Крошка моя я по тебе скучаю
Я от тебя письма не получаю
Ты далеко и даже не скучаешь,
Но я вернусь, вернусь, и ты узнаешь.
Что я далеко я по тебе скучаю
Я от тебя письма не получаю
Ты далеко и даже не скучала,
Но я вернусь, вернусь, чтоб ты узнала.
Что я далеко от тебя.

Ты обещала написать, обещала рассказать,
Как живешь, как тебе там плохо
Ты обещала долго ждать, и страдать
И сгорать от любви , но это не возможно!
Нет , нет ни строчки от тебя
Ни словечка от тебя, зря поверил я твоим признаньям
Да, может это было зря, может это было зря
Ты прости, ну чтож за наказанье.

»Meine Kleine, ich vermisse dich so sehr,
Ich bekomme keine Briefe von dir.
Du bist weit weg und hast mich nicht mal vermisst,
Doch ich komme wieder, damit du weißt, dass
Ich weit weg bin und dich vermisse,
Dass ich von dir keine Briefe bekomme,
Dass du weit weg bist und mich nicht mal vermisst,
Doch ich komme wieder, damit du weißt, dass
Ich weit entfernt bin von dir.

Du hast versprochen, mir zu schreiben,
Mir zu erzählen, wie das Leben da ist,
Und wie schwer du es ohne mich hast.
Du hast versprochen, auf mich zu warten,
Zu leiden und vor Sehnsucht zu verbrennen,
Aber anscheinend tust du es nicht, denn
Ich bekomme keine einzige Zeile,
Kein Wörtchen von dir.
Ich hätte deinen Versprechungen nicht glauben sollen,
Ja, vielleicht war das alles umsonst, und es ist aus,
Was für eine Strafe.«

Als es am nächsten Morgen am Bus klopft, kriege ich meine
Augen kaum auf. Mein Gesicht fühlt sich an, als wäre der ganze
Wodka in jede Pore gedrungen und als mache er es sich da jetzt
für lange Zeit gemütlich. Sascha steht vor der Tür. Er sieht auf
jeden Fall fitter aus, als ich mich fühle. Er will, dass Paul rauskommt. Er muss mit ihm zum Kiosk laufen. Ich versuche, Paul
aufzuwecken, aber er liegt wie eine Salzgurke im Bett ohne jegliche Regung. Sascha klopft jetzt hinten am Tor: »Pascha, dawai! Paschli!« Das hat Paul jetzt verstanden. Ich versuche, ihn
rauszuschmeißen, weil ich weiß, dass Sascha uns so lange nicht
in Ruhe lässt, bis Paul diesen Bus verlassen hat. Da mein Kopf
unglaublich wehtut und dieses Geklopfe sich wie Nadelstiche

in meinem Schädel anfühlt, drücke ich Paul aus dem Bett. Ich sage ihm, wenn er meiner Familie Respekt zeigen möchte, dann muss er jetzt aufstehen und mit Sascha zum Kiosk gehen. Widerwillig zieht sich Paul die Hose an und verlässt den Bus. Ich schlafe wieder ein. Zwei Stunden später fällt Paul zu mir zurück ins Bett. Er hat jetzt eine noch schlimmere Fahne als heute Morgen.

»Christina, bitte. Ich kann nicht mehr. Ich musste mit Sascha zum Kiosk. Da haben wir drei 1,5-Liter-Flaschen Bier geholt, sind dann zu seinem Kumpel zwei Straßen weiter, und dort musste ich in der Garage Selbstgebrannten trinken. Hilf mir!«, fleht Paul mich an.

Ich habe Mitleid mit ihm, aber gleichzeitig muss ich auch lachen. »Wie hast du es dir denn in Russland vorgestellt? Als ich damals sagte, der Wodka bestimmt den Tagesrhythmus, war das mein Ernst.« Er sieht mich ganz wehleidig an. »Ich bin aber trotzdem stolz auf dich. Für einen Deutschen hast du dich ganz gut gehalten.« Ich drücke ihm einen Kuss auf die Stirn und gehe dann meinen familiären Verpflichtungen nach. Paul lasse ich noch ein paar Stunden im Bus ausnüchtern.

Lenin lässt grüßen

Meinen Onkel Sascha wollten wir eigentlich nur für zwei Tage besuchen und danach direkt zu meiner Oma ins Dorf fahren. Es läuft aber natürlich wieder nichts nach Plan. Emma hat wieder ein Problem. Was heißt ein Problem. Unzählige. Aber das erste, das angegangen werden muss, ist, dass der Bus zu heiß läuft. Am Anfang, als die Temperaturanzeige erhöht war, hatten wir sofort Panik. Wir mussten auf dem Weg hierher öfter anhalten und den Motor wieder abkühlen lassen. Doch er wies nie die angezeigte Temperatur auf. Kühlwasser war auch immer genügend vorhanden. Wir wussten einfach nicht, was die Ursache ist, und manchmal zweifelten wir auch an der Anzeige.

Als ich das Sascha erzählt hatte, brachte er uns sofort zu seinem Freund Slava, mit dem Paul schon am ersten Tag Selbstgebrannten in seiner Garage trinken musste. Slava ist selbstständiger Mechaniker. Besser gesagt, er hat eine kleine Werkstatt in seiner Garage eingerichtet. Dort parken wir Emma in der Hoffnung, ohne Probleme weiterfahren zu können.

Als Erstes wird der Temperaturfühler ausgetauscht. Das bringt nichts. Dann wird der Kühler durchgereinigt. Auch keine Besserung. Zum Schluss ist Slava davon überzeugt, dass es an der Wasserpumpe liegt. Aber so ein Ersatzteil hier in der Gegend aufzutreiben stellt sich nicht als so ganz einfach heraus. So müssen wir nun längere Zeit in Barnaul verbringen, bis die passende Pumpe aufgetaucht ist. Seit fünf Tagen warten wir nun darauf. Zum Arbeiten fahren wir immer in die Stadt und probieren fast jedes Café durch, um am Abend wieder mit Sascha und Vera ein paar Bierchen zu trinken.

Heute bekam ich eine Nachricht von der besten Freundin meiner Mutter. Irina. Sie schreibt, dass wir heute Abend zum Essen bei ihnen eingeladen sind. Sie freuen sich schon, Paul kennenzulernen. Umso mehr freue ich mich, dass Paul diese verrückte Familie kennenlernt. Aber gleichzeitig habe ich ein komisches Gefühl dabei. Wir haben zwar in den letzten Tagen das Trinken so verinnerlicht, dass es sich schon fremd anfühlen würde, es nicht mehr täglich zu tun. Aber das Niveau des Alkoholkonsums in der Familie Schiwatov übersteigt alle bisherigen wodkadurchtränkten Erfahrungen.

Meine Mutter kennt Irina schon aus der Grundschule. Sie sind zusammen aufgewachsen, sind zusammen studieren gegangen, haben sich Bett, Essen und Kleidung während des

Studiums geteilt. Bis meine Mutter meinen Vater und Irina ihren Serjoga kennengelernt hat. Irina und Serjoga verkörpern genau das, was ich die »russische Liebe« nenne. Liebe, Drama und Hass. Sie streiten sich bis aufs Bitterste, und dann lieben sie sich, weil beide sich eben füreinander entschieden haben. Die Dynamik zwischen den beiden besteht aus radikaler Ehrlichkeit. Da wird nicht auf die Gefühle des anderen geachtet. Die eigenen Gedanken werden ungefiltert rausgehauen. Ungeachtet jeglicher Moral. Aber mit ganz viel Humor und Liebe dahinter. Man könnte den beiden stundenlang im Alltag zusehen, und es würde alles wie ein absurdes Theaterstück erscheinen. Sie nehmen sich einfach nicht zu ernst. Ich glaube, genau darin liegt der Zauber ihrer Beziehung.

Als ich dem Taxifahrer die Adresse mitteile, fragt er mich, ob ich sicher bin, dass wir da hinwollen, es sei nämlich keine sichere Gegend. Als Paul das hört, kriegt er noch mehr Zweifel, ob es denn wirklich eine gute Idee ist, die Familie Schiwatov zu treffen.

Auf dem Weg hierher habe ich ihm nämlich unzählige Geschichten von ihnen erzählt. Dass ihre Zwillingssöhne Gras im Garten angebaut hatten und deswegen ins Gefängnis mussten. Auch haben die Söhne ständig Pfannen, Töpfe und Küchengeräte vertickt, um sich Drogen kaufen zu können. Sodass Irina, als wir mal zu Besuch waren, nur noch eine Pfanne hatte und es deswegen nur Bratkartoffeln mit Ei gab. Selbst der Vater sagt immer, wir sollen unsere Wertsachen gut verstecken oder am besten gar keine mitnehmen. Wenig Ärger bereitet die Tochter. Lisa hat sich schnell abgenabelt und ist genauso eine starke Frau wie ihre Mutter geworden. Beide halten diese eigenwillige Familie zusammen. Sitzt man mit allen fünf zusammen am Tisch, sieht man sofort, wer die Hosen anhat. Die männlichen Mitglieder auf jeden Fall nicht.

Am Eingang begrüßt uns Sarah Jessica Parker. So haben sie ihren alten Hund ohne Schwanz und Ohren genannt. Serjoga empfängt uns in Jogginghose und in einem Hemd, das bis zum Bauchnabel aufgeknöpft ist. Er hat noch eine leichte Alkoholfahne von gestern oder auch von heute früh. Irina kommt direkt hinter ihm aus der Sommerküche gestürmt. Sie ist wie immer hübsch gekleidet, ihr Haar ist perfekt zu großen Wellen geföhnt. Die feste Umarmung fühlt sich so vertraut an. Es ist komisch, ohne meine Mutter hier zu sein. Sie ist nämlich das vermittelnde Element zwischen den Bekannten und der verstreuten Familie in Russland. Mit ihr war man immer das Kind, das sich irgendwann zurückziehen konnte. Heute vertrete ich meine Mutter. Die nächste Generation ist nun dran, darauf zu achten, dass der Kontakt zu Russland nicht abbricht.

Am Tisch sitzt der Rest der Familie Schiwatov, inklusive neuem Schwiegersohn. Lisa hat sich einen Deutschrussen geangelt, der aber so gar nichts von einem Deutschen hat. Nur sein Nachname lässt es vermuten. Die Zwillinge sind unglaublich alt geworden. Ich hatte sie als hübsche junge Männer in Erinnerung. Jetzt haben beide einen Bierbauch und eine Brille mit fetten Gläsern auf den angeschwollenen Nasen. Auf dem kleinen Tisch auf der Veranda steht schon das ganze Essen bereit. Es gibt von jedem Tier etwas Geräuchertes aus ihrer eigenen Räucherkammer im Garten. Dazu gekochte Kartoffeln vom Feld hinterm Haus und natürlich frische Gurken, Tomaten und Zwiebeln. Wie ich genau diese Art von Essen liebe!

Als Gastgeschenk haben wir eine teure Flasche Wodka mitgebracht. Serjoga bedankt sich, versteckt sie hinten in der Kammer und holt eine eisgekühlte Flasche aus dem Kühlschrank. Entweder ist das Etikett von der Feuchtigkeit abgegangen, oder diese Flasche hatte noch nie eins. Lassen wir das Trinkspiel Russland gegen Deutschland von Neuem beginnen. Bisher finde ich, haben wir uns recht gut gehalten, wenn es um die Menge an Wodka und den darauf folgenden Zustand ging. Aber heute wird ein neues Level erreicht. Bei dem ersten Glas merke ich schon, dass das hier heute böse endet. Ich sehne mich nach der mitgebrachten Flasche. Denn das hier ist offensichtlich kein Wodka, der ein Etikett verdient.

Ich versuche, so viel fettigen Fisch wie möglich zu essen und mit den Kartoffeln eine gute Grundlage fürs Trinken zu schaffen. Auch Paul schiebt sich ein Stück geräucherten Schinken nach dem nächsten rein. Am Anfang ist die Kommunikation etwas holprig, auch weil Paul leider nicht mitreden kann und ich fast jede Frage und Antwort übersetzen muss. Doch nach der ersten Flasche billigem Fusel läuft alles viel fluffiger. Auch weil wir die Errungenschaften unserer Technologie endlich mal zu nutzen wissen. Der Google-Übersetzerdienst macht aus Paul plötzlich jemanden, der fast fließend Russisch spricht und versteht. Nach der zweiten Flasche bin ich jedoch plötzlich die, die keine Sprache mehr versteht und spricht. Von einem Moment auf den anderen bin ich blitzartig betrunken wie schon lange nicht mehr. Es fällt mir schwer, mich noch auf dem Stuhl zu halten. Obwohl ich Paul versprochen hatte, dass wir hier nicht übernachten werden, bitte ich Irina darum, uns das Sofa zu beziehen. Ich muss mich nämlich ganz schnell hinlegen.

Paul bemerkt meine Fluchtversuche. »Du kannst mich jetzt hier auf keinen Fall alleine lassen. Christina, bitte. Ich bin sauer auf dich, wenn du das tust.« Er hält mich fest am Arm. Ich flüstere ihm nur ein »Entschuldigung« ins Ohr und schwebe ins Wohnzimmer. Sobald ich liege, dreht sich die gesamte Einrichtung. Als würde sich das Sofa auf offener See befinden. Irgendwann schlafe ich trotzdem ein.

Drei Stunden später, so gegen zwei Uhr nachts, kommt Paul zu mir auf die Couch gekrochen. Er murmelt etwas davon, dass ihm total übel sei. Ich merke, wie er sich von rechts nach links dreht. Nicht zur Ruhe kommt. Dann merke ich nur noch einen Sprung über mich drüber und höre, wie die Toilettentür zuschlägt. Er übergibt sich. Sein Körper muss diesen billigen Wodka loswerden. Da hat auch der Speck nicht geholfen. Er tut mir so furchtbar leid. Ich will ihm helfen, bin aber selbst noch so betrunken, dass ich nicht aus dem Bett komme. Durch die dünnen Wände der Toilette hört man Pauls Kampf mit seinem Inneren im ganzen Haus.

Auch Irina ist dieses traurige Schauspiel nicht entgangen. Sie kommt aus ihrem Schlafzimmer, geht zur Küche, holt ein Glas Wasser, kramt aus dem Wohnzimmerregal irgendwelche Tabletten und reicht sie mir. Dann geht sie wieder ins Bett. Nachdem Paul wohl sein ganzes Abendessen in die Minitoilette gespült hat, kommt er zurück ins Bett. Ich verabreiche ihm die Tablette mit dem Wasser und hoffe, dass ich nicht die Nächste bin.

Einige Stunden später, es ist so gegen sieben Uhr, bin ich wohl doch an der Reihe. Verdammt. Ich renne ins Bad und spucke das ganze Gift aus meinem Körper. So lecker das ganze geräucherte Essen auch ist, schlimm ist es, wenn es den Körper auf verkehrtem Wege wieder verlässt. Als ich mich wieder aufs Sofa traue, wartet leider kein Wasser mit einer Wundertablette auf mich. Irina ist schon zur Arbeit gegangen. Ich höre nur, wie Serjoga wieder am Küchentisch sitzt und schon mit Bier kontert. Ich versuche, Paul wach zu rütteln.

»Wir müssen hier weg. So schnell wie möglich. Sobald er uns einmal am Küchentisch sitzen hat, haben wir keine Chance mehr zu fliehen.« Ich sehe, wie sich Pauls Augen schlagartig öffnen. »Okay, dann los. Dawai«, spricht es aus ihm. Dawai? Paul ist wohl über Nacht zu einem Russen mutiert. Ich bitte einen der Zwillinge, uns ein Taxi zu rufen, dabei rede ich uns raus, damit wir nicht zum Frühstücken und Kontertrinken verdonnert werden. Im Taxi buchen wir noch schnell ein Hotel. Die Option, zurück zu Sascha zu fahren, steht gerade so was von gar nicht im Raum. Wir wollen einfach mal einen Tag nichts trinken. Einfach normal ausnüchtern und nüchtern wieder aufwachen.

Das einzige Hotel in Barnaul, das wir jetzt verkraften können, ist das Hotel Centralny direkt am Lenin-Prospekt. Eines der besten in der Stadt. Deswegen schaut die Frau am Empfang wohl auch etwas verwundert, als wir zwei Alkoholleichen an der Rezeption stehen.

Vom Hotelzimmer aus haben wir direkt einen Blick auf Lenin. Auf die Lenin-Statue, die mitten auf dem Leninplatz in Barnaul steht. Seine Körperhaltung sieht dynamisch aus. So als würde er gleich losmarschieren. Als würde er einen Schritt nach vorne machen wollen.

Wir marschieren heute nirgendwo mehr hin. Wir stürzen uns sofort ins Bett und nehmen uns für heute nichts mehr vor. Die einzigen Male, für die ich noch rausgehen würde, wären, um etwas zu essen zu holen und Tabletten gegen den Kater des Todes zu besorgen.

Leider muss ich zugeben, dass es jetzt 1 : 0 für Russland steht. Wir hatten am Vorabend einfach keine Chance.

Eine Ode an die Heimat

Ich sehe das faltige Gesicht meiner Oma. Ihr Blick erzählt so viel Vergangenes. Jedes Mal, wenn ich sie wiedersehe, steht mehr Verbitterung in ihren Augen. Sie erzählen von Verlust, Sehnsucht, Wut, Kapitulation. Ihr kleines weißes Haus, ein Zufluchtsort. Hier bleibt sie, hier geht sie nicht weg. Doch ich komme und gehe. Bin da und sehe. Den Holzzaun, hinter dem sich so viele dramatische Geschichten verbergen. Die Blumen, die immer blühten. Den kleinen Trampelweg zum Hauseingang hin. Der so viele Füße über sich spürte. Die kamen und gingen. Geblieben ist jedoch niemand. Außer meiner Oma. Sie ist stark. Überlebt den kalten Winter, den nassen Herbst, den kurzen Frühling und den aufwärmenden Sommer. Hier vergehen Tage wie Jahre. Alles scheint stillzustehen. Während in meinem Leben alles so schnell wie möglich laufen soll. Man rennt von einer Emotion zur nächsten. Keiner hält inne. Los! Schneller! Besser! Bloß nicht stehen bleiben. Keiner erlaubt sich zurückzuschauen. Sich zu erinnern. Keine Sekunde einfach liegen zu bleiben. Man kapituliert nicht. Schwäche ist was für Schwache. Schwach sind nur die anderen. Und wie die anderen darf man nicht sein. Alternativ, einzigartig sein, sich abgrenzen, bis sich jeder von jedem abgegrenzt hat. Dann fängt das Ganze von vorne an. Bis man vor einem Holzzaun steht, die Tür öffnet und sich über den Stillstand freut. Bis einen Dankbarkeit überkommt, weil hier nichts passiert. Weil hier der Abend der Morgen ist. Weil die Menschen hier nicht drängeln. Weil der Geruch von verbranntem Fett Erinnerungen in einem weckt. Es riecht, es schmeckt. Hier geh ich nicht weg. Hier ist Heimat.

Ein Stück von mir ist immer hier

Immer wenn Leute mich fragen, wo ich herkomme, muss ich kurz überlegen, was genau ich antworte. Ist da, wo ich herkomme, dort, wo ich geboren bin, oder dort, wo ich eben herkomme. Ich könnte sagen, aus Russland. Aber meistens sage ich, aus Bayern. Da, wo ich eben aufgewachsen bin. Manchmal aber sage ich beides. »Ich komme ursprünglich aus Russland, aber bin in Bayern aufgewachsen.« Es kommt darauf an, was das Gegenüber meiner Meinung nach hören will. Aber ich habe das Gefühl, zwischen zwei Stühlen zu sitzen. Im Duden wird Heimat so beschrieben: »Land, Landesteil oder Ort, in dem man [geboren und] aufgewachsen ist oder sich durch ständigen Aufenthalt zu Hause fühlt (oft als gefühlsbetonter Ausdruck enger Verbundenheit gegenüber einer bestimmten Gegend)«. Da haben wir es ja schon. Anderswo geboren als aufgewachsen. Ständiger Aufenthalt ist mal Bayern, mal Berlin, mal war es Thüringen.

Für mich war Heimat immer ein Ort, an dem sich nichts verändert. Alles bleibt so, wie man es verlassen hat. Man wächst, man erlebt, doch die Heimat steht still. Es darf nichts geschehen. Erinnerungen müssen gefüttert werden. Sonst verblassen sie ganz schnell. Doch je älter ich werde, umso entfernter ist mir diese Heimat. Auch wenn bei meiner Oma auf dem Dorf alles viel langsamer abläuft und gewisse Dinge sich nie ändern, verändere ich mich immerzu. Sodass ich emotional mehr Abstand von dem Ort meiner Kindheit nehme.

Vielleicht sollte ich aufhören, nach der für mich richtigen Bedeutung von Heimat zu suchen. Vielleicht sollte ich auch damit aufhören, einen bestimmten Ort als meine Heimat zu bezeichnen. Vielleicht sollte ich einfach damit anfangen, mir meine eigene Heimat zu erschaffen.

Nach einer Woche in Barnaul haben wir es endlich geschafft und sind auf dem Weg zu meiner Oma. Das Auto ist repariert. Besser gesagt, wir hoffen, dass das Auto funktionstüchtig ist. Immerhin haben wir Slava nur beim Biertrinken gesehen statt mit dem Kopf unter der Motorhaube.

Die Woche Stadtleben hat Spuren hinterlassen. Wir waren täglich betrunken, mussten ständig um ein paar Stunden Privatsphäre kämpfen, und gefühlt hat jeder von uns zwei Liter Mayo in seinem Körper aufgenommen. Zwar geht das alles auf dem Dorf weiter, aber ich freue mich auf die herrliche Landluft. Auch auf die dunklen Nächte und den umso klareren Sternenhimmel. Ich kann es auch kaum erwarten, endlich in die Banja zu gehen, die russische Dampfsauna. Aber am meisten freue ich mich auf meine Familie, die ich so lange nicht gesehen habe. Meine Oma, meinen Onkel und Großonkel, meine Tante und dann auf die andere Tante und den anderen Onkel. Sie alle leben noch da. In ihren kleinen Häuschen mit den bunt bemalten Gartenzäunen.

Das Dorf meiner Oma liegt 100 Kilometer von Barnaul entfernt in Richtung Osten. Egal wie oft ich schon diese Straße entlanggefahren bin, es ist immer wieder aufregend, weil ich weiß, dass ich bald meine Oma sehen werde. Sie nimmt mich dann fest in den Arm, wischt ein paar Freudentränen weg, und dann gibt es frittierte Teigtaschen zur Begrüßung.

Jetzt, wo wir diese bekannte Straße entlangfahren und ich die Birkenwälder sehe, begreife ich, dass wir unser Ziel fast erreicht haben.

»Novokapilovo« steht groß auf dem blau-weißen Ortsschild. Ich glaube, nicht einmal 200 Menschen leben hier. Die Centralnaja Uleza, also die Hauptstraße, ist eigentlich auch die einzige Straße in diesem Dorf. Ein paar Feldwege gibt es noch, die rechts und links zu weiteren Häusern führen. Wir fahren fast bis ans Ende der Hauptstraße. Das Haus meiner Oma liegt auf der rechten Seite. Es geht einen kleinen Hang hinunter zur Einfahrt.

Als meine Oma Emmas Brummen hört, kommt sie rasch aus dem Haus gelaufen. Ich springe sofort aus dem Auto und renne in ihre Arme. Sie fühlt sich ganz weich und warm an. Es scheint mir, als wäre sie noch kleiner und rundlicher geworden. Paul empfängt sie direkt mit Küsschen und einer dicken Umarmung. Körperliche Distanz kennt in Russland kaum jemand. Hemmungen verspüren die Russen nur, wenn es darum geht, was Nettes zu sagen oder Komplimente zu verteilen.

In Deutschland ist es genau andersherum. Höfliche Worte gibt es für jeden, nur wenn man unangekündigt umarmt wird, wird ganz erschrocken geschaut. Daran musste ich mich in Deutschland erst gewöhnen. Da wird akribisch darauf geachtet, wem was gehört und dass erst gefragt wird, bevor etwas genommen wird.

Durch meine Freunde hatte ich immer den direkten Vergleich. Bei den deutschen musste ich immer brav bis zum Abendessen im Zimmer warten, bei meinen russischen Freunden haben wir ständig den Kühlschrank geplündert. Auch wurde ich von den Eltern meiner russischen Freunde als Kind direkt adoptiert. Ich habe genauso Ärger und Liebe bekommen wie die eigenen Kinder. Das grimmige Gesicht eines Russen ist nur eine Fassade, ein Schutzschild. Dahinter verbirgt sich immer eine zarte Seele, die bereit ist, viel zu geben. So auch bei meinem Onkel, der gerade aus dem Windfang tritt. Ich wusste nicht, dass er hier ist. Meistens ist er irgendwo im Norden auf Montage oder einfach untergetaucht. Wowa ist ganz schön gealtert. Wüsste ich nicht, wie alt er ist, würde ich ihn auf Ende fünfzig schätzen, dabei ist er gerade mal junge vierundvierzig Jahre alt. Aber er ist nüchtern. Das ist eine Seltenheit bei ihm.

Wir parken Emma in der Einfahrt direkt vorm Haus. Sie passt nur knapp zwischen die Zaunpfähle. Schön sieht sie hier aus. Zwischen den wilden Blumen im Vorgarten und der grünen Veranda. Ich führe Paul im Garten rum. Zeige ihm die heiß ersehnte Banja und das schiefe Plumpsklo. Führe ihn hinters Haus auf das Kartoffelfeld und zum kleinen Schrebergarten. Früher hatte meine Oma hinten in der kleinen Scheune immer zwei Schweine, die im Herbst geschlachtet wurden. Jetzt dient der Ort nur noch als Müllhalde. Auch sind hier früher unzählige Hühner rumgerannt, und Matrjoschka, die Kuh, kam täglich um sieben Uhr abends in den Hof, um gemolken zu werden. Es steht auch noch die kleine Hundehütte von Maltschik da. Aber einen Hund gibt es nicht mehr. Alle Tiere sind weg. Nur noch zwei scheue Katzen verstecken sich auf dem Hof.

Meine Oma sagt, es lohnt sich nicht mehr, Tiere zu halten.

Sie ist zu alt, um sich richtig um sie zu kümmern, und das Fleisch und die Milch im Supermarkt wären sowieso viel günstiger. Ich hatte mich auch auf Teigtaschen von Oma gefreut, aber selbst die kauft sie mittlerweile tiefgekühlt in dem kleinen Laden um die Ecke. So langsam verblasst die Romantik von früher. Das liegt wohl auch daran, dass die jüngere Generation in die Stadt gezogen ist.

Meine Oma ist mit meinem alkoholverliebten Onkel alleine auf ihrem Hof, und auf ihn ist nicht wirklich Verlass. Trotz seines Alters lebt er ohne Frau und Kinder noch bei seiner Mutter. Eine feste Arbeit hatte er auch noch nie. Meine Oma hat fünf Kinder, da ist die Wahrscheinlichkeit höher, dass sich einer von ihnen eben zu einem aussichtslosen Fall entwickelt. Hier ist es Wowa. Er versucht, nach außen ein harter Kerl zu sein, ohne Gefühle und Gewissen. Aber er ist eine zerbrechliche Seele geworden. Manchmal tut er mir richtig leid, wenn er betrunken in Tränen ausbricht und ihm das Leben zu viel wird. Dann lässt er sich in den Arm nehmen und trösten. Doch ändern möchte er nichts. Er hat es aufgegeben voranzukommen. So wie viele Männer in Russland, egal welchen Alters. Es ist ein Kreislauf, der kaum zu durchbrechen ist. Man trinkt, weil man keine Arbeit hat, und kriegt keine Arbeit, weil man zu viel trinkt, bis man endgültig in die Abhängigkeit gerät. Besonders präsent ist diese Perspektivlosigkeit in den Dörfern Russlands. Wo es kaum Arbeit gibt und Alkohol als die Lösung aller Probleme dient.

Meine Oma und Wowa verstehen sich nicht besonders gut. Sie streiten ständig, werfen sich gemeine Dinge an den Kopf und ignorieren sich dann ein paar Tage lang. Bis beide merken, dass sie nicht ohne einander können, weil jeder auf den anderen angewiesen ist. Wowa hilft da, wo meiner Oma ihr Alter im Weg ist. Manchmal wirken sie wie ein altes Ehepaar auf mich.

Am nächsten Tag kommt die ganze Verwandtschaft zu Besuch. Aus der Stadt haben wir alles für einen großen Empfang mitgebracht. Früher hat meine Mutter das alles organisiert. Jetzt muss ich mich darum kümmern, dass eine große Vielfalt an russischen Köstlichkeiten auf dem Tisch steht und genug Wodka vorhanden ist. Meine Oma hilft mir, den geräucherten Fisch auf den Kristalltellern anzurichten, und bringt mir Tomaten und Gurken aus dem Garten. Ich decke den Tisch so reichlich wie möglich ein. So wie früher eben. So, wie ich es von Russland kenne.

Als alle eintreffen, werden zuerst Paul und dann Emma begutachtet. Mein Großonkel traut seinen Augen nicht, dass wir mit dieser alten Maschine bis nach Sibirien gefahren sind. Paul wird für seine handwerklichen Fähigkeiten gelobt. Meine Tante scherzt sogar, dass Emma von innen wie eine Banja aussieht, mit dem ganzen Holz. Am Tisch sind sie jedoch alle verhalten. Keiner greift wirklich zu. Selbst beim Wodka ist es nach einem Glas vorbei. Ich bemerke die Spannung, die am Tisch herrscht. Meine Oma erzählt auch, dass sie sich gar nicht mehr so oft gegenseitig besuchen. Jeder lebt für sich selbst. Jeder macht sein eigenes Ding.

Früher, als wir zu Besuch kamen, wurde noch gefeiert und getrunken, dann gab es Familiendramen, und es war eine so außergewöhnliche Stimmung, wenn alle zusammenkamen. Was ist nur passiert? Sind sie vielleicht nur älter geworden und ruhiger oder einfach vom Leben so enttäuscht, dass die Verbitterung bis in die Familie hineinwirkt? So trinken nur Paul, Wowa und ich den guten Wodka, den wir mitgebracht haben. Ein leichter Frust schleicht sich bei mir ein. Ich hing so fest an meiner romantischen Erinnerung, dass ich ausgeblendet habe, dass die Welt sich ohne mich hier weiterdreht. Wie sehr ich mir auch wünschte, hier wäre alles noch so wie vor zwanzig Jahren, so sehr enttäuscht mich die Gegenwart. Wie naiv auch von mir zu glauben, hier wäre alles noch so, wie wir es damals verlassen haben.

Die gesamte Woche verbringen wir damit, das Dorf meiner

Kindheit zu erkunden, andere Verwandte zu besuchen und die reichen Deutschen zu spielen. Meine Tante aus dem Norden ist extra mit ihren zwei Kindern angereist. Sie ist die jüngste Tochter meiner Oma. Das letzte Mal, als sie hier zu Besuch war, ist auch schon zwei Jahre her. Die Anreise ist teuer, weswegen sie es lieber ganz sein lässt. Meine Mutter hat mir extra Geld überwiesen, damit ich ihr die Fahrt hierher bezahle und die Kinder neu für die Schule einkleide. In dieser Woche geben wir so viel Geld aus, wie es sonst für einen ganzen Monat reichen würde. Paul versteht das nicht so ganz. Er ist allerdings auch derjenige, der noch bis spät in die Nacht für die Wohnmobilvermietung Paul Camper arbeitet, um dieses Geld wieder reinzukriegen, da die Spende meiner Mutter längst aufgebraucht ist.

Ich erkläre ihm, dass die Verwandtschaft in Russland glaubt, dass wir in Geld schwimmen. Wir leben ja in Deutschland. Da kann sich jeder eine Wohnung, ein Auto und eine Krankenversicherung leisten. Die Rente meiner Oma beträgt gerade mal umgerechnet 200 Euro. So viel zahle ich als Studentin an die Krankenkasse. Undenkbar, dass man damit einen Monat lang überstehen soll. Zwar sind die Lebensmittelpreise im Gegensatz zu Europa niedriger, aber auch nicht mehr so niedrig wie zur Sowjetzeit. Manchmal habe ich sogar das Gefühl, dass einige Lebensmittel teurer sind als in Deutschland. Vor allem Kleidung wird hier zu unverschämten Preisen verkauft, vor allem, da alles Billigware ist. Mit der ich nun meine Cousinen einkleide. Beide kriegen neue Hosen, Winterschuhe und eine Bluse. Meine Oma kriegt Kohle und Holz zum Heizen und meine Tante ein neues Handy, damit meine Mutter mit ihr über WhatsApp in Kontakt sein kann.

Paul übernimmt die Rolle des großzügigen Deutschen zwar widerwillig, aber richtig gut. Meine Verwandten schwärmen von ihm. »Ein toller Mann mit so freundlichen Augen«, sagen sie. Ich bin auch stolz auf ihn. Ich weiß, es ist nicht einfach für ihn in Russland. Er kann sich mit niemandem richtig unterhalten, und die Kultur wirkt manchmal immer noch fremd. Aber so, wie er das die letzten Wochen gemeistert hat, macht es ihn zu einem halben Russen. Immerhin kann er fast so viel Wodka trinken wie ein echter Russe. Ich bin froh, dass er auf dieser Reise an meiner Seite ist. Es tut gut, einem für mich so wichtigen Menschen meine Wurzeln zu zeigen. Es war mir schon immer ein Anliegen, dieses tolle Land mit anderen zu teilen.

Die Reise zurück zu meinen Wurzeln hat mir die Augen geöffnet. Ich gewöhne mich daran, mich von der Vergangenheit zu lösen. Zwar bleibt ein Stück von mir immer hier, und meine persönliche Prägung, die ich hier erleben durfte, will ich nicht missen. Aber ich muss versuchen, nach vorne zu blicken. Nicht mehr nach meiner Identität oder der Definition von Heimat suchen. Sondern den Ist-Zustand akzeptieren. Ich bin nun mal russisch und deutsch. Wie schön ist es, aus beiden Kulturen das Positive herauszuziehen und sich seine eigene Identität zu schaffen, und wie schön ist es, meine Heimat nicht auf einen Ort zu reduzieren, sondern sie auf die ganze Welt zu verlagern. Diese Erkenntnis lässt mich freudig auf die nächsten 10 000 Kilometer blicken, die uns noch bevorstehen.

KASACHSTAN, ZUM ZWEITEN

So viel Land dazwischen

Weiter als bis Sibirien habe ich vor der Reise irgendwie nicht gedacht. Der Plan war zwar erst Georgien, dann Russland und dann über die Stan-Länder zurück nach Europa. Da ich aber ursprünglich nur bis Sibirien mitfahren wollte und mich erst kurz vor der Abreise dazu entschieden hatte, die gesamte Route mitzumachen, ist Russland, das eigentlich als Endstation geplant war, jetzt nur ein Zwischenstopp. Wir müssen also zurück nach Kasachstan. Wieder in das Land mit den schlimmsten Straßen und der ekligsten Pferdewurst. Dieses Land ist einfach so gigantisch und liegt irgendwie die ganze Zeit im Weg.

Schon als wir das erste Mal hier durchgefahren sind, wurde ich nicht warm mit diesem Land. Zwar haben wir gastfreundliche Menschen kennengelernt, die uns geholfen haben, aber irgendwie ist da immer ein schaler Beigeschmack dabei. Ich würde nicht sagen, dass Kasachstan kein schönes Land ist und nicht einen Besuch wert, aber es gibt sicher spannendere Regionen. Es fühlt sich hier einfach alles so unendlich an. Die Weite in diesem Land ist kaum zu greifen.

Wir fahren teilweise stundenlang, ohne irgendetwas zu erblicken. Völlige Leere. Das Hinterland lässt einem so viel Raum zum Denken, dass es manchmal schwer ist, sich wiederzufinden. Während man durch die öde Steppe fährt, durchdenkt man Entscheidungen, alternative Lebenswege und Wünsche, bis man ganz bei sich ankommt. Dabei versuche ich, den Besuch in der Heimat zu verarbeiten. Wie sehr habe ich diese Reise dahin gebraucht? War es für Paul spannend zu sehen, wo ich herkomme? Begreift er nun meine innere Zerrissenheit, die manchmal ans Tageslicht kommt?

Wir diskutieren viel. Reden über Verdrängtes. Streiten über Banales. Wie sehr wird diese Erfahrung unsere gemeinsame Zukunft prägen? Bevor wir losgefahren sind, habe ich zu oft den Satz gehört: »Also wenn ihr diese Reise überstanden habt, dann könnt ihr ja gleich heiraten.« Ist das wirklich so? Für viele ist es ja eine Horrorvorstellung, mit jemandem auf so engem Raum 24/7 zu verbringen. War es für mich ehrlich gesagt am Anfang auch. Aber diese Angst war komplett überflüssig. Man lernt den anderen besser kennen, um sich selbst dann noch besser zu kennen. Wir müssen hier niemandem etwas beweisen. Wir müssen hier nicht ständig abliefern oder uns mit anderen messen. Wir sind nämlich, egal wo wir gerade durchfahren, immer die verrückten Ausländer. In dieser Position zu sein gibt uns den eigenen Maßstab vor, und auch unsere eigenen Wünsche und Bedürfnisse. So stelle ich mir Freiheit vor. Denn momentan ist in meinem Kopf so viel Platz, ich könnte mich darin verlieren. Weil einfach sinnlose Ängste, die meinen Alltag geprägt haben, nicht mehr vorhanden sind.

Wir sind in einem Zustand der Freiheit, die wir für uns selbst gestalten können. Natürlich sind wir auf äußere Gegebenheiten angewiesen, aber das sind Dinge, die wir sowieso nicht beeinflussen können. Dadurch entsteht nach einer bestimmten Zeit eine Gelassenheit, die man im Alltag fast vergessen hatte. Zwar finde ich diese Straßen hier furchtbar, aber was soll's. Es lässt sich nicht ändern, da müssen wir durch. Ich könnte mich nun sechs Stunden lang darüber aufregen, aber das würde die Fahrt nur umso schlimmer machen. So verbringe ich die Zeit lieber damit, über verdrängte Themen nachzudenken. Mich bewusst mit unangenehmen Fragen zu beschäftigen, damit diese dann aus der Welt sind. Ich bewege mich nicht nur physisch aus der Komfortzone, sondern auch psychisch.

So hatte ich zum Beispiel oft Probleme, mich selbstbewusst mit fremden Menschen zu unterhalten. Vor allem aber mit älteren und erfahreneren Leuten. Da ich als Kind immer beigebracht bekommen habe, dass man still sein soll, wenn Erwachsene sprechen, habe ich das so tief in mir verankert, dass ich mich als weniger wert fühle als das ältere Gegenüber. Aber durch die Reise und dadurch, dass nur ich Russisch spreche, muss ich in Kontakt mit anderen treten. Je öfter das der Fall ist, umso mehr finde ich Gefallen daran. Ich werde nicht abgewiesen, ausgelacht oder nicht ernst genommen. Jeder begegnet mir mit viel Respekt. Das mag natürlich auch daran liegen, dass die Menschen unserem momentanen Lebensstil viel Beachtung schenken und es beeindruckend finden, dass wir diesen Mut haben. Aber es ist eine schöne Anerkennung.

Kurz nachdem wir die Grenze nach Kasachstan überquert haben, zeigt Emma schon wieder eine zu hohe Motortemperatur an, und der Kupplungsgeber fängt erneut an zu tropfen. Das kann doch nicht wahr sein. Für einen kurzen Moment dachten wir wirklich, dass dieses Thema der Vergangenheit angehört. Es wurde doch alles ausgetauscht und gereinigt, was machbar war. Also müssen wir so schnell wie möglich wieder eine Werkstatt finden. Das Problem ist nur, dass die nächstgrößte Stadt, in der wir wohl eine ordentliche Werkstatt finden können, Almaty ist. Also noch 1000 Kilometer bis dahin, in den Süden von Kasachstan. Wir versuchen trotzdem, zwischendurch jemanden zu finden, der uns helfen könnte, aber vergebens. Alle verweisen uns auf Almaty. Da soll es einen großen Markt geben nur mit Autoersatzteilen. So fährt Paul die nächsten unzähligen Kilometer mit Bedacht und der Hoffnung, dass Emma keine Folgeschäden davontragen wird. Immer wieder müssen wir anhalten, damit die Temperaturanzeige wieder auf Mittelwert steht. Die Fahrt nach Almaty zieht sich dadurch über ganze fünf Tage.

Vor lauter Smog sieht man die Berge nicht

Als wir nach Almaty reinfahren, wollen wir eigentlich nur so schnell wie möglich wieder raus. Es herrscht hier eine unfassbare Verkehrsdichte. Achtspurige Hauptstraßen, auf denen es keinen Meter vorangeht. Hupende und stinkende Autos. Aggressive Autofahrer, die sich auf die frechste Art und Weise vordrängeln. Dazwischen immer wieder Pkws am Straßenrand, die qualmen. Menschen, die über die Straße rennen. Esel, die uns entgegenkommen. Verrückt, was hier gerade passiert.

Wir haben uns mit einem anderen deutschen Pärchen auf dem Automarkt verabredet. Paul kennt Martin und Theresa von Instagram, und sie sind zufällig am selben Ort wie wir. Wir brauchen fast zwei Stunden, um durch Almaty zu fahren und zu diesem Markt zu gelangen, der nicht mal in der Innenstadt liegt, sondern außerhalb. Wir treffen uns mit den beiden auf dem Parkplatz vor dem Basar. Sie sind mit einem umgebauten waldgrünen Mitsubishi L300 mit selbst gebauter Kabine unterwegs. Zwischen all den anderen Autos sind unsere kaum zu übersehen. Wir finden uns auf Anhieb. Es ist schön, endlich wieder, nach fast fünf Monaten, auf ein anderes deutsch sprechendes Pärchen zu treffen, das auch ein Camperleben führt wie wir. Wir haben so viel zu erzählen und wollen uns so schnell wie möglich über die bisherigen Erfahrungen austauschen. Aber zuerst ist das Auto dran.

Martin und Theresa sind schon seit einer Woche hier in Almaty. Eigentlich wollten sie nur schnell das Auto reparieren und ihr Visum für den Iran besorgen und sofort weiterfahren. Aber so einfach, wie sie es sich vorgestellt haben, wurde es dann doch nicht. Die Öffnungszeiten der iranischen Botschaft sind willkürlich, und die richtige Werkstatt zu finden ist doch nicht so einfach wie gedacht. Diese Information nimmt uns erst mal den Wind aus den Segeln. Ich sehe uns drei Wochen später immer noch in Almaty mit kaputtem Auto. Da Martin schon öfter hier auf dem Autobasar war, führt er uns direkt zu den Händlern, die mit Mercedesteilen handeln.

Dieser Markt ist ein Paradies für Pfuscher, die gerne selbst an ihren Autos schrauben. Es gibt hier einfach alles. Ein riesiges Chaos aus Reifen, Stoßdämpfern und Motorhauben. Links und rechts liegen in der Mitte durchgesägte C-Klassen. Wenn du lustig bist, kannst du dir an der nächsten Ecke die Frontschürze von einem BMW an einen Lada schweißen lassen. Hier gibt es keine Gesetze und erst recht keinen TÜV, der dich in deiner Kreativität und der Gefährdung im Straßenverkehr beeinträchtigt. Hier ist alles erlaubt, was geht. Das Problem ist, die kasachischen Händler haben nicht wirklich Lust, irgendwas an uns Touristen zu verkaufen. Wir laufen von einem Stand zum nächsten. Ich erkläre zum zwanzigsten Mal auf Russisch, was unser Problem ist und was wir benötigen. Doch keiner kann oder will uns helfen. Drei Stunden lang irren wir über diesen überdimensional großen Markt. Ohne Erfolg. Wir geben für heute erst mal auf und beschließen, am nächsten Tag in eine Mercedes-Werkstatt zu fahren. Die müssen uns doch sicher behilflich sein können.

Vom Markt aus geht es wieder durch das Verkehrschaos mitten durch die Innenstadt auf einen Hügel über Almaty. Martin und Theresa haben dort einen netten Stellplatz gefunden, wo man seine Ruhe hat, und wenn man Glück hat und der Smog am Morgen nicht so tief hängt, dann auch einen überaus netten Ausblick auf die gesamte Stadt. Wir fahren an großen

Einkaufszentren mit Gucci-, Prada- und Chanel-Geschäften vorbei. An riesigen Stadien und protzigen Moscheen. Vorbei an den *gated communities,* Villen mit meterhohen Zäunen. Hinauf durch schmale und steile Straßen bis zu einer grünen Fläche direkt über der Stadt. Der Wind weht heute so, dass man die Stadt in ihrer vollen Pracht sieht, jedoch nicht die tollen Berge hinter Almaty wie den Pik Talgar mit seinen 5000 Höhenmetern.

Almaty war bis 1997 die Hauptstadt von Kasachstan und ist bis heute der eigentliche wirtschaftliche und kulturelle Mittelpunkt dieses Landes. Anders als in Astana sieht man der Stadt ihre Geschichte an. Zwar wurde die Stadt zu Zeiten von Dschingis Khan fast vollständig zerstört, dennoch ist sie eine natürlich gewachsene Metropole, die nicht weit von China und Kirgisistan liegt. Ihr wirtschaftlicher Erfolg ist förmlich greifbar. Eine aufregende, pulsierende Stadt könnte das sein. Doch wenn man hier so durchfährt, hat man eher den Eindruck, dass mehr Autos als Menschen auf den Straßen unterwegs sind. Fußgänger sieht man hier wenige. Eine richtige Promenade, wo sich Touristen und Einheimische aufhalten, gibt es auch nicht. Irgendwie fehlt hier das Leben. Was bei einer 1,8-Millionen-Einwohner-Stadt doch zu erwarten wäre. Aber das Leben auf den Straßen spielt sich fast ausschließlich im Verkehr ab. Vor dem wir gerade geflüchtet sind. Auf dem Hügel ist es unglaublich ruhig. Wir machen gemeinsam Abendessen und verweilen draußen auf unseren Campingstühlen, bis es an der Zeit ist, schlafen zu gehen.

Es tut gut, sich endlich mit Gleichgesinnten auszutauschen. Martin und Theresa sind bis in die Mongolei gefahren und sind nun auf dem Weg in den Iran, sobald sie das Visum haben. Sie erzählen genauso von Tagen, an denen sie nur durchgefahren sind, oder von immer wiederkehrenden Problemen mit dem Auto. Auch die Rollenverteilung ist bei ihnen so klassisch wie bei uns. Auch wenn wir eher alternative Pärchen sind, für die Gleichberechtigung selbstverständlich ist, leben wir im Camper dann doch eher nach den klassischen Geschlechterrollen. Theresa sieht sich in der Verantwortung, zu putzen, die Wäsche zu machen und zu kochen. Martin kümmert sich ums Auto und darum, von unterwegs Geld zu verdienen. Genauso wie bei uns. Nur dass uns diese Arbeitsverteilung in Berlin im Alltag so gar nicht passen würde, aber unterwegs im Camper ist es irgendwie total selbstverständlich.

Klar rege ich mich manchmal darüber auf, dass Paul zu wenig abspült oder ich mich immer ums Essen kümmern muss, aber ich tue es wirklich gerne und fühle mich nicht weniger emanzipiert, als wenn es anders verteilt wäre. Jeder von uns hat seine Aufgaben auf der Reise gefunden, die für ihn gut funktionieren. Das ist auch okay so. Ich kann mich nun mal nicht ums Auto kümmern. Besser gesagt, möchte ich das gar nicht, weil es mich nicht wirklich interessiert, und Paul geht es mit dem Abendessen so. Sicher könnte man den anderen mehr in sein Aufgabengebiet mit einbeziehen, das passiert auch ab und zu, aber ich fühle mich gut in der Rolle der Camperhausfrau und mit Paul als Fahrer und Macher.

Am nächsten Morgen weckt mich Paul mit einer überraschenden Nachricht. Sein Opa spendiert uns die Kaution für den »Carnet de Passage«, damit wir in den Iran fahren können. Das ist eine Art Reisepass fürs Auto und dient als Sicherheit, dass wir unser Auto auch ganz sicher wieder aus dem Land ausführen. Die Summe beträgt in der Regel 5000 Euro. Die wir nicht einfach mal beiseitegelegt haben. Deswegen hatten wir den Iran auch nicht auf dem Schirm auf unserer Reise. Jetzt machen es uns Pauls Großeltern möglich. Paul freut sich tierisch über diese gute Nachricht. Es ist schon länger sein Traum, in den Orient zu reisen, vor allem in so ein spannendes Land wie den Iran. Er hat eine leichte Affinität für Länder, in denen die politische Situation eher schwierig ist. Die für andere in der Regel nicht auf Platz eins der beliebtesten Reiseziele stehen.

Während Paul sich sofort um die Planung kümmert, wie wir dahin kommen und was wir dafür brauchen, bekomme ich ein wenig Angst. Iran. Islamische Republik Iran. Sofort versuche ich, gegen die Vorurteile anzukämpfen, die in meinem Kopf rumschwirren. Wann werde ich schon mal wieder die Gelegenheit haben, in dieses Land zu fahren. Auch wenn es für mich heißt, bei dreißig Grad Kopftuch und Langarmshirts zu tragen und uns als Ehepaar auszugeben. Dann heißt es jetzt für uns, Visa zu beantragen. So, wie es sich bei Martin und Theresa anhört, ist das Ganze nicht so einfach. Es muss zuerst eine Einladung über eine Agentur beantragt werden. Das kostet schon mal Zeit und Geld. Danach muss man den richtigen Zeitpunkt erwischen, an dem die iranische Botschaft geöffnet hat, und dann geht es mit den anderen Visa los. Für Kirgisistan, Tadschikistan, Usbekistan und Turkmenistan. Durch diese Länder müssen wir fahren, um vom Norden aus in den Iran zu gelangen. Ab jetzt beginnt der Visumswahnsinn.

Nach fünf Tagen haben wir alle Unterlagen zusammen, um das Iran-Visum zu beantragen. Vor der Botschaft tauschen wir kurze Hose gegen lange aus und mein Sommerkleid gegen schwarze Leggings und etwas, was meinen Hintern bedeckt. Wir diskutieren noch darüber, ob ich wirklich ein Kopftuch tragen soll. Immerhin ist es nur die Botschaft und nicht die Grenze zum Iran. Ein Wächter checkt zuerst unsere Pässe, bevor wir durch die Einfahrt ins Gebäude dürfen. Wir sind die Einzigen, die in dem Warteraum sitzen, trotzdem lässt man uns fast eine ganze Stunde warten. Irgendwann kommt ein älterer Herr mit langem Bart ans Empfangsfenster. Er sieht sich unsere Unterlagen an, sucht irgendwas in seinen und sagt dann, dass für uns keine Einladung vorliegt. Das kann unmöglich sein. Die Agentur hat uns eine Bestätigung mit den dazugehörigen Seriennummern gesendet. Anstatt noch mal genau nachzusehen, sagt er uns, dass wir hier nicht in der Liste stehen. Es kann sein, dass er unsere Daten erst morgen oder übermorgen kriegt. Dann sollen wir es noch mal versuchen. Jetzt kann er nichts für uns tun.

Als wir zurück am Auto sind, rufen wir bei der Agentur an, die die »Letters of Invitation« ausstellt. Sie bestätigen uns, dass sie schon alles weitergeleitet hatten. Eigentlich muss es in der Botschaft vorliegen. Also heißt es für uns morgen wiederkommen.

Am nächsten Tag werden wir wieder von der Botschaft weggeschickt. Wir sind immer noch nicht im System und am darauffolgenden Tag dasselbe. Entweder stimmt was mit dieser Botschaft nicht oder mit der Agentur. Uns wird das alles zu blöd. Wir beschließen, das Visum in Bishkek zu beantragen. Hier wird es wohl nichts mehr. Aber um weiterziehen zu können, muss das Auto repariert werden. Nun ist schon Wochenende. So machen wir einen Abstecher in die Canyons von Kasachstan. Der »Charyn Canyon« liegt nur achtzig Kilometer von Almaty entfernt. Obwohl er in der Gegend die Touristenattraktion ist, gleichen die Straßen selbst hier einem Abenteuer. Unbefestigt und wellig. Es macht einfach keinen Spaß, mit einem Oldtimer durch Kasachstan zu fahren.

Wir kommen gegen Abend am Canyon an. Paul sucht sich natürlich wieder den schönsten Platz auf der Klippe aus. Zehn Meter vom Abgrund entfernt. Da kommt mir sofort wieder mein Albtraum, den ich in Georgien hatte, in den Sinn. Ich bin einfach kein Freund von waghalsigen Stellplätzen, egal wie schön sie sind. Und der Platz ist wirklich wunderschön. Läuft man an den Rand des Felsens, kann man fast über den gesamten Canyon schauen. Er ist wie eine kleine Version des Grand Canyon, aber trotzdem atemberaubend. Die Abendsonne taucht die Felsen in leuchtende Ockerfarben, sodass die unterschiedlichen Erdschichten noch mehr zum Vorschein kommen. Wir setzen uns mit unseren Campingstühlen an das äußerste Stück des Felsens und stoßen mit einem unverschämt günstigen Wodka auf die kommenden Monate an und darauf, für zwei Tage aus Almaty geflohen zu sein. Je länger wir unterwegs sind, umso mehr schätzen wir die abgelegenen Orte und sind froh, die Großstadt verlassen zu können.

Arbeitsmoral gleich null

Wie geplant geht es heute erst mal in die Mercedes-Werkstatt. Auf dem Automarkt konnte uns keiner weiterhelfen. Dann muss es wohl der Profi erledigen. Wir kämpfen uns erneut durch die chaotischen Straßen von Almaty. Außerhalb erwartet uns eine große Filiale von Mercedes, mit großer Verkaufsfläche und einer riesigen Werkstatt. Paul ist es immer wichtig, dass eine Werkstatt auch Lkws und Sprinter repariert. Weil die eher unserem Modell gleichen.

An der Rezeption erkläre ich unser Anliegen. Die Dame versteht nicht ganz, was für ein Modell wir fahren. Als wir ihr das Auto auf dem Parkplatz zeigen, ruft sie direkt ihren Kollegen. Auch er scheint etwas überfordert. Mit so alten Autos haben sie nicht viel am Hut. Er hört sich trotzdem unsere Probleme an, besser gesagt Emmas Probleme. Schreibt davon nichts mit, nickt nur, um mir dann zu sagen, dass der Mechaniker, der an solchen Autos arbeitet, sowieso erst morgen wieder in der Werkstatt ist. Toll. Dann hätte ich es mir auch sparen können, die unzähligen fremden Autobegriffe auf Russisch aufzuzählen.

Am nächsten Morgen wiederhole ich erneut, was getan werden muss: Auspuff festschrauben, Wasserpumpe checken, Kupplungsgeber tauschen, Thermostat wechseln und ein Rundumcheck. Als ich darauf hinweise, dass es doch besser wäre, mitzuschreiben, holt derselbe Mitarbeiter wie am Tag zuvor widerwillig einen kleinen Zettel und notiert sich einige Sachen. Ich mache ihm auch deutlich, wie eilig wir es haben. Ich merke schon, das wird hier wieder eine Nullnummer. Wir geben ihm den Schlüssel und lassen uns auf Kosten von Mercedes in die Innenstadt zurückfahren. Das Hotel, das wir uns buchen mussten, geht natürlich auf unsere Kosten.

Als sich die Werkstatt nach zwei Tagen immer noch nicht gemeldet hat, rufe ich an, um etwas Druck zu machen. Mir wird mitgeteilt, dass sie bis jetzt noch keine Zeit hatten, sich das Auto überhaupt anzusehen. Ernsthaft? Ich gebe ihnen ein Limit von zwei Tagen. Dann kommen wir das Auto abholen.

Nach fast einer Woche holen wir Emma von der Werkstatt ab. Sie fahren uns das Auto auf den Parkplatz, und der Angestellte erzählt mir, dass sie das Thermostat und den Kupplungsgeber nicht wechseln konnten, da die Ersatzteile nicht vorhanden sind. Die Ursache, wieso das Auto überhitzt, konnten sie auch nicht finden. Beim Check-up konnten sie auch nichts feststellen. Das Auto wäre in Ordnung, sagt er. Ich frage, ob denn der Auspuff jetzt fest sei. Er schaut ganz erschrocken. So als würde er das zum ersten Mal hören. Hat er natürlich vergessen. Emma wird zurück in die Werkstatt gefahren, und wir müssen eine Stunde darauf warten, bis auch das erledigt ist. Emma wird erneut vorgefahren. Ich bin stinksauer auf die ganze Sache hier. Nach fünf Tagen kriegen wir unseren Bus eigentlich so zurück, wie wir ihn abgegeben haben. Immer noch fehlerhaft. Während Emma warm läuft, fällt mir auf, dass sie Kühlflüssigkeit verliert. Eine ganze Pfütze hat sich unter dem Auto gebildet. Jetzt bin ich nicht mehr zu bremsen. Ich laufe wutentbrannt in die Filiale rein.

Der Mann, der zuständig für uns war, ist nicht an seinem Schreibtisch vorzufinden. So lasse ich meinen ganzen Ärger an der Frau an der Rezeption aus. Sie soll umgehend ihren Kollegen rufen, der uns das Auto gerade kaputter hingestellt hat, als wir es hergebracht haben. Ich führe ihn nach draußen und zeige ihm den Kühlwasserverlust. Unsere Emma hat bis jetzt noch nie Kühlwasser verloren. Was haben die denn in der Werkstatt gemacht? Ist das hier wirklich Mercedes? Die gesamte Arbeitsmoral in Kasachstan ist fragwürdig. Wo bleibt die Motivation? Als ich ihm das alles an den Kopf werfe, merke ich, wie dankbar ich für die deutsche Arbeitseinstellung bin. So was wäre in Deutschland undenkbar gewesen.

Seine Kollegen schauen gespannt aus dem Fenster. Ich glaube, das hier kann gerade kaum jemand richtig fassen. Selbst Paul ist verblüfft, in was für einem Ton ich mich beschwere.

Der Mann entschuldigt sich und bietet uns an, das Auto erneut in die Werkstatt zu bringen, um das zu prüfen. Ich mache ihm deutlich, dass wir hier nichts mehr an unserem Bus machen lassen. Unfassbar enttäuscht müssen wir uns nun erneut auf die Suche nach einer Werkstatt machen.

Wir fahren zurück zu dem Automarkt. Dort stehen einige Busfahrer mit ihren alten Mercedes-Sprintern rum. Ich frage sie, in welche Werkstatt sie denn fahren, wenn was kaputtgeht. Einer ist so nett und führt uns zur Werkstatt seines Vertrauens. Und welch Wunder. Uns wird geholfen. Ein junger Mann nimmt sich den ganzen Tag Zeit und schraubt das gesamte Kühlsystem auseinander. Reinigt alles und sagt uns, dass die Wasserpumpe, die ausgetauscht wurde, so alt und defekt war, dass dadurch das Kühlwasser ausgelaufen ist. Also die Wasserpumpe, die uns Slava in Russland eingesetzt hat. Danke, Slava. Zum Glück haben wir die alte noch dabei. Ein Thermostat konnte er auch noch irgendwo auftreiben. Mit den anderen Teilen kann er uns leider nicht helfen. Aber in Bishkek, also in Kirgisistan, würden mehr von diesen Automodellen rumfahren. Da sollen wir doch unser Glück versuchen. Noch am selben Tag fahren wir aus Almaty und somit aus Kasachstan raus. Leider wird das nicht die letzte Fahrt durch dieses Land sein. Wir werden uns schneller wiedersehen als erhofft.

KIRGISISTAN

Die anderen Nomaden

Die Grenze zu Kirgisistan ist das reinste Chaos. Wir überqueren sie erst in der Dunkelheit. Überall sind Händler unterwegs, die Geld wechseln oder Zigaretten verkaufen. Es gibt nur eine Schlange, in der sich sowohl Lkws wie auch Pkws anstellen. Zudem ist sie sicher fast einen Kilometer lang. Wir zögern einen Moment, aber dann fahren wir doch an den wartenden Autos vorbei und nutzen unseren Touristenstatus. Bei der Geschwindigkeit würden wir nämlich sicher bis zum nächsten Tag anstehen. Wir stellen uns einfach ganz vorne neben dem ersten wartenden Auto an.

Als uns ein Grenzbeamter sieht, winkt er uns durch. Wäre uns das nicht schon öfter an den Grenzen passiert, wären wir sicher nicht derart dreist gewesen, einfach die Schlange zu ignorieren, nur weil wir westliche Besucher sind. Wir haben das Glück, dass in diesen Ländern eher selten Touristen unterwegs sind. So sind wir ein Phänomen, das freundlich empfangen wird. Nicht wie etwa in Griechenland, wo man schon genervt ist von den ganzen Wohnmobilreisenden. Emma wird provisorisch inspiziert, unsere Visa werden gecheckt, und dann gibt es wie immer noch ein kleines Verhör. Was wollt ihr hier? Wo kommt ihr her? Seid ihr verheiratet? Wo sind eure Kinder?

Schon seit Russland ist die Frage nach unseren Kindern und unserem Familienstatus auf Platz eins des Frage-und-Antwort-

143

Spiels. Je öfter ich sie gestellt kriege, umso genervter reagiere ich darauf. Es ist, als wäre ich eine minderwertige Frau, nur weil ich in meinem Alter noch keine Kinder geboren habe. Denn mit einem »Nein« geben sie sich nicht zufrieden. Die Grenzbeamten wollen natürlich auch wissen »Wieso?«. Na ja. Wieso? Weil ich nun mal eine unabhängige Frau bin, die selbst entscheiden kann, wann sie Kinder in diese Welt setzen möchte. Aber diese Antwort würden die meisten hier nicht verstehen. Ich stelle sie mit einem »Nächstes Jahr nach der Reise« zufrieden. Dann dürfen wir ins Land.

Kirgisistan ist wohl das Land, in das ich mit den wenigsten Erwartungen und Vorurteilen einreise. Ich kenne niemanden, der schon hier gewesen ist oder der von diesem Land berichtet hat. In den Medien hört man auch nichts darüber. Was einerseits ganz gut ist, weil wir unvoreingenommen dieses Land erkunden können, aber andererseits wissen wir so gar nicht, was uns erwartet.

Unser Plan fürs Erste ist es, uns um das Iran-Visum zu kümmern, um im Anschluss die Visa für Usbekistan und dann Turkmenistan zu beantragen. Also fahren wir auf direktem Wege nach Bishkek.

Wir sind heute besonders früh aufgestanden. Es muss nämlich noch der Antrag für das Visum ausgedruckt werden, und einen Copyshop in einem fremden Land zu finden hat sich bis jetzt immer als relativ schwierig erwiesen. Auf Google Maps finden wir dann auch nur zwei Einträge. Der erste Copyshop, den wir anfahren, existiert nicht. Wir fahren fünfmal um den Block, um sicherzustellen, dass er sich wirklich nicht hinter einer anderen Hausnummer versteckt. Auch als ich in einem Kiosk nachfrage, weiß keiner, wovon ich spreche.

Der zweite Copyshop entpuppt sich als große Druckerei. An der Rezeption erklärt mir die nette Dame, dass hier Großaufträge gedruckt werden und keine A4-Blätter in Schwarz-Weiß.

Selbst als ich auf ihren Drucker, der offensichtlich hinter der Theke steht, verweise, tut sie immer noch so, als könnte sie mir nicht helfen. Ich bitte sie darum, uns doch bitte den Antrag für das Visum auszudrucken. Sie hat immerhin direkt einen Drucker vor sich stehen. Zum Schluss willigt sie ein und versucht, meine PDFs zu drucken. Sie versucht es. Also sie versucht es wirklich. Ich sehe, wie sie sich am Computer abmüht und einfach nichts gedruckt bekommt. Ständig werden Fehlermeldungen angezeigt, und dann hängt sich der Rechner auf. Ich merke, wie überfordert sie auf einmal ist. Hektisch zieht sie meinen USB-Stick raus, so als ob ich ihr einen Virus auf den Computer übertragen hätte. Sie haut noch ein bisschen ungläubig auf den Tasten rum, und dann ruft sie ihren Kollegen zu Hilfe. Mir gibt sie nur den Tipp, in den oberen Büros nachzufragen, da haben einige einen Drucker an ihrem Schreibtisch stehen. Gut, dass wir mit solchen Fehlschlägen gerechnet und deswegen für das Drucken mehr Zeit als eigentlich nötig eingeplant haben.

Ich klopfe oben an jede Bürotür, bis sich endlich jemand dazu bereit erklärt, mir die paar Seiten auszudrucken. Erfolgreich wedele ich Paul mit den Blättern zu, als ich zum Auto laufe. So freudig, als ob ich gerade mein Examen bestanden hätte. Jetzt starten wir den zweiten Anlauf in Sachen Iran-Visum. Nach dem Reinfall in Kasachstan haben wir Sorge, dass es sich hier genauso als unmöglich herausstellt, ein Visum zu beantragen. Umso erfreulicher ist es, dass die Botschaft unsere Unterlagen gleich annimmt und wir das Visum voraussichtlich in drei Tagen abholen können.

Die drei Tage wollen wir am Issyk-Kul-See überbrücken. Er befindet sich um die 200 Kilometer östlich von der Hauptstadt, liegt 1600 Meter über dem Meeresspiegel und ist somit einer der höchsten Gebirgsseen der Welt. Schon der Weg dahin lässt erahnen, was uns noch so erwarten wird in diesem Land.

Eine gut ausgebaute Passstraße führt entlang an felsigem Gebirge und leuchtend grünen Bergen. Ab und zu sieht man Jurten nicht weit von der Straße entfernt. So kann es gerne weitergehen, denke ich mir. Als wir jedoch den See erreichen, mündet die Hauptstraße in eine Wellblechpiste. Wir sind ja schon auf so einigen Straßen unterwegs gewesen. Wir haben schon unterschiedlichste Schwierigkeitsgrade gemeistert. Von Schlaglöchern so groß wie Emma bis hin zu Straßen so schmal wie unsere Achse. Aber nichts kann Wellblech als Straßenbelag toppen. Es ist die unangenehmste Beschaffenheit einer Straße. Es fühlt sich an, als würden sich in unserem Bus alle Schrauben lockern und als würde Emma jeden Moment auseinanderfallen. Man kann sich nicht daran gewöhnen. Selbst nach 100 Kilometern auf so einer Straße kann man es nicht lassen, jeden Kilometer zu verfluchen.

Ich frage mich, wie solche Straßen entstehen und wieso keiner was dagegen tut. Wir werden jedoch mit einem unfassbar schönen Szenario entschädigt. Ein menschenleerer Strand liegt vor uns. Hinter uns die Berge mit schneebedeckten Gipfeln. Wir kämpfen uns durch den dicken Sand bis zehn Meter vors Wasser. Endlich. Endlich stehen wir direkt am Wasser. Das, was wir die letzten Monate immer wieder versucht hatten. 200 Meter weiter erblicken wir ein Auto mit deutschem Kennzeichen. Ein babyblauer Nissan X-Trail. Das dazugehörige Pärchen sitzt auf Campingstühlen vor dem Auto. Sie haben uns auch schon aus der Ferne gesichtet. So langsam sind wir wohl nicht mehr die Einzigen, die in solchen Gegenden unterwegs sind. Wir lernen Claudi und Julian kennen. Sie werden zu unseren treuen Wegbegleitern, weil auch sie dasselbe Ziel haben wie wir. Den Iran.

Nachdem wir nun endlich das Visum für den Iran in der Tasche haben und das Usbekistan-Visum beantragt ist, das wir in Tadschikistan abholen wollen, ist nun genug Zeit, dieses Land zu erkunden. Mit Claudi und Julian soll es hoch zum Songköl-See gehen. Zwar leben die beiden in ihrem kleinen Auto provisorischer als wir, sind aber besser organisiert. Sie haben sich erkundigt, was es in diesem Land zu sehen gibt, wobei wir uns eher treiben lassen.

Julian hat Paul auch die Flausen in den Kopf gesetzt, über den Pamir zu fahren. Die zweithöchste Passstraße der Welt. Ich finde das ja gar nicht gut. Mit Emma, einem dreißig Jahre alten Diesel, über 4600 Höhenmeter zu fahren. Zu einer Jahreszeit, in der die Straßen durch Schnee blockiert sein könnten. Ich hoffe, dass ich Paul noch überreden kann, den einfacheren Weg zu wählen.

Aber Paul ist mittlerweile Feuer und Flamme für diese Route. Er will unbedingt dort entlangfahren. Da habe ich nichts mehr zu melden. Danke, Julian. Aber auf dem Weg dahin liegen noch genug andere Abenteuer, die bezwungen werden müssen.

Dadurch, dass Claudi und Julian einfach mal doppelt so schnell unterwegs sind wie wir, machen wir immer nur Zwischenstationen oder Ziele aus, an denen wir uns treffen. Also nächste Station ist der Songköl-See auf 3000 Höhenmetern. Er ist über zwei Straßen erreichbar. Eine über den Norden oder die über den Süden, über den Molto-Pass. Das ist zwar der kürzere Weg, aber auch der anspruchsvollere. Eigentlich sollte man beide Straßen nur mit einem geländetauglichen Fahrzeug befahren. Aber das wird bei jedem Pass in Kirgisistan geraten, und dieses Land besteht fast nur aus Pässen.

Wir verabreden uns, in zwei Tagen dort zu sein. Es sind immerhin 300 Kilometer, und wir müssen unser Auto noch mal checken. Emma zeigt immer noch nach Lust und Laune eine viel zu hohe Motortemperatur an. Total wahllos. Selbst im kalten Zustand steht der Zeiger über der Mindestlinie. Paul sieht nur noch eine Möglichkeit. Er baut die Konsole auseinander. Die Kabel werden noch mal neu gesteckt, und das Innere der Anzeige wird entstaubt. Fertig. Wenn das was geholfen hat, dann waren die letzten fünf Werkstattbesuche umsonst.

Jetzt ist es Zeit, sich auf den Weg zu machen. Wir fahren über Kochkor und wollen uns dort noch mit Lebensmitteln und Wodka eindecken. Der Wodka ist hier fast so günstig wie in Kasachstan. Doch einen Preis von umgerechnet 50 Cent toppt, glaube ich, kein Land. Ansonsten gibt es hier die gleichen Produkte wie in Kasachstan und Russland. Mit der Ausnahme, dass das Brot um Welten besser ist. An jeder Ecke gibt es frisch gebackenes Fladenbrot aus dem Steinofen. In den großen Supermärkten findet man sogar Schwarzbrot und Körnerbrot wie in Deutschland. Zwar nur halb so gut, aber nach einem halben Jahr schmeckt selbst das fast wie zu Hause.

An den östlichen Ländern liebe ich es auch, alles am Straßenrand kaufen zu können. Frisches Gemüse wie Tomaten und Gurken, Gartenkräuter und Sanddorn. Ich liebe Sanddorn. Wir haben gleich einen ganzen Eimer davon gekauft. Nun gibt es in unserem mobilen Haushalt Sanddornmarmelade, Sanddorngelee und Sanddornlikör.

Ab Kochkor kommt nur noch die stille Schönheit der Landschaft, und da, wo die Schönheit anfängt, hört der Luxus der asphaltierten Straßen auf. Erfahrungsgemäß gehören diese beiden Dinge nicht zusammen. Entweder oder. Da nehme ich die Schotterpisten für diese Umgebung dann doch gerne in Kauf. Uns fahren Einheimische mit voll beladenen Ladas entgegen. Auf dem Lada und im Anhänger sind Kühe, abgebaute Jurten und jede Menge Gepäck. Die Saison ist hier schon zu Ende. Am Straßenrand sieht man noch die Abdrücke der Jurten auf dem Rasen und die einzelnen abgebrannten Feuerstellen. Manche sind auch mit Pferd und Wagen unterwegs. Sie fahren nun alle in die Stadt, verkaufen ihr Vieh, um im Mai wieder hoch an den See zu fahren und erneut ihre Jurte aufzubauen.

Da treffen zwei Arten von Nomaden aufeinander. Die, die über Jahrhunderte das Nomadenleben verinnerlicht und diesen

Lebensstil im Blut haben. Und wir. Die davon träumen, frei zu sein, um unabhängig von Land zu Land zu reisen. Wir tun das nur für uns selbst, um uns gerecht zu werden. Die Nomaden in Kirgisistan tun es, um zu überleben. Sie folgen nicht ihren Träumen, sondern ihrer Herde. Dahin, wo ihre Schafe oder Yaks etwas zu essen finden.

Wir haben nur noch 100 Kilometer vor uns. Aber die Dämmerung setzt langsam ein. Auf unbefestigten Straßen im Hellen zu fahren ist schon kein Vergnügen, aber sobald es dunkel wird, verwandelt sich die Straße in eine Horrorachterbahn. Die Schlaglöcher bilden einen großen Schatten durch das Licht der Scheinwerfer, sodass sie wie tiefe Krater aussehen. Es wird immer schwieriger, die Tiefe der Löcher einzuschätzen. Ich habe sowieso das Gefühl, dass ich nachtblind bin. Immer wieder tippe ich Paul an, damit er das Fernlicht anmacht. Auf der Karte sehe ich, dass ein steiler Pass kommt. Wie ein verwirrter Wurm schlängelt sich die Straße den Berg hinauf. Okay. Ein ungutes Gefühl kommt auf. In einer halben Stunde ist es hier stockdunkel. Keine Laternen, keine Dörfer weit und breit, und uns ist seit zwei Stunden niemand mehr entgegengekommen.

Wir kriechen ganz langsam den Berg hoch. Je höher wir kommen, desto finsterer wird die Nacht. Es ist bewölkt, sodass nicht mal ein Stern am Himmel zu sehen ist. Vom Mond kommt auch kein Licht. Die Schlaglöcher werden tiefer und tiefer. Die Straße schmaler, und der Abhang erstreckt sich ins Bodenlose. Ich klammere mich mit der einen Hand am Türgriff fest und mit der anderen an meinen Sitz. Zwischendurch rufe ich ein »Vorsicht« dazwischen oder weise Paul auf das tiefe Schlagloch hin, das weiter vorne kommt. Er ist schon leicht genervt und versucht, meine Panik nicht auf sich abfärben zu lassen. Als es dann auch noch anfängt zu schneien, verliere ich komplett die Fassung. Ich kriege Todesangst. In meiner Vorstellung sehe ich uns an der nächsten Ecke den Abhang runterrutschen und wie wir, in den kirgisischen Bergen zugeschneit, von niemandem gefunden werden. Meine Angst mag vielleicht etwas übertrieben klingen. Aber in dem Moment ist sie so präsent und für mich rational auch nicht zu erklären. Je mehr ich versuche, sie abzulegen, desto mehr nimmt sie zu. Sie beherrscht mich geradezu. Normalerweise versucht Paul, mich zu beruhigen und auf mich einzureden, dass nichts passieren kann, aber nun schweigt er. Er konzentriert sich ausschließlich auf den Bergpass. Das ist für mich ein Zeichen, dass meine Furcht vor dieser Straße nicht ganz unbegründet ist.

Ich versuche, nicht aus dem Fenster zu schauen, sondern auf das Navigationssystem. Wie sich der kleine blaue Punkt langsam fortbewegt. Paul wird von mir immer vorgewarnt, wenn eine scharfe Kurve kommt. So habe ich wenigstens ein bisschen das Gefühl, Kontrolle zu haben. Ich kann es kaum erwarten, von dieser Serpentine runterzukommen.

Ich zähle Meter für Meter. Wir erreichen die 3000 Höhenmeter. Der Pass ist geschafft. Wir stehen jetzt mitten in einer Mondlandschaft. Zumindest das, was man in der Finsternis erahnen kann, sieht aus wie eine Kraterlandschaft. Nach der Zitterpartie ist meine Fantasie völlig erlahmt, so bleibt mir nicht viel übrig, um mir vorzustellen, wie es bei Tageslicht hier wohl aussehen mag.

Laut Karte sind es nur noch zwanzig Kilometer bis an den See. Als krönenden Abschluss gibt es jetzt eine Wellblechpiste anstatt der Schlaglöcher. Paul würde gerne ganz nah ans Wasser ranfahren. Aber da wir überhaupt nicht einschätzen können, wie schlammig es am Ufer ist, fahren wir nur ein paar Hundert Meter ab von der Straße. Es ist mittlerweile schon zwei Stunden nach Mitternacht. Total erschöpft klettere ich nach hinten ins Bett. Diese Angst macht mich immer so müde, als ob sie mir die ganze Kraft aus dem Körper saugte. Wir kochen uns noch schnell eine asiatische Nudelsuppe und lassen dann den Tag für heute gut sein.

Am nächsten Morgen kann ich es kaum erwarten, aus dem Fenster zu sehen. Wie sieht es hier wohl aus? Eigentlich empfehle ich niemandem, der mit dem Camper unterwegs ist, bis zur Erschöpfungsgrenze zu fahren. Aber umso aufregender ist es morgens, die Tür aufzumachen und eine Landschaft vor sich zu haben, die ganz anders aussieht, als man es sich vorgestellt hat. Ich krieche aus dem warmen Bett und drücke meine Nase gegen die kalte Scheibe. Für einen Moment verweile ich so. Bis ich diesen Ausblick realisiert habe. Wir stehen mitten in der puren Natur. Um uns herum die Berge und wir in ihrem Zentrum. Als ich aus dem anderen Fenster blicke, traue ich meinen Augen nicht. Nicht mal 200 Meter weiter steht ein blauer Nissan. Ohne genau diesen Treffpunkt am See ausgemacht zu haben, haben wir die Nacht fast nebeneinander verbracht. Wir müssen erst mal unsere warmen Pullis und Mützen raussuchen. Vor ein paar Tagen lagen wir noch in Badesachen am Issyk-Kul-See, und heute frieren wir auf über 3000 Metern.

Draußen herrscht ein eisiger Wind. Die meisten Jurten sind schon abgebaut. Nur eine Handvoll steht noch auf ihrem Platz. Neben einer von ihnen stehen Claudi und Julian mit ihrem Auto. Wir laufen rüber, um diesen Zufall zu feiern. Beide sind gestern am Abend schon angekommen. Um die acht Stunden vor uns, als die Sonne erst unterging. Selbst bei Tageslicht war die Straße für die beiden hier hinauf auch alles andere als eine Kaffeefahrt. Mir steckt die Angst von gestern immer noch in den Knochen. Aber wenn ich mir die Umgebung jetzt anschaue und die Straße weiter vorne, wirkt sie nicht mal mehr ansatzweise so Angst einflößend.

Ein Mann auf einem braunen Pferd kommt von Weitem direkt auf uns zugeritten. Claudi und Julian kennen ihn schon. Er ist der Besitzer der Jurte, neben der sie übernachtet haben. Ein kleiner Mann mit spitzem Bart und dunkler, sonnengebräunter Haut. Seine Kleidung besteht aus mehreren Schichten und einer schön verzierten Weste. Leider spricht er kein Wort

Englisch und auch kein gutes Russisch. Aber wir verstehen trotzdem, dass er uns auf einen Tee in seine Jurte einlädt.

In der Jurte steht seine Frau, die gerade das Wasser auf dem Ofen aufheizt, und sein Sohn deckt für uns das Teegeschirr. Es ist muckelig warm hier drin, sodass wir erst mal unsere warmen Mützen und die erste Schicht unserer Jacken ausziehen müssen. Ich versuche, mich ein bisschen mit dem Mann zu unterhalten. Er erzählt uns, dass sie erst in zwei Tagen anfangen, die Jurte abzubauen. Eigentlich besitzen sie eine Wohnung in Kotschkor. Da verbringen sie die Winter und hier am See die Sommer. Leicht ist das Leben hier oben nicht. Die Nächte sind eisig, und mit der Viehzucht allein ist es auch schwer zu überleben. Im Sommer kommen ab und zu Touristen, denen sie dann für ein paar Somoni Frühstück zubereiten oder sogar einen Schlafplatz anbieten. Auch kann man sich ein Pferd ausleihen, um entlang des Sees zu reiten. Das Pferd ist hier ohnehin das Fortbewegungsmittel Nummer eins. Bei den Straßen wundert es mich auch nicht. Wir kriegen einen schwarzen Tee serviert, etwas selbst gebackenes Brot, Marmelade und Butter von den eigenen Kühen. Sobald man den Tee leer getrunken hat, wird sofort wieder nachgeschenkt. Will man keinen Tee mehr, sollte immer ein Schluck im Becher übrig bleiben.

Auf der anderen Seite des Sees finden wir einen Stellplatz, der etwas näher am Wasser liegt. Wir müssen Emma so platzieren, dass sie in Windrichtung steht. Das erweist sich hier als etwas schwierig, weil der Wind alle paar Minuten die Richtung wechselt. Er ist heute besonders stark und unglaublich kühl. Deswegen sind die Kühe hier auch viel flauschiger als in Deutschland. Als hätten sie ein Winterfell. Einige von ihnen sind besonders neugierig und beschnuppern Emma. Zu ihnen gesellt sich ein Hirte, der mindestens genauso neugierig ist. Er steigt von seinem Pferd ab und reicht uns allen die Hand. Er erzählt fröhlich irgendwas, was keiner von uns verstehen kann. Leider spricht auch er ein ganz schlechtes Russisch. So schlecht, dass es echt anstrengend ist, sich mit ihm zu unterhalten. Erst fragt er nach Zigaretten und dann danach, ob wir denn was zu trinken hätten. Also etwas Alkoholisches. Wir holen die offene Flasche Wodka aus dem Kühlschrank, die wir schon zur Hälfte vernichtet haben. Dann fangen wir heute wohl schon nachmittags an zu trinken. Es ist sowieso viel zu kalt, um es nicht zu tun. Ein wenig Wärme von innen würde uns allen guttun.

Innerhalb einer halben Stunde ist die Flasche geleert, und der Hirte fragt nach mehr. Gut, dass wir immer genug Alkohol mit uns führen, seitdem wir in den ehemaligen Sowjetstaaten unterwegs sind. Damit macht man sich immer Freunde. Während wir die zweite Flasche anfangen zu leeren, bauen wir unser kleines Camp auf. Wir haben auch schon langsam Hunger, und ein Feuer muss an den Start gebracht werden. Nur leider ist weit und breit kein Holz zu sehen, aber jede Menge Kuhhaufen. Paul, Julian und der Hirte machen sich an die Arbeit, die getrockneten Fladen einzusammeln. Ein ordentliches Lagerfeuer wird entflammt. Gesund sind die Dämpfe, die da entstehen, sicher nicht, aber es brennt gut. Zwar müssen wir immer öfter nachlegen als beim Holz, aber Kuhkacke geht uns hier sicher nicht aus.

Als auch die nächste Flasche Wodka leer ist, reitet der Hirte davon. Endlich. Ich dachte schon, ich muss auch meinen selbst gemachten Sanddornlikör hergeben. Nach einer halben Stunde ist er jedoch wieder da. Diesmal mit einem Geschenk für uns. Einem Sack voll mit Fisch aus dem See und noch einer Flasche Klarem. Einer Flasche ohne Etikett sollte man zwar nicht trauen, aber unser Wodkalager ist schon leer. Damit wir den ganzen Alkohol besser verkraften, muss nun was zu essen her.

Ich freue mich, den Fisch zu verarbeiten. Frischer Fisch aus dem Songköl-See. Noch unverfälschter geht es gar nicht. Während ich den Fisch ausnehme, denke ich darüber nach, wie überwältigend dieses Szenario gerade ist. Ich sitze in den Bergen von Kirgisistan, entschuppe dankbar den Fisch, während direkt hinter mir die flauschigen Kühe stehen und mir gespannt beim Kochen zuschauen. Vor mir brennt ein Lagerfeuer aus Kuhhaufen, das Pferd vom Hirten ist an Emma angekettet, und die drei Männer trinken selbst gebrannten Fusel von kirgisischen Nomaden. Das alles ist eingebettet in eine unbeschreibliche Natur, die vor Unberührtheit nur so blitzt. Ich weiß nicht, ob der Wodka mich so emotional werden lässt, aber ich werde ganz demütig vor so viel Glück. Das ist alles nur möglich, weil wir Mut bewiesen haben. Mut, auf diese Reise zu gehen und die schlimmsten Straßen der Welt zu befahren, um an so einen segensreichen Ort zu gelangen.

Ich filetiere den Fisch, dann brate ich die Reste mit Zwiebeln, Knoblauch und Karotten an und koche so die Brühe für die Fischsuppe. Danach siebe ich das Ganze ab und gare zum Schluss frisches Gemüse und das Fleisch vom Fisch mit. Das Ganze verfeinere ich mit einem Löffel Schmand und frischem Dill.

Vielleicht liegt es an den 3000 Metern Höhe oder wirklich an dem Fisch aus dem See, aber das ist das Beste, was ich seit Langem gegessen habe. Alle Aromen sind so intensiv und die Zutaten so voll im Geschmack. Jetzt ist auch der richtige Zeitpunkt, den Sanddornlikör auszuschenken. Vollgegessen und volltrunken schwingen wir das Tanzbein. Ich habe russische Musik aus den Neunzigern aufgedreht. Der Hirte stellt sich auf die Bierbank und singt seinen eigenen Text zum Neunziger-Beat. Wir halten uns alle an den Händen und laufen im Kreis um den brennenden Misthaufen. Kurz muss ich laut auflachen, weil diese Situation so absurd ist. Wie kirgisische Indianer tänzeln wir betrunken unterm Vollmond. Die Yaks haben sich um uns herum zum Schlafen gelegt. Fast fühlt es sich wie unsere eigene Herde an. Wir, die digitalen Nomaden, schlüpfen einen Tag lang in das Leben eines zentralasiatischen Nomaden. Mit Fisch, Wodka und einer herzlichen Gesellschaft, bis der letzte

Tropfen Alkohol geleert ist. Dann wird es auch für uns Zeit, uns in unsere »Jurte« zu legen, um morgen weiterzuziehen. Den Hirten werden wir leider nicht so leicht los. Er kann nicht glauben, dass wir nichts mehr zu trinken haben. Als wir uns in unsere Autos zurückziehen, kapituliert er, bindet das Pferd von Emma los und schwingt seine betrunkene Hüfte auf den Rücken seines treuen Begleiters. Von Weitem sieht es aus, als würde selbst das Pferd nun in Schlangenlinien laufen. Jetzt können wir uns beruhigt die Decke über unsere ausgekühlten Körper ziehen und diesen unvergesslichen Tag in unseren Träumen verarbeiten.

Die Ruhe vor dem Sturm

Dass ich dieses Jahr noch durch Schnee stapfe, hätte ich nicht erwartet. Wir haben versucht, die Route so zu gestalten, dass wir mit der Sonne fahren, um dem Winter zu entkommen. Ist es in Russland Herbst geworden, sind wir schnell nach Kasachstan, um bei dreißig Grad zu schwitzen. Wurde es dort regnerisch, ging es in den Spätsommer nach Kirgisistan. An diesem Morgen sind wir nun aber im tiefsten Winter gelandet.

Als wir aufwachen, ist es immer noch dunkel im Bus. Die Fenster sind bedeckt mit Schnee. Es ist so unglaublich kalt, dass man nicht aus dem Bett steigen will. Wir können unseren eigenen Atem sehen, so sehr hat der Schnee den Bus runtergekühlt. Als Paul die Tür öffnet, liegt ein Wintermärchen vor uns. Der Schnee hat zwar unsere Markise über Nacht runtergerissen, aber für diese Aussicht sei ihm verziehen. Wir stehen in den Walnusswäldern von Kirgisistan. In der Region Dschalalabat. Das kleine Dorf Arslanbob lebt hauptsächlich von der jährlichen Wallnussernte. Hier machen wir einen Zwischenstopp, da wir auf dem Weg nach Osch sind, um uns auf die Fahrt über den Pamir vorzubereiten.

Paul schiebt den Schnee von der Bierbank und kocht erst mal einen Kaffee. Ich traue mich gar nicht in die Kälte raus, aber ich muss mir das weiße Panorama genauer anschauen. Es liegen um die fünfzehn Zentimeter Neuschnee. Die Walnussbäume sehen aus wie in Watte gehüllt. Je weiter es den Berg nach oben geht, umso schneebedeckter ist es. Als wir gestern ins Bett gegangen sind, hat es nur geregnet, es muss nachts wohl so abgekühlt haben, dass sich der Regen in Schnee verwandelt hat. Doch so langsam fängt er an zu schmelzen. Wir warten ab, bis der Schnee komplett weg ist, und fahren erst dann los. Mit Emma wollen wir nicht ins Rutschen kommen. Die Straße nach Osch ist eine Erholung für uns. Asphaltiert und ohne Schlaglöcher. Die muss sicher erst in den letzten Jahren gebaut worden sein. Ab und zu müssen wir zwar für Schafherden auf der Autobahn abbremsen, aber es ist alles erträglicher als die Serpentinen in den Bergen.

In Osch irren wir einen ganzen Tag auf dem Basar rum. Wir wollen nicht unvorbereitet auf den Pamir fahren. Paul kriegt eine fette Winterjacke aus der Militärabteilung und ich eine mit unechtem Pelzkragen aus der Männerecke. Für Frauen gibt es nämlich nur bunte Herbstmäntel. Auch Emma wird aufgerüstet, mit zwei zusätzlichen Benzinkanistern und einer großen Daunendecke. Ich besorge noch Beruhigungstabletten, die nennt man hier »Valerianka«, um die heftigen Pässe zu überstehen.

Eigentlich will ich hier noch gar nicht weg.

Kirgisistan ist so unverhofft schön. Manchmal standen mir die Tränen in den Augen, weil ich es nicht fassen konnte, was für eine überwältigende Landschaft vor uns lag. Ich habe bisher kein Land gesehen, das so vielfältig ist wie dieses. Von Bergen und Seen bis hin zu leuchtend grünen Wäldern und einzigartigen Städten, die wie eine Fusion zwischen dem alten Russland und dem kommunistischen China aussehen. Man wünscht diesem Land mehr Aufmerksamkeit in der Welt, weil eine solche Schönheit nicht verborgen bleiben sollte. Aber gleichzeitig wünscht man sich, dass Kirgisistan weiter im Verborgenen bleibt, damit es seine jetzige Unschuld nicht verliert.

Ich wundere mich, wieso hier noch nicht die Touristenbusse über die Serpentinen fahren. Aber genau das macht das Charisma dieses Landes aus. Die Weite und die Einsamkeit. Wenn man über die Pässe fährt, merkt man, wie der Kopf mehr Platz für neue Gedanken schafft. Es entsteht so viel positive Leere im Kopf, dass man sich darin verlieren könnte. Das wäre sicher nicht so, wenn Millionen von Touristen in dieses Land strömen würden. Wenn plötzlich in Reisebüros geworben würde mit »Erleben Sie eine ungewöhnliche Reise im Land der Nomaden. Reisen Sie mit Pferd an den Songköl und schlafen Sie in einer authentischen Jurte«. Sicher könnte Kirgisistans Wirtschaft durch den Tourismus wachsen. Aber das würde auch alte Strukturen und Traditionen zerstören. Dann würden Jurten nur noch für die Touristen aufgebaut anstatt für die eigene Viehzucht, oder am Issyk-Kul-See würde sich ein Luxushotel an das nächste quetschen. Für uns ist Reisen so selbstverständlich geworden, dass man schnell vergisst, dass einige Länder ihre Kultur und ihre Natur dem Kommerz opfern und das, was wir als echt empfinden, bloß eine Fassade ist.

TADSCHIKISTAN

Das Ding mit der Angst

Sagt dir der Begriff Angstlust etwas? Für mich löst er die Hassliebe ab. Meine Angstlust begann mit der Reise und wurde Monat für Monat immer stärker. Es ist etwas, wovor du unglaublichen Respekt hast, aber es dennoch feierst, wenn du es getan hast. Die Angstlust ist der Grund, warum ich nicht schon nach zwei Monaten den Heimflug angetreten habe und bald vorhabe, die höchste Passstraße Asiens zu überqueren. Die Angstlust macht einen süchtig. Man will immer mehr davon und immer wieder dieses Gefühl von Furcht und freudiger Manie spüren.

Die Lust beschreibt die Sorglosigkeit, die wir benötigen, um bestimmte Dinge in unserem Leben zu ändern und einfach mal zu wagen. Sie lässt uns aus der Komfortzone fliehen. Sie ringt uns Entscheidungen ab und drängt uns zum Handeln. Sie ist eigentlich das Gegenteil der Angst. Denn diese lässt uns zweifeln und hindert uns daran, Wagnisse einzugehen. Sie raubt uns die Leichtigkeit und nimmt einen großen Teil in unserem Leben ein. Ständig haben wir Angst vor bestimmten Situationen, Unvorhersehbarem oder Unbekanntem. Ständig tun wir etwas nicht, weil die Angst größer ist als die Lust. Ständig verstecken wir uns hinter ihr, weil sie als anerkannte Ausrede gilt. Doch kombiniert man beide Emotionen, so kann etwas vollkommen Neues entstehen. Eine neue Art der Motivation. Es bedeutet, sich der Angst zu stellen, also dem negativen Gefühl gegenüberzustehen, um zu merken, dass sie unbegründet war, und danach ein umso lustvolleres Erlebnis zu verspüren.

Für jemanden wie mich, jemanden, der eine Angststörung hat, ist das keine Selbstverständlichkeit. Meine Ängste zu überwinden kostet mich mehr Kraft und Mut als jemanden, der nicht mit so einer Störung leben muss. Ich überlege doppelt und dreifach, ob ich etwas wagen soll. Zögere viele Entscheidungen, die mit einem Wechsel einhergehen, ins Unendliche hinaus. Neue Erfahrungen zu machen, die mich aus meiner Komfortzone locken könnten, kosten mich unglaublich viel Energie. Der Prozess der Überwindung beginnt mit leichter Unruhe und steigert sie zu absurder Furcht bis hin zu unhaltbarer Panik. Umso mehr wundere ich mich über mich selbst, dass ich einfach zu so einer Reise aufgebrochen bin. Das ist für mich keine Selbstverständlichkeit. Aber ich möchte mich von der Angst nicht schlagen lassen. Sie hat in den letzten zwei Jahren eine viel zu große Rolle in meinem Leben gespielt. Sie behinderte mich, leichtfüßig durch meine besten Jahre zu gehen. Doch ich bin stärker als sie. Sie ist nur eine unkontrollierbare Emotion, die uns eigentlich davor schützen soll, am Leben zu bleiben. In unserer Gesellschaft hat sie ihre Funktion so gut wie verloren. Wir müssen uns nicht mehr vor wilden Tieren oder Naturkatastrophen fürchten oder sogar davor fliehen. Angst ist schon lange kein Urinstinkt mehr. Deshalb fürchten wir uns vor anderen Menschen und Tatsachen, die uns den Spiegel vorhalten. Wir fürchten uns davor, zu versagen oder anderen nicht gerecht zu werden. Ich will nicht mehr, dass die Angst mein Leben bestimmt. Deswegen kämpfe ich mit der Reise dagegen an. Diese Reise ist zu meiner persönlichen Therapie geworden. Ich habe dabei entdeckt, dass Konfrontation die richtige Maßnahme für mich ist. Die Angstlust. Sie ist der Antrieb meiner eigenen seelischen Heilung.

Und verdammt noch mal. Ich habe Angst, über den Pamir

zu fahren. Ich habe Angst, durch den Iran zu reisen. Ich habe Angst, in der Wüste mit Emma stecken zu bleiben. Aber ich hatte auch Angst davor, mit Paul auf so engem Raum zu leben oder mich ein Jahr aus meinem normalen Leben zu verabschieden, und diese Ängste waren bisher unbegründet. Es macht mich eher stolz, es doch gemacht zu haben, und umso mehr erfüllt es mich, dass es so unfassbar schön ist, solche Entscheidungen getroffen zu haben. Vielleicht werden die nächsten Monate auch voller ängstlicher Entscheidungen sein, die ich aber niemals vergessen werde.

»Ich werde nicht über den Pamir fahren. Das ist nichts für unsere Emma. Das kann doch nur schiefgehen!« Immer wieder höre ich mich diese Sätze sagen. Zu oft habe ich sie gesagt. Zu oft habe ich Paul darum gebeten, eine andere Strecke zu wählen. Aber bloß nicht über den Pamir fahren. Über eine der höchsten Gebirgsketten der Welt. Bei Minusgraden und auf schlechten, sogar teilweise nicht vorhandenen Straßen.

Da meine Stimme in solchen Angelegenheiten gekonnt ignoriert wird, fahren wir nun in Richtung der tadschikischen Grenze. Bevor es über die Grenze geht, machen wir noch einen Halt in einem Dorf, um Geld zu wechseln und unseren Dieselvorrat aufzufüllen. In Emma passen nur vierzig Liter. Das ist für eine Tour wie unsere einfach viel zu wenig. Damit kommen wir maximal 400 Kilometer, und der Pamir-Highway ist fast viermal so lang. Ich glaube auch nicht, dass entlang der M41 alle zehn Kilometer eine nette Aral- oder Lukoil-Tankstelle auf uns wartet. So kommen endlich unsere vier Ersatzkanister zum Einsatz. Insgesamt haben wir nun 120 Liter Diesel im Gepäck. Müsste erst mal reichen. Das letzte kirgisische Geld wird in tadschikische Somoni umgetauscht. Gut, dass die Tankstelle auch die Funktion einer Wechselstube abdeckt.

Wir beschließen, erst morgen früh über die Grenze zu fahren. Unser letzter Stellplatz in Kirgisistan ist direkt an der

Kreuzung zum Pamir-Highway und zur staatlichen Straße, die nur mit einer Genehmigung passierbar ist. Kurz traure ich ihr hinterher, weil sie in einem besseren Zustand ist und direkt nach Duschanbe, die Hauptstadt Tadschikistans, führt.

Am nächsten Morgen springt Emma nicht an. Wir sind bereits auf 3000 Höhenmetern. Da kriegt der alte Dieselmotor schon mal Probleme beim Zünden. Paul und Emma quälen sich um die zehn Minuten lang, bis sie endlich anspringt. Man sieht ihr diese Anstrengung direkt an. Schwarzer Qualm kommt aus dem Auspuff. Vielleicht wäre es besser, den Motor, bis wir am Abend den nächsten Schlafplatz erreicht haben, nicht zu lange abzustellen.

An der Grenze sind wir weit und breit die Einzigen. Gut, uns ist auch schon seit gestern Abend kein Auto mehr entgegengekommen. Dementsprechend geht der Grenzübergang relativ schnell über die Bühne. Zwischen Kirgisistan und Tadschikistan befinden sich ganze zwanzig Kilometer Niemandsland. Ein Abschnitt, in dem keine Gesetze herrschen und kein Leben vorzufinden ist, man hat das Gefühl, dass selbst die Tiere sich hier unwohl fühlen. Für diese Strecke brauchen wir eine ganze Stunde. Keines der Länder fühlt sich dafür verantwortlich, diese Straße in Schuss zu halten. Sie vegetiert einfach vor sich hin. Diese Straße ist nur ein kleiner Vorgeschmack auf die restlichen 1000 Kilometer. Ich kann schon nicht mehr zählen, wie viele Straßen in einem ähnlichen Zustand wir befahren haben. Sie fühlt sich zwar genauso an wie die Horrorpässe in Kirgisistan, aber sie sieht deutlich furchterregender aus. Es geht immer weiter hoch. Ich glaube, wir sind die letzten Tage immer nur nach oben gefahren.

Am nächsten Grenzposten sind wir nicht mehr so alleine. Eine Fahrradfahrerin aus China wartet auf ihren Stempel im Reisepass, auch ein kleiner Reisebus mit drei Engländern reiht sich in die Schlange. Immer wenn ich Radfahrern auf unserer

Reise begegne, bin ich froh, in unserem Bus zu sitzen, der im Gegensatz zu einem Zelt wahrer Luxus ist. Vor solchen Abenteuern habe ich richtig Respekt. Vielleicht ist das in Zukunft der nächste Schritt, um meine Komfortzone zu verlassen.

Obwohl hier ganze drei Autos und eine Fahrradfahrerin anstehen, dauert es eine Ewigkeit, bis wir an der Reihe sind. Die Grenzstelle sieht genauso trostlos aus wie das Niemandsland und genauso vergessen. Ein paar Holzbuden stehen zwischen alten Ruinen rum. Aus jedem Häuschen qualmt der Rauch vom Ofen, und riesige Schlaglöcher machen es selbst für einen Fußgänger schwierig zu laufen.

Während Paul im Auto wartet, weil Emma immer weiterlaufen muss, erledige ich die Bürokratie. Auf dem Weg zur Passkontrolle zieht mich ein Mann zur Seite und meint, ich müsse mit ihm erst zu einer anderen Kontrollstelle wegen des Autos. Wir laufen in eine alte Backsteinruine. In einer Ecke vom Haus, da, wo das Dach noch halb drüberhängt, steht ein kleiner Tisch, und darauf liegt ein Buch. So ein Buch, das ich schon in Kasachstan für ein Mysterium gehalten habe. Hunderte von Seiten mit Namen und Kennzeichen, die absolut niemanden interessieren.

Ich spüre, dass hier irgendwas nicht stimmt. Offiziell sieht anders aus. Er fordert zehn Dollar von mir, damit er mich hier eintragen kann. Ich frage ihn, wofür das sei. Er antwortet genervt, dass es für den Zoll sei. »Zahlt hier jeder«, gibt er mir zu verstehen. Na ja. Ich werde das hier sicher nicht zahlen. Als ich zum Umkehren ansetze, wird er richtig sauer. »Na gut, dann eben fünf Dollar!«, schreit er mir hinterher. Ich wusste nicht, dass man offizielle Preise verhandeln kann. Ich laufe einfach weiter, über rumliegendes Mauerwerk und große Pfützen, die nicht durch Regen entstanden sind, sondern von der Notdurft der Arbeiter.

Er rennt mir ganz aufgeregt hinterher, dass ich das unbedingt zahlen muss, sonst kriege ich keinen Stempel. Ich glaube

ihm einfach kein Wort und gehe zurück zur Bude für die Passkontrolle. Hinter der Glasscheibe sitzt ein kleiner bärtiger
Mann, der von mir sicher auch einiges an Geld haben möchte.
Ich hatte schon vermutet, dass wir hier was zahlen müssen,
deswegen habe ich den Fahrer vor uns gefragt, wie viel er für
seinen Bus gezahlt hat. Er meinte zwanzig Dollar seien üblich.
Das ist eine Art Öko-Steuer, die hier jeder zahlen muss, der
über die Grenze möchte. Diese zwanzig Dollar sehe ich auch
ein. Aber er rechnet erst rum und zeigt mir dann auf seinem
alten Taschenrechner, an dem ich die Ziffern kaum erkennen
kann, siebzig Dollar an. Ja, nee. Zahl ich nicht. Wie kommt er
denn auf diesen Preis, frage ich ihn. Er sagt mir, da wir ein
großes Auto haben, kostet das alleine schon fünfundvierzig
Dollar für die Einreise. Dann sind es pro Person noch zehn
Dollar und fünf Dollar Bearbeitungsgebühr.

Während ich diese Dreistigkeit kurz sacken lasse, kommt
der Mann von vorhin um die Ecke. Er drängt mich vom Fenster weg, und beide diskutieren herum, schauen immer wieder
zu mir. Bis der im Häuschen ihm mit einer Handbewegung zu
verstehen gibt, dass er verschwinden soll. Er sagt mir, dass es
eine gute Idee war, die zehn Dollar bei ihm nicht zu bezahlen.

Er will die Leute hier nur abzocken. Aber er selbst macht
alles rechtlich korrekt. Er ist ein ehrlicher Mann, der nur seinen Job macht. Ich glaube ihm trotzdem nicht. Als er merkt,
dass es eine längere Diskussion wird, bittet er mich in seine
Kabine. Ein kleiner gemütlicher Raum, mit bunten Teppichen
an der Wand und einem Ofen, auf dem gerade ein Eintopf brodelt. So, wie es hier riecht, muss es wohl Hammelfleisch sein,
was da gerade schmort. Im Zimmer nebenan sind zwei Holz-
betten. In dem einen schläft ein Mann, der vor sich hin
schnarcht. Klar. Ganz normale Grenzstation. »Alles offiziell«,
muss ich schmunzeln. Das Offiziellste, was hier rumhängt, ist
möglicherweise der Stempel mit der tadschikischen Flagge
drauf.

»Ich kann das nicht zahlen. Erstens sind das ausgedachte Beträge, und zweitens haben wir gar nicht so viel Geld dabei.«

»Na dann müsst ihr wohl zurück nach Kirgisistan fahren und euch dort noch mal Geld holen.«

»Wir werden sicher nicht wieder diese furchtbare Straße durch das Niemandsland zurückfahren. Kommen Sie mir entgegen. Wir können das nicht zahlen. Unmöglich.«

»Ich kann Ihnen diesen Schein nur ausstellen, wenn Sie diese siebzig Dollar zahlen. An der Grenze, wenn Sie wieder ausreisen möchten, lassen sie Sie nur mit diesem Schein durch.«

Ich streike. Jetzt bleibe ich erst recht hart. Meine Mission ist gesetzt. Wir fahren hier nicht eher von der Grenze, bis er mit zwanzig Dollar einverstanden ist. So langsam merkt er auch, dass er bei mir auf Granit beißt. Während er die Pässe der anderen Touristen checkt, bleibe ich einfach sitzen. Auch wenn wir dieses Geld hätten, sehe ich nicht ein, es zu zahlen. Wir werden hier offensichtlich abgezockt. Nur weil diese Männer seit Monaten auf dieser Berginsel ausharren müssen, bis sie endlich jemand ablöst, können sie nicht machen, was sie wollen. Wenn wirklich jeder, der hier vorbeiwill, so viel Geld zahlt, müssten diese Männer doch längst im Geld schwimmen. Mir wird richtig warm. Durch den Ofen und das Gulasch, das kocht, herrschen hier drin sicher fünfundvierzig Grad. Die Luft wird auch knapper zum Atmen. Wir müssen also langsam zum Ende kommen.

Draußen läuft immer noch der Motor von Emma, und Paul macht sich langsam Sorgen, wieso ich so lange in diesem Häuschen sitze. Der Grenzbeamte gibt nach. Er nimmt diese zwanzig Dollar, die ich ihm schon vor einer Weile auf den Tisch gelegt habe, stempelt unsere Pässe und fragt mich nach meiner Handynummer. Um eventuell in Kontakt zu bleiben, falls ich gerne deutsche Autos nach Tadschikistan überführen möchte. Jetzt, wo wir auf einem Nenner sind, muss ich ihm wohl mit meiner Nummer entgegenkommen.

»Die nächste Bude, da, wo die Schranke hochgeklappt wird, die verlangen auch noch mal zehn Dollar. Sie müssen reingehen und ihnen direkt sagen, dass Sie das nicht zahlen wollen«, warnt er mich schon mal vor.

Ich laufe zielstrebig zu dieser Hütte, gepuscht von meinen Verhandlungsfähigkeiten. Tatsächlich. Die Diskussion fängt von vorne an. Um mich herum stehen sechs Männer und vor mir der Chef am Schreibtisch. Sie haben schon längt mitbekommen, dass ich nicht bereit bin, irgendwas zu zahlen. Sie versuchen es aber trotzdem.

»Für was zahle ich hier?«, frage ich.

»Na für die Quarantäne. Die Quarantäne des Autos.«

»Aber die hat doch gar nicht stattgefunden. Sie haben das Auto nicht mal von innen angeschaut.«

Jetzt fangen die Männer hinter mir an, sich aufzuregen. Ich verstehe leider kein Wort, aber der Tonfall hört sich nicht sehr erfreut an.

»Ich zahle nichts. Vielleicht melde ich mich mal bei der tadschikischen Regierung und beschwere mich, dass nirgendwo angegeben wird, dass man an der Grenze Geld für eine Quarantäne zahlen muss. Ich meine, diese Info ist doch sicher wichtig für die Touristen, die in dieses Land kommen. Dann sollte das auch offiziell auf der Seite des Auswärtigen Amts stehen.«

»Dann unterschreiben Sie hier, dass Sie nicht gezahlt haben!«, schreit mich der Mann am Schreibtisch an. Ja, kein Problem. Ich unterzeichne gerne. Die Schranke wird geöffnet, und wir werden mit verachtenden Blicken verabschiedet. Emma darf endlich, nach einer Stunde mit laufendem Motor, vom Fleck rollen.

Als die Grenzstation nicht mehr im Seitenspiegel zu sehen ist, kommt Erleichterung in mir auf. Diese ganze Situation war gerade sehr anstrengend, und das nur wegen fünfzig Dollar und meiner Genugtuung. Aber Paul ist stolz auf mich und auf meine Hartnäckigkeit.

Wir fahren ein paar Kilometer, und Tadschikistan zeigt sich endlich von seiner schönen Seite. Am Karakul-See halten wir an, um eine Kleinigkeit zu essen. Eine unfassbare Landschaft zeichnet sich ab. Vor uns der eisblaue See und hinter ihm die verschneiten Berge des Pamir. Alleine für diesen Blick haben sich die Strapazen hierher gelohnt. Ich kenne so etwas nur aus Zeitschriften oder dem Internet. Es mit eigenen Augen zu sehen ist wie ein Eingeständnis. Es war doch kein Fehler, auf den Pamir zu fahren. Ich hatte zu Unrecht Angst, und umso schöner fühlt sich nun dieser Moment der Erkenntnis an.

Höhenflug

Paul hört immer wieder auf zu atmen. Ich rüttle an ihm, damit er wieder Luft holt. Wir liegen angezogen unter unserer dicken Daunendecke, über die wir noch zwei Decken gelegt haben. Ich habe mich hinter Paul gekuschelt und drücke meine eisige Nase an seinen Rücken. Meine kalte Hand liegt auf Pauls Bauch, damit ich mich auf seine Atmung konzentrieren kann, und ich versuche, sie zu kontrollieren. »Paul, jetzt ganz langsam einatmen und nun wieder ausatmen und das Ganze noch mal mit mir zusammen.« So liegen wir schon seit zwei Stunden im Bett. Ich hoffe, dass er bald einschläft und diese grausame Nacht so schnell wie möglich vorbeigeht. Er sagt mir, sobald er die Augen schließt, sieht er, wie er mit Emma immer weiter diese staubige Piste hochfährt und es einfach nie endet. Wenn er das Gefühl hat, dass es gleich nach unten geht, kommt er aber nie über diesen Punkt, es ist wie ein unendlicher Berg.

Es ist unsere erste Nacht auf dem Pamir, und ich verfluche ihn jetzt schon. Wieso mussten wir bloß hier rauffahren?

Musste das sein? Jetzt liegt Paul hier mit der Höhenkrankheit, draußen tobt ein Sandsturm, und ich bin mit dieser Situation komplett überfordert. Wir können nicht wieder zurück und auch nicht weiter vor. Egal in welche Richtung wir fahren würden, wir kommen an keinem Punkt unter die 4000 Höhenmeter. Ich will einfach nur diese Nacht überstehen. Ich habe Angst um Paul. Sein Zustand wurde die letzten Stunden immer schlimmer. Erst hat es mit hämmernden Kopfschmerzen angefangen. Dann ging es weiter mit leichten Halluzinationen und nun die Atemaussetzer. Selbst Tabletten für solche Fälle haben nicht geholfen.

Vielleicht war es auch etwas leichtsinnig, so überstürzt diese Passstraßen hochzufahren. Irgendwie bin ich auch etwas sauer auf Paul. Jetzt, wo er so leiden muss, denke ich mir, dass er selbst daran schuld ist. Er wollte es ja so. Aber es hilft mir in dieser Situation auch nicht weiter, irgendjemandem die Schuld dafür zu geben. Wir sind nun mal in dieser Lage, und jetzt heißt es einfach nur durchstehen. Ich drücke mich noch enger an ihn, um weiter seinen Atem zu beobachten. Paul ist endlich eingeschlafen. Während wir synchron nebeneinander atmen, merke ich, wie erschöpft ich bin. Ich schließe meine Augen und hoffe, dass es ihm morgen besser geht.

Wir sind die letzten zwölf Stunden den Khargush-Pass hinaufgefahren, dessen höchster Punkt bei 4344 Metern liegt, um dann einen noch viel höheren Pass zu bestreiten. Immer wieder knacken wir die 4000er-Marke. Stets an steilen Felswänden entlang und noch steileren Abhängen. Der Pik Ismoil Somoni, früher auch Pik Stalin genannt, der höchste Berg in der Region mit einer Höhe von 7495 Metern, ist immer an unserer Seite. Egal wo wir stehen oder entlangfahren, er ist stets präsent. Ab und zu verschwindet er hinter einer riesigen Staubwolke, die Emma auf den Schotterpisten hinterlässt. Gelegentlich glaubt man, ihn hinter sich gelassen zu haben, und dann kommt er doch wieder um die Ecke. Eine gewaltige Naturschönheit. Ein Musterstück eines Berges. Mächtig ragt seine weiße Spitze aus der Erde, und wir kriechen unter ihm entlang. Wie kleine Ameisen durchstreifen wir die Landschaft. Wie kleine, langsame Ameisen.

Emma lässt sich nämlich teilweise nur noch im ersten Gang fahren. Entweder, weil die Straßenverhältnisse katastrophal sind, oder sie einfach langsam aus der Puste kommt. Am liebsten möchte man sich hinter sie stellen und sie anschieben. Ihr auf den Hintern hauen, damit sie wenigstens fünf Kilometer pro Stunde schneller fährt. Gut, dass wir schon in unendlicher Geduld geübt sind. So lehne ich mich in den Beifahrersitz zurück und versuche, die Aussicht zu genießen, anstatt mir Sorgen aufgrund der Beschaffenheit der Straße zu machen. Vielleicht habe ich mich auch schon daran gewöhnt, und mir fällt es immer leichter, Paul in seiner Fahrweise zu vertrauen.

Unseren höchsten Punkt erreichen wir auf dem Ak-Baital-Pass, der auf 4655 Meter hinaufgeht. Wir halten für einen Moment, um uns kurz bewusst zu werden, wo wir gerade stehen. Wir haben Glück, zu dieser Jahreszeit liegt hier üblicherweise Neuschnee, und die Straßen sind vereist. Sie sind ja so schon ein Abenteuer. Ich atme kurz auf, dass wir diese Serpentinen ohne Glatteis fahren dürfen. In diesem Moment fällt leichter Schnee auf unsere Windschutzscheibe. Das war das Zeichen weiterzufahren.

Nach dieser viel zu kurzen und furchtbaren Nacht versuche ich, aus dem Fenster zu blicken. Wir befinden uns in dichtem Nebel. Besser gesagt, eine gigantische Staubwolke hat sich um uns herum gebildet. Man kann nicht weiter als zwei Meter sehen. Nach dieser Nacht hätte es mich auch gewundert, wenn wir bei Sonnenschein und klarem Himmel aufgewacht wären. Ich ziehe mir meine kalten Schuhe an und traue mich hinaus ins Ungewisse. Der Staub und die feinen Sandkörner schießen mir ins Auge. Ich schiebe meine Kapuze weiter ins Gesicht und laufe ein paar Meter, bis ich sicher bin, nicht gesehen zu werden. Wäre auch verwunderlich, wenn in dieser menschenleeren Gegend genau jetzt jemand vorbeikommen würde, während ich im Sandsturm in die Hocke gehe, um zu pinkeln.

Der Sand dringt gefühlt in jede Hautpore. Ich klopfe mir den Hintern ab und versuche den Weg zurück zu Emma zu finden. Ich sehe sie kaum in dem beigen Nebel. Schnell hüpfe ich in den Bus. Paul ist nun auch wach. Er sieht aus, als wäre nichts gewesen. Frisch und munter wie jeden Morgen.

In Claudis und Julians Auto findet auch langsam Bewegung statt. Ich bin froh, dass die beiden an unserer Seite sind. Wäre ich gestern alleine mit Paul in dieser Situation gewesen, dann hätte ich vor lauter Panik wohl selbst Atemaussetzer bekommen.

Von dem sandigen Nebel ist nun nur noch ein matter Schleier übrig. Da ist er wieder. Pik Ismoil Somoni, unser treuer Begleiter. Er sieht aus, als hätte er noch mehr an weißer Farbe gewonnen. Die weiße Spitze hat sich weiter nach unten verlagert. In der Ferne erkenne ich nun auch die Häuser, deren beleuchtete Fenster gestern Abend dezent geleuchtet haben. Das erste Dorf, das wir seit Kirgisistan sehen.

Ich frage mich, wie man hier überlebt. Die Erde ist hier so unfruchtbar, dass in ihr sicher nicht mal Zwiebeln wachsen würden. Selbst für Schafe gibt es hier nichts zu grasen. Du kannst eben nicht selbst entscheiden, auf was für einem Fleck Erde du geboren wirst. Der Unterschied ist nur, dass viele von uns eine Wahl haben, eine Alternative. Die Menschen, die hier geboren werden und aufwachsen, für die gibt es oft keine andere Option. Ich will damit nicht sagen, dass die Menschen hier ein schlechtes Leben haben, aber auf jeden Fall ein hartes. Sie müssen sich seit Jahrhunderten den Gegebenheiten der Natur anpassen und lernen zu überleben. Auch hier gebären sie gesunde Kinder, ziehen sie glücklich auf und geben ihnen an-

dere Werte mit, als wir das vielleicht tun würden. Ich habe großen Respekt davor, dass diese Menschen ihren Urahnen treu
bleiben und die Schönheit der Berge wertschätzen.

Nach einem starken Kaffee wird es Zeit, Emma zu starten.
Das kann sich wieder ins Unendliche ziehen. Sie hat wohl auch
die Höhenkrankheit erwischt. Die ersten Male, die Paul den
Schlüssel zum Zünden umdreht, gibt sie nicht mal einen klei-
nen Mucks von sich. Nach und nach pustet sie ganz leise aus
dem Auspuff, bis sie endlich nach zwanzig Minuten anspringt.
Nun setzen wir uns wieder in Bewegung auf den holprigen
Straßen des Pamir oder, wie die Tadschiken sagen, »Bam-I-
Danja«, das »Dach der Welt«. So fühlt es sich auch wirklich an.
Als würden wir über allem schweben. Als wäre hier eine neue
Ebene erreicht. Eine Landschaft, die auf den unteren Ebenen
nicht vorzufinden ist. So weit weg von allem, was ich jemals in
meinem Leben gesehen habe.

Ich bin schlecht darin, das zu beschreiben, was ich vor meinen Augen habe. Aber ich wüsste auch nicht, welches Wort
dieser abstrusen Umgebung gerecht würde. Wunderschön.
Einzigartig. Atemberaubend. Das wäre zu plump beschrieben.
Es ist wie auf einem anderen Planeten. So stelle ich mir zum
Beispiel den Mond, den Planeten Neptun und die Erde in einem vor. Es herrscht hier eine Weite und Stille, die nicht zu
greifen ist. Der Boden gleicht einer Kraterlandschaft, die sich
plötzlich in eine Steppe verwandelt. Die Berge wellen sich entlang der Straße wie perfekt gezeichnete Linien. Manchmal
fühlt es sich so an, als wären wir die Ersten, die diesen Weg
betreten haben. Als hätten wir einen neuen, unerforschten
Kontinent entdeckt.

Seit Kirgisistan lauert im Osten ständig die chinesische
Grenze. Nur ein kleiner Holzzaun trennt beide Länder. Nicht
weit von China befindet sich auch die Stadt Murghob. Der erste richtig bewohnte Ort auf dem Pamir. Eine 7000-Einwohner-
Stadt auf 3600 Metern. Es wird wieder Zeit, unseren Tank auf-

zufüllen. Zwar haben wir noch volle Kanister auf Lager, aber wir wissen nicht, wann wir das nächste Mal die Gelegenheit dazu haben werden.

Die einzige Tankstelle im Ort ist eine kleine Zapfanlage, die überdacht vor dem Haus des Besitzers liegt. Diesel gibt es nur aus dem Kanister, der wahrscheinlich von Kirgisistan rüberge-schmuggelt wird. Der Besitzer holt seinen kleinen Sohn aus dem Haus, damit er ihm hilft. Ein Achtjähriger hält den Trich-ter, während sein Vater den Diesel in Emma gießt. Aus dem Haus schauen seine kleinen Geschwister. Sie drücken ihre Ge-sichter gegen die kalten Scheiben und betrachten die Fremden mit dem orangen Bus. Als ich ihnen zuwinke, ducken sie sich lachend runter.

Unser tadschikisches Geld reicht knapp noch für die Tank-füllung. Diese kleine Stadt besitzt nicht nur eine Tankstelle, wir können hier sogar mit der Kreditkarte Geld abheben. Auch ein kleiner Markt befindet sich rechts von der Hauptstraße. Es ist kein typischer asiatischer Markt, wo sich ein Gemüsestand an den anderen reiht. Dieser hier ist etwas einfacher. Die Stände befinden sich in alten, aufgeschnittenen Containern, und die Auswahl ist nicht ganz so üppig wie gewohnt. Wir kriegen dort eine SIM-Karte, etwas Obst und Gemüse und frisch gebacke-nes Brot. Auch unsere Wasserkanister werden hier aufgefüllt. Inmitten der weiß verputzten Bungalows steht ein Brunnen, an dem sich die Einheimischen anstellen. Wir wissen nicht, ob das Trinkwasser ist. In einigen Foren über das Pamirgebirge berichteten Reisende von schweren Magen-Darm-Erkrankun-gen. Wir sind zwar nach den Monaten unterwegs einiger-maßen abgehärtet, und mein russischer Magen verträgt wirk-lich einiges, aber wer weiß, ob das bei 4000 Metern über dem Meeresspiegel weiter so gut geht. So sind wir auf die Fünf-Liter-Plastikkanister mit Wasser angewiesen, die es auf dem Markt gibt.

Nach einem ausgiebigen Mittagessen, bestehend aus Salat

und belegten Broten, geht es weiter zum nächsten Pass. Wir haben ein Viertel der gesamten Strecke in Richtung Duschanbe geschafft. Wollen wir dem Winter, der hier jederzeit eintreffen kann, entfliehen, bleibt uns keine Zeit zum Verweilen.

Bis an jede Grenze

Es passiert gerade wieder. Emma kriecht einen steilen Pass hoch, und ich bin panisch. Meine Gefühle sind wie ein schlechtes Déjà-vu. Ich dachte, ich habe diese Angst überwunden. Das ist ja nicht der erste Bergpass, den wir in Tadschikistan erobern müssen. Aber dieser hier ist ganz besonders. Richtig furchterregend. Die Straße schlängelt sich eng am Berg entlang. Bei jeder engen Kurve bleibt mir das Herz kurz stehen. Mir fällt ein, ich hatte mir in Osch genau für solche Situationen die Beruhigungstabletten besorgt. Ich krame die gelben Pillen aus dem Handschuhfach, öffne mir ein großes Dosenbier und spüle sie damit runter. Hoffentlich fangen sie bald an zu wirken. Mein Herzschlag wird etwas langsamer, und ich beginne, ohne Punkt und Komma zu quatschen. Entweder liegt es am Bier oder an der Mischung, aber ich bin nicht mehr zu bremsen.

Ich erzähle Paul von meiner wilden Jugendzeit, von Freunden, die nun Vergangenheit sind, und danke ihm für die Möglichkeit, hier mitzufahren, obwohl ich diese Berge hasse. Ich hasse diesen Wind, der Emma nachts immer durchschüttelt. Ich hasse es, wie viel Glück wir mit unserem Leben haben und wie wir als reiche Touristen in Ländern unterwegs sind, in denen große Armut herrscht. Ich fluche darüber, wie unfair die Welt ist und über die Politik und darüber, wie Religionen missinterpretiert werden. Am meisten aber ärgere ich mich darüber, dass ich mein Leben nicht genug wertschätze. Mein Glück und meine Freiheit. Die Privilegien, als russisches Kind in Europa aufgewachsen zu sein. Es mag daran liegen, dass ich manchmal glaube, dieses Gefühl von Zufriedenheit nicht verdient zu haben. Dass ich kein Mensch bin, der beruflichen Erfolg in seinem Leben haben oder jemals seine Träume erreichen wird. Weil mir das nie so vorgelebt wurde.

Für die Russen ist Glück kein erstrebenswertes Ziel. Sie leben nicht ihre Träume. Für sie sind Drama und die eigene Unzufriedenheit ein permanenter Zustand. Ich will ausbrechen aus diesem Zustand. Diese Reise ist ein guter Anfang. Eine Möglichkeit, die ich nutzen muss, bevor es zu spät ist. Ich will nicht nur die ländlichen Grenzen überwinden, sondern auch meine eigenen und auch unsere als Paar. Ich kannte dich kaum, als wir losgefahren sind, jetzt bist du mein Anker, mein Vertrauter, mein Gestalter. Ich höre nicht auf, Paul mein Herz auszuschütten. Die Worte fließen aus mir raus wie ein Wasserfall der Ehrlichkeit. Während ich mich mit meinen inneren Ängsten beschäftige, fühle ich die Angst vor der Straße kaum noch. Paul ist ungewohnt still. Entweder genießt er meinen Monolog über das Leben, oder er konzentriert sich auf die Straße, oder ich gehe ihm ganz einfach auf die Nerven.

Wir haben es endlich vom Pass geschafft. Claudi und Julian sind sicher schon längst an unserem Treffpunkt angekommen. Unser heutiges Ziel: die heißen Quellen in den Bergen. Als wir sie erreichen, ist es schon längst dunkel. An der Straßenseite stehen fünf Häuser nebeneinander. In nur einem brennt Licht. Hier muss es wahrscheinlich sein. Auf dem Parkplatz finden wir dann auch unser vertrautes Auto. Die heiße Quelle ist leider nicht so romantisch, wie wir es uns vorgestellt haben. Neben dem Wohnhaus ist eine kleine Bude, in der ein Vorraum mit Duschen ist und daneben ein Raum mit dem heißen Becken. Für Männer und Frauen getrennt. Nur eine winzige

Lampe erhellt den Vorraum. Das Badevergnügen währt allerdings nicht lange.

Als Claudi und ich die Füße ins Becken halten, zieht ein stechender Schmerz hoch. Das Wasser ist keine heiße Quelle, sondern eine kochende. Im ersten Moment scheint es uns unerträglich heiß, weil unsere Füße so unterkühlt sind. Stück für Stück versuchen wir, unsere Körper einzutauchen. Bei meinen Oberschenkeln ist es vorbei. Weiter kriege ich mich nicht rein. Immer wieder hüpfe ich aus dem Wasser, kühle mich ab und laufe wieder rein. Im Vorraum liegen Kellen zum Abduschen. Ich setze mich an den Rand, nur mit den Füßen im Becken, und schöpfe heißes Wasser über mich. Claudi will sich damit nicht zufriedengeben. Sie schafft es wirklich, bis zum Kopf ins Wasser zu steigen und eine Runde zu schwimmen. Wir duschen uns noch kurz ab, und dann war's das auch schon mit dem Wellness-Urlaub.

Im Bus kochen wir uns zum Abendessen noch einen Gemüseeintopf und wärmen uns von innen mit einer Flasche Cognac. Ein schöner Abschluss für diesen Tag.

Emma springt wieder nicht an. Auch nicht nach einer halben Stunde. Irgendwann gibt sie sogar gar keinen Mucks mehr von sich. Wir sind heute besonders früh aufgestanden, um nicht wieder im Dunkeln zu fahren. Aber da spielt unser Bus nicht mit. Da wir etwas abschüssig stehen und es auch nicht mehr die ganze Zeit bergauf, sondern bergab geht, versuchen wir es mit Anschieben. Leider kriegen wir Emma mit unserer Muskelkraft nur ein paar Meter weit. Da muss jetzt wohl der Kombi von Claudi und Julian dran glauben. Dieses Leichtgewicht kriegt Emma hinten angebunden. Den Hügel runter ist das noch kein Problem. Beide Autos rollen langsam vor sich hin. Paul versucht, sie zu starten. Immer und immer wieder. Es passiert nichts. Sie ruckelt nicht mal. Das probieren wir die nächsten zwei Kilometer. Der Nissan zieht, und die Kupplung fängt schon an zu riechen. Emma will immer noch nicht anspringen. Das kann nicht mehr an der Höhe und der Zündung liegen.

Wir sind mittlerweile wieder unter der 3500-Meter-Höhengrenze. Das andere Auto weiter zu quälen wäre auch nicht wirklich förderlich. Irgendwann kommt Julian drauf, dass der Bus einfach keinen Diesel mehr in die Leitungen pumpt. Deshalb zündet er auch nicht mehr. Wir öffnen die Motorabdeckung und tatsächlich. Der Dieselfilter ist komplett leer, und es läuft auch kein Sprit mehr in die Leitungen. Das gleiche Problem wie in Russland. Nun wissen wir, was wir zu tun haben. Die Leitungen werden noch einmal neu gesteckt, und mit der Handpumpe wird frischer Diesel durch den Filter gepumpt. Wir können endlich weiterfahren. Emma hat wohl manchmal auch ihre Grenzen. Aber sie verlässt auch wie wir ab und zu ihre Komfortzone.

Die Landschaft des Pamir wechselt gerade schlagartig. Seit zwei Stunden haben wir diesen einen Berg vor uns. Der kahl und stark vor uns steht. Wir fahren direkt auf ihn zu. Er wirkt so, als würde er vor uns fliehen. Wir fahren und fahren, aber kommen nur sehr langsam näher heran. Ich freue mich darauf, hinter ihn blicken zu dürfen. Was erwartet uns heute? Welch Farbenspiel hält uns Tadschikistan heute bereit?

Das, was sich hinter diesem Berg verbirgt, ist wie eine kühle Erfrischung. Wie eine frische Brise in der Steppe. Vor unseren Augen liegt ein grünes Tal. Wir sehen endlich wieder Bäume. Nicht nur ein oder zwei, sondern gleich eine ganze Allee. Der Herbst ist hier eingekehrt. So schön auch die karge Berglandschaft davor war, umso mehr bergreife ich, dass der Mensch die Natur zum Atmen braucht. Hier fängt das Leben an. Da, wo die Blätter im Wind wehen, da streifen auch die Menschen umher. Wir fahren an kleinen alten Häusern vorbei. Die Menschen sitzen draußen, arbeiten oder sind auf den Straßen unterwegs. Sie erstarren für einen Moment in ihrer Tätigkeit und schauen uns verwundert hinterher. Die Kinder rennen an die Straße und winken uns begeistert zu.

Ach, wie sehr ich genau das jetzt brauche. Es fühlt sich gut an, wieder mittendrin zu sein. Im Geschehen. Je tiefer wir in dieses Tal fahren, umso wärmer wird es. Wir können endlich unsere dicken Jacken ablegen und unsere Sonnenbrillen auspacken. Die Sonne lässt die roten Blätter der Ahornbäume erstrahlen. Alles leuchtet. Der Fluss, dem wir folgen, glitzert und spiegelt die steinernen grauen Berge. Als wären wir aus dem Winterschlaf erwacht. Das Hochland haben wir fast hinter uns gelassen. Endlich entspanne ich mich in meinem Beifahrersitz. Die Straßen sind hier zwar nicht besser, und einige Pässe haben wir noch vor uns, aber ich bin wieder motiviert. Ich will mehr von diesem Land sehen. Dafür bin ich auch bereit, über grausame Schotterpisten zu fahren und mir wieder meine Baldrian-Bier-Mischung zu gönnen.

In Chorugh machen wir unseren nächsten Halt. Mit fast 30 000 Einwohnern ist das die erste größere Stadt, die wir in Tadschikistan zu Gesicht bekommen. Sie liegt im Süden des Landes und grenzt unmittelbar an die afghanische Grenze. Um die Sicherheit des Landes zu gewährleisten, ist seit Jahren die russische Armee in diesem Gebiet stationiert. Das kriegen wir auch direkt demonstriert. Bevor wir in die Stadt einfahren, werden wir von russischen Soldaten kontrolliert. Mit Passkontrolle und den typischen Fragen. Auch in der Innenstadt stehen vereinzelt bewaffnete Soldaten und schauen nach dem Rechten. Ich weiß nicht, ob ich mich bei diesem Anblick sicher fühlen soll oder es eher ein Zeichen dafür ist, dass es hier immer noch Ärger mit den Taliban gibt.

Tadschikistan grenzt über 1000 Kilometer an Afghanistan. Beide Länder trennt eine natürliche Grenze, der Pansch-Fluss. In dem Guesthouse, wo wir unsere Autos für eine Nacht parken, erzählt uns der Besitzer, dass manchmal die Grenze geöffnet wird. Wenn du deinen Pass abgibst, kannst du für ein paar

Stunden auf den Markt nach Afghanistan ganz einfach über die Brücke. Der nächste müsse morgen stattfinden, jedoch sind momentan wieder Unruhen gemeldet worden, und es ist eher unwahrscheinlich, dass die Grenzen die nächsten Wochen öffnen. Schade für uns. Ich wäre zu gerne zu Fuß zu dem Bauernmarkt nach Afghanistan rübergelaufen. Unser Gastgeber empfiehlt uns für heute Abend ein indisches Restaurant unten am Fluss. Eigentlich gehe ich nicht so gerne indisch essen. Die Berliner können wirklich alles authentisch kochen. Von asiatisch, libanesisch bis hin zu russisch. Aber bei indisch hört das auf. Nach zwei Versuchen habe ich mir geschworen, erst wieder in Indien indisch zu essen. Dadurch, dass Chorugh nur um die 200 Kilometer Luftlinie von der indischen Grenze entfernt ist, ist die Wahrscheinlichkeit, hier gutes indisches Essen zu bekommen, viel größer als in Berlin.

Tatsächlich. In dem Restaurant sitzen nur Inder, abgesehen von einem Tisch mit deutschen und englischen Touristen und uns natürlich. Die Frauen tragen bunte Saris und die Männer weit geschnittene helle Hosen. An der Wand hängen Bilder von Krishna und Lakshmi. Jetzt muss das Essen nur noch das letzte Klischee bedienen. Wir bestellen unterschiedliche Currys, mal mit Hähnchen, mal vegetarisch, und es ist wirklich unfassbar lecker. Scharf und fruchtig. Sehr aromatisch. Eine Abwechslung zu dem Essen, das es bei uns die letzten Wochen gab.

Kulinarisch ist die ehemalige Sowjetunion für mich keine Überraschung. Ich liebe das russische Essen und die Einflüsse aus den Nachbarländern. Nach zwei Monaten wird es sehr eintönig. Manti, gedämpfte Teigtaschen, haben wir mittlerweile im Überfluss gegessen. Auch Plov, ich sage dazu gerne die russische Paella, begleitet uns schon seit längerer Zeit. Das wird sich bis in den Iran auch nicht so schnell ändern. Gut, dass ich ein Fan meiner Heimatküche bin. Aber ein gutes Curry, das ist schon wirklich lange her. Manchmal kommen in mir sogar

Gelüste auf einen Döner hoch. Einen richtig guten Döner mit Knoblauchsoße. In Kasachstan gab es Schaurma. Eine Mischung aus Döner und Schawarma. Eine herbe Enttäuschung. Ich war ziemlich traurig über diesen trockenen Fladen mit etwas Fleisch und einer Schreibe Tomate und Gurke. Wäre alles nicht so schlimm gewesen, wenn die Soße gepasst hätte. Aber es gab nur einen Spritzer Ketchup drauf. Die Enttäuschung über dieses Sandwich verwandelte sich so schnell in Wut, dass Paul sich eine halbe Stunde lang anhören musste, was für eine Frechheit da auf meinem Teller liegt. Seitdem vermisse ich den Berliner Döner noch mehr.

Wo es nicht mehr weitergeht

Paul. Du musst anhalten. Es ist wieder so weit.« Ich reiße meine Beifahrertür auf, renne hinter den nächsten größeren Felsen, hinter dem nur mein Kopf rausguckt, und ziehe meine Hose in Windeseile runter. Da ist sie. Die, von der andere Touristen berichtet haben. Die Pamir-Magen-Darm-Sache. Gestern wurden wir auf der Straße von einer sehr netten Familie abgefangen und zum Tee eingeladen, und heute kenne ich fast jeden Felsen südlich des Pamir-Gebirges. Ich dachte, wir bleiben von solchen Übeln verschont. Aber selbst vor unseren abgehärteten Mägen machen die tadschikischen Darmbakterien keinen Halt. Ob das an dem Wasser in der Gegend liegt oder an den Häppchen, die uns gestern serviert wurden? Vielleicht hätte ich weniger von den Butternudeln essen sollen.

Als wir gestern einen Halt mitten im Dorf machten, um die weitere Route zu besprechen, zogen wir sofort interessierte Blicke auf uns. Ein Mann um die vierzig war der Einzige, der uns direkt angesprochen hat. Er stellte sich als Amon vor. Ein gepflegter, dunkelhaariger Mann. Hier unten an der Grenze zu Afghanistan sehen die Menschen ganz anders aus als im Pamir-Gebirge. Arabischer. Besser gesagt persischer. Sie sind vom Typ her dunkler und die Augen nicht mehr so mandelförmig. Amon spricht perfekt russisch. Das ist hier nicht selbstverständlich. Die Tadschiken haben lange ihre eigene Sprache bewahrt. Damals gehörte das Land zum Persischen Reich und ist immer noch eng verbunden mit dessen Religion und Sprache.

Amon arbeitet seit Jahren, ein paar Monate im Jahr, in Russland als Gastarbeiter, daher kommt auch sein akzentfreies Russisch. Zurzeit gibt es keine Arbeit für ihn dort. Deshalb fährt er momentan Touristen von Duschanbe nach Chorugh, solange sein altes Auto noch mitmacht. Im Winter gibt es hier aber keine Touristen, und so müssen sie von dem leben, was er im Sommer verdient hat. Er lebt hier mit seinen Eltern, seinen zwei Schwestern und deren Kindern in dem Haus, vor dem wir geparkt haben. Er wäre zutiefst dankbar, wenn er uns zu einem Tee einladen könnte. Gerne können wir auch bei ihnen übernachten, da es nämlich bald dunkel wird und die Weiterfahrt auf dieser Straße zu gefährlich wäre. Wir nehmen die Einladung zum Tee dankend an. Aber übernachten würden wir gerne in unserem Auto, wenn das in Ordnung ist.

In fremden Betten schläft es sich einfach nicht so gut. Claudi und Julian parken ihr Auto im Vorgarten. Emma passt leider nicht durchs Tor. Wir lassen sie vor dem Haus auf dem Parkplatz stehen.

Wir werden in einen großen Raum geführt. Tagsüber dient er als Essplatz und nachts wohl als Schlafplatz. Die Decken und Kissen liegen zusammengerollt an der Wand. In U-Form sind Podeste aus Holz angeordnet. Auf der linken Seite nehmen wir im Schneidersitz Platz. Wir und die zwei Männer des Hauses. Die Frauen sitzen weiter unten auf der anderen Seite. Beide

Schwestern von Amon verschwinden in der Küche und servieren im Minutentakt Tee, hausgemachtes Brot, das so groß ist wie Emmas Lenkrad. Dazu Marmeladen, Nudeln in Butter geschwenkt, eingelegtes Gemüse und getrocknete Früchte. Aus einer Einladung zum Tee wurde ein ganzes Festmahl. Ungewohnt, nur Tee eingeschenkt zu bekommen. Wo wir ja eigentlich Alkoholexzesse gewohnt sind.

Ich frage Amon, wie es ist, so nah der afghanischen Grenze zu leben, immerhin kann man hinterm Haus beim Toilettengang den Menschen auf der anderen Seite zuwinken. Er erzählt mir, dass es hier seit Jahren sehr ruhig ist. Durch die Präsenz der russischen Armee ist es viel besser geworden. Früher hörte man regelmäßig Schüsse, und Menschen wurden entführt. Das sei aber schon lange nicht mehr passiert. Mehr als die Terroristen auf der anderen Seite machen ihnen die wirtschaftliche Lage und die Korruption im Land zu schaffen. Das ganze Geld fließt in die privaten Taschen der Politiker. Die Menschen außerhalb der Hauptstadt Duschanbe leiden am meisten darunter. Es wird nicht in die Agrarwirtschaft investiert und nicht einmal in die Infrastruktur. Der Weg, den er täglich mit den Touristen fährt, ist gefährlich und zeitaufwendig. Würde etwas Geld in die Pamirregion fließen, wären die Menschen hier viel unabhängiger und könnten auch zur Arbeit öfter in die Stadt fahren. So müssen sie momentan leider nach Russland ausweichen. Meistens gibt es da Arbeit für sie, aber gerne gesehen sind sie da nicht. Die russische Regierung duldet momentan die Schwarzarbeiter aus Tadschikistan, aber lange wird das nicht gut gehen. Einen Freund haben sie wieder zurückgeschickt, als er sich beschwerte, dass ihm der Lohn nicht ausgezahlt wird. Rechte besitzen sie dort kaum. Es ist jedes Mal eine Last für ihn, nach Russland zu fliegen. Aber eine andere Wahl hat er nicht. Er muss seine Familie ernähren. Die Rente seiner Eltern reicht kaum zum Leben. Das ist Ehrensache für ihn.

Die Familie hält zusammen in Tadschikistan. Das merkt

man auch daran, dass mehrere Generationen zusammen in einem Zimmer schlafen. Die Jüngeren helfen den Alten. Nur keiner hilft den einfachen Leuten auf dem Land. So während des Gesprächs fragt uns sein Vater, ob wir denn was zu trinken dabeihaben. Ich bin ganz verwundert. Aber ja. Natürlich haben wir was dabei. Paul wird losgeschickt, den Wodka aus dem Kühlschrank zu holen.

Amon erklärt mir, dass sie entspannte Muslime sind. Alkohol ist für sie in Ordnung. Beten tun sie auch eher nach Lust und Laune. Wie soll man es denn sonst hier aushalten? Sichtlich erfreut werden die Gläser vollgeschenkt. Ich hab mich zu früh auf einen alkoholfreien Abend gefreut. Selbst die Oma trinkt mit uns mit. Sie greift sich ein Gläschen und setzt sich wieder runter zu dem Rest der Familie. Schnell ist die Flasche geleert, und wir verabschieden uns ins Bett.

Diese Straßen machen einen abends immer so müde, als hätten wir den ganzen Tag was Produktives gemacht. Ich glaube, es sind eher die Eindrücke, die einen am Abend erschöpft ins Bett fallen lassen. Die ich manchmal nicht wirklich unterkriege in meinem überfüllten Kopf.

Ich will alles abspeichern, in meine gedanklichen Schubladen verpacken und diese Erinnerungen rausholen, wann immer ich will. Jedes einzelne Detail festhalten und mit einem Augenblinzeln abfotografieren, um dann diese Millionen von Fotos in ein Album mit Unterschriften zu kleben. Das ich dann jedem zeigen kann. Weil Worte sowieso niemals das beschreiben können, was man gesehen und erlebt hat. Wie soll ich überhaupt meine abenteuerlichen Eindrücke beschreiben, wenn es mir sogar schwerfällt, die richtigen Worte für diese atemberaubenden Landschaften zu finden? Welche Antwort wird dem gerecht, wie diese Reise war, wenn ich in Berlin danach gefragt werde?

Ein »Ja, ganz schön« oder »Es war eine krasse Reise« wäre als Beschreibung eine Beleidigung. Aber wer wird schon zehn

Stunden Zeit haben, damit ich diese Frage einigermaßen angemessen beantworten kann?

Nur Paul wird wissen, worüber ich spreche. Nur er kann nachvollziehen, was es heißt, über die schlechten Straßen der M41 zu fahren oder mit einer Alkoholvergiftung in einer russischen Hütte aufzuwachen. Wenigstens haben wir uns gegenseitig, um uns immer wieder daran erinnern zu können, wie verrückt wir in diesem Jahr waren. Was für Menschen wir getroffen haben und wie viel Liter Wodka und Diesel geflossen sind.

Während ich so darüber nachdenke, noch bewusster durch die Straßen Tadschikistans zu fahren, meldet sich mein Magen. Sofort weiß ich, was jetzt kommt. Die letzten 300 Kilometer bis nach Duschanbe wechseln wir uns mit dem Aussteigen ab. Welch Glück, dass auf den Straßen nur wir und ein paar Lkw-Fahrer unterwegs sind. So muss nicht immer ein weites Versteck gesucht werden. Steinchen drauf und fertig. Wie eine Katze haben wir überall unsere Spuren entlang der afghanischen Grenze gelegt.

Das fühlt sich so surreal an, dass ein Land wie Afghanistan nur einen Steinwurf entfernt ist. Manchmal sehen wir, wie Straßenarbeiter noch per Hand versuchen, eine Passstraße in die Felswände zu hauen, oder mit Eseln die Felder bestellen. Es ist, als würde man in eine entfernte Zeit blicken. Ab und zu bleiben wir stehen, um uns das Gegenüber genauer anzuschauen oder um das kurz auf uns wirken zu lassen, wo wir uns gerade befinden. So unglaublich weit sind wir bisher gefahren. Ein halbes Jahr sind wir schon unterwegs, und dafür sind wir wirklich weit gekommen. Jetzt, wo es nicht mehr weit in die Hauptstadt ist, will ich noch gar nicht zurück in die Zivilisation. Zurück zu den Menschenmassen und vielen Autos. Ich habe mich gerade daran gewöhnt, diese Abgeschiedenheit so richtig zu genießen. Doch wir müssen vorankommen.

Als wir in der Stadt ankommen, gibt es die erste schlechte

Nachricht für uns. Turkmenistan hat unseren Einreiseantrag abgelehnt. Ohne Begründung. Claudi und Julian wurde er auch nicht bewilligt, ebenso wenig Theresa und Martin, die wir in Kasachstan getroffen haben. Entweder mögen sie keine Reisenden mit Auto oder keine deutschen Touristen.

Ich bin echt sauer wegen der Absage. Das bedeutet für uns einen enormen Umweg. Anstatt über Usbekistan und Turkmenistan in den Iran zu reisen, müssen wir nun zurück nach Kasachstan, um dann für die Fähre nach Aserbaidschan zu zahlen und von da aus in den Iran zu gelangen. Ein beträchtlicher Kosten- und Zeitaufwand. Kasachstan will uns anscheinend noch nicht gehen lassen, und das Kaspische Meer will, dass wir ihm noch einen Besuch abstatten.

Die zweite schlechte Nachricht überbringt mir Paul, als er unter Emma hervorkommt. Die schlechten Straßen haben den vorderen Stoßdämpfern ziemlich zugesetzt. Wir müssen sie dringend wechseln. Mit den kaputten können wir nicht mehr weiterfahren. Irgendwie war auch klar, dass Emma diesen Trip durch Tadschikistan nicht ganz unbeschadet übersteht. Ich habe da mit einem platten Reifen oder was anderem Banalen gerechnet, aber nicht mit zwei defekten Stoßdämpfern. Das wird richtig teuer. Das sagt uns auch der Werkstatttyp, als er sich Emma genauer anschaut. Ersatzteile für unser Mercedes-Modell zu finden ist fast unmöglich. Er schickt trotzdem seinen Auszubildenden los, auf dem Markt danach zu suchen. Leider behält er recht. Aber es gibt eine Alternative. Er kann uns Stoßdämpfer von einem Hyundai einbauen. Die bis zu sechs Tonnen ausgerichtet sind. Sie sind zwar um ein paar Zentimeter länger, aber an sich müssten sie passen. Ja, was bleibt uns auch anderes übrig, als Emma ein paar koreanische Stoßdämpfer einbauen zu lassen. Um auf Ersatzteile aus dem Ausland zu warten, haben wir keine Zeit, da wir ja jetzt unzählige Kilometer Umweg fahren müssen. 250 Dollar verlangt er letztendlich von uns dafür. 250 Dollar für billige Hyundai- Ersatzteile und vier Stunden Arbeit. Der Chef der Werkstatt nutzt gnadenlos unsere missliche Lage aus. Er weiß ganz genau, dass wir auf ihn angewiesen sind. Um sein schlechtes Gewissen zu beruhigen, wenn er denn überhaupt eins hat, gibt er uns einen halben Liter Bremsflüssigkeit für umsonst mit. Schade, wegen dieser Dreistigkeit verlassen wir dieses wundervolle Land etwas betrübt.

Übrigens. An der Grenze hat uns keiner nach irgendeinem Schein gefragt, den man uns bei der Einreise andrehen wollte. Also alles richtig gemacht.

USBEKISTAN

Bitterer Vorgeschmack

Ich halte wenig davon, ein Land zu verurteilen, wenn man nur eine schlechte Erfahrung gemacht hat. Eine Person repräsentiert noch lange nicht ein ganzes Land. Das Verhalten der Grenzbeamten muss nicht zwingend heißen, dass alle Männer frauenverachtende Machos sind. Aber mir fällt es gerade richtig schwer, mich noch auf Usbekistan zu freuen.

Ich stehe mit unseren Pässen am Grenzposten. Vor mir fünf Männer in Uniform. Zuerst waren es nur zwei in der kleinen Bude. Je länger ich davorstehe, umso mehr werden es. Fünf bewaffnete Männer mit rasierten Glatzen in einem winzigen Häuschen, die alle auf meinen Pass starren.

»Sind Sie verheiratet mit diesem Deutschen?«

»Ja. Das bin ich.« Seit den letzten Ländern ist das meine Standardantwort. Nicht weil wir es sind, sondern weil das Auswärtige Amt über Länder wie Turkmenistan zum Beispiel schreibt: »Das gemeinsame Übernachten nicht verheirateter Paare wird manchmal als Prostitution angesehen. Dementsprechend kann es zu Festnahmen und Verurteilungen kommen. Bei Kontrollen von Unterkünften durch den Migrationsdienst kann die Vorlage von Urkunden zum Nachweis des Personenstands gefordert werden.« Zudem wollen wir keiner Kultur respektlos gegenübertreten. Als unverheiratetes Paar zusammen zu reisen und in einem gemeinsamen Bett zu schlafen ist in vielen Kulturen ein Unding. Das respektieren wir und geben problemlos mit billigen Ringen vom russischen Basar vor, seit einem Jahr verheiratet und auf unseren Flitterwochen zu sein. Mit dieser Geschichte fühlen wir uns wohl und sind damit bisher ganz gut gefahren. Nur eine Ausrede für meine Lieblingsfrage haben wir noch nicht gefunden.

»Wo habt ihr eure Kinder gelassen? Wie, ihr habt noch keine? Ihr seid doch schon Ende zwanzig! Dann wird es aber mal Zeit!«

Wenn die Grenzbeamten einigermaßen nett waren, besänftigte ich sie meist mit einem: »Sobald wir wieder zu Hause sind, wollen wir das Thema Nachwuchs sofort angehen. Vielleicht ja auch schon unterwegs.« Dann nicken sie zufrieden, und keiner hat sich auf den Schlips getreten gefühlt. Nur heute sieht meine Laune etwas anders aus. Denn bevor ich überhaupt zur Passkontrolle vordringen konnte, wurde Emma auseinandergenommen wie eine Forelle, in deren Innerem Kokain versteckt sein könnte. Ich habe schon im Vorfeld von den strengen Grenzkontrollen zwischen Tadschikistan und Usbekistan gelesen. Anscheinend ist das hier besonders kritisch mit dem Drogenschmuggel. Doch bei uns suchen sie nicht nur nach den nicht vorhandenen Drogen, sondern auch nach möglichem Schmuggel von Pornografie. Als Emma von dem kleineren Grenzbeamten komplett gefilzt wird, nimmt sich ein anderer unsere Handys vor. Zuerst wollte ich ihm mein Telefon nicht geben. Trotzig habe ich ihn gefragt, wozu das gut sein soll. Wenn ich doch Pornos illegal ins Land einführen wollen würde, dann sicher nicht mit meinem Handy, sondern auf versteckten Festplatten oder klitzekleinen USB-Sticks. Ich glaube, der hat einfach nur Lust, die Fotos von Touristen durchzuschauen. Dann fing er an, mit seinem Stift zwischen die Holzverkleidung zu kratzen.

»Das muss sicher aufwendig gewesen sein, jede einzelne Latte festzuschrauben. Aber an sich ist das auch ein richtig gutes Versteck für ganz bestimmte Sachen«, droht er mir. Ich reiche ihm widerwillig mein Handy. Ich will nicht daran schuld sein, dass Paul den halben Tag damit beschäftigt ist, die Verkleidung ab- und wieder dranzuschrauben. Der freche Beamte scrollt in der Übersicht die Bilder des letzten halben Jahres durch. Die ganze Reise innerhalb von fünf Sekunden von oben nach unten im Schnelldurchlauf. Er bleibt bei einem Foto von einem Hund hängen. Ein kleiner, hässlicher Hund mit viel zu großen Augen, den wir in Moldawien angetroffen haben.

»Was ist das für eine Rasse?«, fragt er mich.

»Ich dachte, Sie suchen nach verbotenen Fotos und schauen sich nicht unsere privaten Aufnahmen aus Spaß durch?«, entgegnete ich ihm angefressen. Er drückte mir das Handy zurück in die Hand, pfiff seinen Kollegen zurück und forderte mich auf, unsere Sachen zurück ins Auto zu räumen. Nach dieser Aktion ist es wohl selbstverständlich, dass ich mit weniger guter Laune bei der Passkontrolle stehe und auf die übliche Frage »Was ist mit Kindern?« direkter antworte als üblich. »Ich weiß nicht, was Sie das angeht. Kann ja auch sein, dass wir einfach kein Glück bisher hatten oder uns ganz einfach dagegen entschieden haben.«

»Na, das hoffe ich natürlich nicht für Sie. Aber ein Leben ohne Kinder ist ein verschwendetes«, gibt mir der Grenzbeamte zu verstehen.

»Wissen Sie, was Allah, unser Gott, gesagt hat? Was im Koran über Frauen steht?«, fragt er mich. Ich schüttle meinen Kopf.

»Frauen muss man schlagen. Man muss sie schlecht behandeln. Wissen Sie auch, warum?« Ich schüttle erneut den Kopf.

»Weil sie einem sonst auf der Nase rumtanzen. Ein guter Mann schlägt seine Frau, damit sie bei ihm bleibt und ihm treu ist.«

Die anderen Männer hinter ihm lachen laut. Einer von ihnen klopft ihm sogar auf die Schulter für diese weisen Worte. Mir wird ganz übel. Dieser Mann, der mich gerade aufs Schlimmste beleidigt hat, ohne mich dabei überhaupt persönlich anzusprechen, hat es in der Hand, wie schnell und ob wir über diese Grenze kommen.

»Ich bezweifle, dass der Islam, besser gesagt, egal welche Religion, diese abwertende Einstellung gegenüber Frauen gutheißen würde«, versuche ich, mich nett auszudrücken.

»Wie finden Sie denn bisher die Männer hier in Usbekistan? Wäre das nicht eher was für Sie als Russin?«, ignoriert er einfach meine Antwort und legt noch einen drauf.

»Ich mag die deutschen Männer. Sie sind fleißig und gut zu ihren Frauen. Wie die Männer hier sind, weiß ich nicht. Dafür bin ich leider noch nicht mal im Land drin, um es herauszufinden.«

Er stempelt unsere Pässe und winkt uns durch. Als ich mich umdrehe, muss ich laut aufatmen. Was war das denn gerade? Ich will bloß weg hier. Ich muss mich zurückhalten, dass ich nicht wie auf der Flucht zu Emma renne. Paul fragt, was denn passiert sei. Er sieht mir direkt mein Entsetzen an. »Ich erzähle dir gleich alles, sobald ich diese Männer nicht mehr im Rückspiegel sehe«, antworte ich.

Vor der Schranke wird mir mit Handzeichen deutlich gemacht, dass ich in das Häuschen daneben muss. Ich frage mich, was für eine Absurdität da nun auf mich wartet. Ich setze mich zu dem Mann an dem Tisch. Er sieht die deutschen Pässe in meiner Hand und winkt seinen Gehilfen zu sich. Ein Junge, vielleicht gerade mal zwölf Jahre alt, holt aus dem Nebenraum ein Buch und legt es uns vor. Darauf ist ein Autosymbol zu sehen und unten drunter steht in Rot »Tax«. Sieht aus wie selbst gebastelt. Ich weiß jetzt ganz genau, dass mich die nächste Grenz-Abzocke erwartet. Als er es aufklappt und unter den unterschiedlichen Modellen nach unserem sucht, fragt er mich, was wir hier so machen und was wir denn von Beruf sind. Ich lüge ihn einfach dreist an und sage ihm, dass wir für die Deutsche Botschaft arbeiten und von Land zu Land reisen, um die Grenzen dokumentarisch festzuhalten. Ob denn alles mit rechten Dingen zugeht und welche Grenzen korrupt sind, sollen wir dokumentieren. Er klappt das Buch sofort zu und schickt mich aus dem Häuschen, ohne sich zu verabschieden. Dann geht auch endlich die Schranke auf.

Taschen voll Geld

Es gibt Länder, da springt der Funke einfach nicht über. Egal wie beeindruckend die Geschichte des Landes ist oder wie viel Mühe man sich gibt, in die jeweilige Kultur einzutauchen. Es fehlt trotzdem das gewisse Etwas, um sich zu verlieben. So ist es mir mit Kasachstan gegangen und nun mit Usbekistan. Wir sind zwar noch nicht lange hier und haben auch noch nicht viel von diesem Land gesehen. Doch irgendwie spüre ich es nicht. Paul geht es genauso. Wir fragen uns, woran das liegen mag. Ich meine, sicher haben wir keine gute Erfahrung an der Grenze gemacht, aber es gab auf der Reise kaum Grenzen, die wir mit Vergnügen unbedingt wieder durchfahren wollten. An der Landschaft kann es auch nicht liegen. Usbekistan besteht zwar größtenteils aus Steppe, aber ich mag diese Weite, hinter der sich nichts verstecken kann. Ich kann nicht sagen, woran es liegt. Ich will auch noch kein finales Urteil abgeben. Wir haben noch ein paar Tage in diesem Land vor uns, und Samarkand, die Perle des Orients, wird uns vielleicht umstimmen.

Da wir uns unseren »Carnet de Passage« für den Iran an ein Hotel in Samarkand haben schicken lassen, verbinden wir das gleich mit einem typischen Touristentag. Jetzt steht es also wirklich fest. Wir fahren in den Iran. Das scheint mir so fern wie vor einigen Monaten der Gedanke, durch die Stan-Länder zu fahren. Aber es wird passieren und sogar schon in nicht mal einem Monat.

Paul hat am 26. Oktober Geburtstag. Sein bester Freund Fabi hat sich schon den Flug nach Teheran gebucht, um an Pauls dreißigstem Geburtstag dabei zu sein. Nun haben wir eine endgültige Deadline, wie, wann, wo wir sein müssen. Wir haben heute den 13. Oktober. Also dreizehn Tage Zeit, um noch drei Länder zu durchqueren, inklusive des Kaspischen Meers. Insgesamt 2300 Kilometer Fahrt und zwei Tage auf offener See.

Wenn ich das gerade so durchrechne, frage ich mich, wie wir das schaffen sollen. Ich freue mich für Paul. Dass sein bester Freund extra zu seinem Ehrentag geflogen kommt, aber das werden keine entspannten Tage bis dahin. Deswegen gibt es für uns Samarkand im Schnelldurchlauf. Wie schon erwähnt, ich bin kein Fan davon, mit meiner Kamera von einer Sehenswürdigkeit zur nächsten zu rennen und mir Lebensläufe von verstorbenen Machtführern zu merken. Der Registan-Platz ist aber ein Muss. Einer der zentralen Orte der Seidenstraße. Hier blühte der Handel von Teppichen, Stoffen und Waren aus aller Welt. Eine hochschwangere Touristenführerin erzählt uns von den Mächten, die Samarkand aufgebaut, zerstört und wieder aufgebaut haben. Von den verrückten Bauweisen, der Monumentalität und der Symmetrie des Registan.

Während sie immer wieder auf die Tiersymbole hinweist, die im Islam ja eigentlich verboten sind, schweife ich gedanklich ab. Ich denke darüber nach, ob die gedämpften Teigtaschen Manti hier wohl anders schmecken als in Tadschikistan, Kirgisistan oder in Russland? Was gibt es hier noch so für Köstlichkeiten? Ich will endlich wieder was probieren, was ich bisher noch nicht gegessen habe. Wo ist der nächste Markt? Was wird es da Exotisches geben? Oder vielleicht gehen wir heute einfach richtig üppig essen? Ich kann ja schon mal ein typisch usbekisches Restaurant raussuchen. Ich setze mich in den Schatten auf einen kühlen Stein, um mir in Ruhe die Auswahl an Restaurants anzuschauen. Als ich eins gefunden habe, was meinen Ansprüchen einigermaßen entspricht, sind die anderen schon weitergegangen. Ich schaue mich auf diesem überdimensionalen Platz um. Zwischen all den chinesischen und russischen Touristen kann ich die deutschen nicht erkennen. Entweder bleibe ich so lange sitzen, bis die vier irgendwann wieder an mir vorbeikommen, oder ich begebe mich auf die Suche. Ich entscheide mich dazu zu warten. Wird schon nicht so lange gehen. Nach einer Stunde kommen sie endlich um die Ecke. Die Führung ist nun auch vorbei.

Bevor wir zum Abendessen gehen, müssen wir erst mal Geld besorgen. Das entpuppt sich in Usbekistan als besonders schwer. Stinknormale EC-Automaten, die ausländische Karten annehmen, gibt es hier nicht. Das Geld wird entweder gewechselt oder direkt in der Bank abgehoben. Als ich 200 Dollar abheben möchte, verstehe ich auch, wieso. Der usbekische Geldwechselkurs ist absurd. Für einen US-Dollar kriegt man 10 000 usbekische Sum. Also für 200 Dollar kriege ich fast zwei Millionen Sum. Der gängigste Schein ist der Tausender. Als die nette Dame hinter dem Tresen anfängt, die Tausender zu zählen, protestiere ich. Das ist, als würden aus dem Geldautomaten für zehn Euro nur Ein-Cent-Stücke rausfallen.

»Können Sie mir das auch in größeren Scheinen rausgeben?«

»Nein.«

»Na wie jetzt? Das hier ist doch eine Bank. Das müsste hier doch möglich sein, dass ich nicht mit zwei Tüten voll Geldscheinen aus der Tür gehen muss.«

»Nein«, antwortet sie mir erneut und zählt weiter die Tausender.

»Dann möchte ich das nicht. Ich versuche es woanders. Geben Sie mir bitte die Kreditkarte zurück«, fordere ich sie noch höflich auf.

»Das geht jetzt nicht mehr. Ich hab schon die Hälfte gezählt«, schaut sie mich ganz entsetzt an. Hätte ich nicht gelesen, dass die den Touristen mit Absicht die kleinere Währung andrehen, dann würde ich jetzt nicht so darauf beharren, dass sie ordentlich abrechnet. Ich greife über die Theke nach meiner Kreditkarte und laufe zum Ausgang.

»Okay, okay. Junge Frau! Ich schau mal, ob ich noch irgendwo größere Scheine finde«, ruft sie mir winkend hinterher.

Na, geht doch, denke ich mir. Trotzdem habe ich für 200 Dollar einen absurd großen Stapel an Geldscheinen vor mir liegen. Immerhin sind wir jetzt Millionäre. So verhalten wir uns auch, als wir in einem etwas teureren Restaurant sitzen. Obwohl das Platan zu einem der besten Restaurants von Samarkand zählt, sind die Preise für europäische Verhältnisse vergleichbar mit einem Imbiss. Die Hauptgerichte kosten umgerechnet nicht mehr als fünf Euro und die Flasche Wein so viel wie beim Späti in Berlin. Wir bestellen alle mindestens fünf Gerichte, Bier und zwei Flaschen usbekischen Weißwein. Einfach, weil wir es uns leisten können und auch weil wir am liebsten alles probieren möchten.

Es gibt natürlich Manti, das Traditionsgericht Plov und unterschiedliche Salate. Paul hat sich Kebab und eine Art Samosas bestellt. Es schmeckt alles so verdammt lecker. Eine richtig gute Kombination aus russischem und arabischem Essen. Manchmal fehlt mir nämlich bei den russischen Gerichten die Gewürzvielfalt. Die Russen kennen nur drei Gewürze. Salz, Pfeffer und Lorbeerblätter. Im Sommer gibt es dann noch frische Kräuter wie Dill und Petersilie. Das war's. Hier werden aber russische Gerichte mit zusätzlich geräuchertem Paprika oder Kümmel gewürzt. Auch wird Koriander oder Zitrone eingesetzt. Ich bin begeistert, und das ganze Festmahl für nicht mal fünfzig Dollar für vier Personen. Wir versuchen die ganzen Scheine in die Rechnungsmappe zu packen. Keine Chance. Das Geld quillt aus allen Ecken. Also jetzt wird mir Usbekistan doch sympathischer.

Nachbeben der letzten 25 000 Kilometer

Usbekistan ist nicht nur für seine pompösen, geschichtsträchtigen Bauwerke bekannt, sondern auch für den Anbau von Baumwolle. Ganze zwei Drittel der landwirtschaftlichen Fläche werden zum Anbau genutzt. Etwas absurd, da Usbekistan kaum noch eigene Wasservorräte besitzt und bei den wenigen Regentagen im Jahr diese aber extrem nötig hat. Damals hat man für den Anbau das Wasser aus den Flüssen Amudarja und Syrdarja gezogen. Beide sind wichtige Zuflüsse für den Aralsee.

Heute ist der Aralsee so gut wie ausgetrocknet. Die Menschen leiden ungemein darunter. Da damals, während der Zugehörigkeit zur Sowjetunion, für die Agrarwirtschaft Unmengen an Pestiziden genutzt wurden, haben diese sich im Boden des Sees angesammelt. Diese gelangen jetzt mit dem Staub in die Atemwege der Menschen. Lungenkrankheiten und Krebs sind die Folgen. Wir sind zwar noch nicht in der Nähe des Aralsees angekommen, fahren aber schon seit Kilometern an Baumwollfeldern vorbei. Eigentlich ist Usbekistan kein besonders grünes Land. Eher trocken und staubig. Doch fährt man an diesen Feldern entlang, sieht es aus wie ein leuchtend grünes Paradies. Künstliche Oasen ziehen sich durch das eher trockene Land.

Während ich die Arbeiter beim Pflücken im Feld aus dem Fenster beobachte, gibt es beim nächsten Schlagloch plötzlich ein lautes Knacken. Eher wie ein Knall. Paul hält sofort an der rechten Seite an. Das Geräusch kam von vorne links. Die Reifen scheinen okay zu sein. Dann legt er sich unter Emma. Als er das letzte Mal von unten rauskam, hatte er keine guten Nachrichten. So wie dieses Mal. Die Blattfedern sind gebrochen. Unser Bus hat zum Abfedern nicht nur Stoßdämpfer, sondern auch auf jeder Seite Blattfederpakete, die jeweils aus fünf Lagen bestehen. Geht eine kaputt, brechen die restlichen von Zeit zu Zeit auch. Paul kann zwei defekte Blattfedern zählen.

Die letzten 25 000 Kilometer haben ihre Spuren hinterlassen. Die Schotterpisten, Wellblechstraßen und die kraterähnlichen Wege hat Emma doch nicht ganz unbeschadet überstanden. Erst die Stoßdämpfer, nun die Blattfedern, und wir sind wieder in einem Land, in dem wir bis jetzt keinen Kastenwagen, Sprinter oder eben einen Camper gesehen haben. Hier in Usbekistan fährt die Hälfte der Menschen einen Daewoo und die andere einen Lada. Wir haben zum Glück nur noch ein paar Kilometer bis nach Buchara, der nächsten großen Stadt in Usbekistan. Die Sache muss schnell erledigt werden. Die Zeit rennt. Aber ich spüre, das wird keine einfache Angelegenheit. Auf den letzten Metern in die Stadt knackt es erneut, und die nächste Blattfeder bricht. So langsam hat Emma auch einen schiefen Blick. Links hängt sie leicht runter. Auf der Karte schaue ich, wo die größte Werkstattdichte ist. Da sind dann meistens auch Ersatzteilmärkte oder irgendjemand, der uns weiterhelfen kann. Mir wird hier nur eine Werkstatt angezeigt. Ich probiere es auf Russisch. Er spuckt mir wieder die gleiche Werkstatt aus. Dann bleibt uns wohl nichts anderes übrig, als zu dieser zu fahren. Wir kriechen durch die Straßen von Buchara, damit nicht beim nächsten Hubbel die nächste Seite bricht oder wir komplett links auf der Straße aufliegen und die Asphaltschicht runterkratzen. Die angezeigte Werkstatt ist eine kleine Garage mit einer Grube davor. Daneben stehen zwei identische Möchtegern-Werkstätten. Als der Besitzer uns davor parken sieht, blickt er kurz von seinem kleinen Fernseher auf und richtet dann den Blick wieder zum Mittagsprogramm. Ich laufe in die hinterste Ecke der Garage, wo er es sich gemütlich gemacht hat.

»Guten Tag. Wir kommen aus Deutschland und sind schon etwas länger mit unserem Bus unterwegs. Jetzt sind uns die vorderen Blattfedern gebrochen, auf der linken Seite. Wissen

Sie, wer uns in der Stadt das reparieren könnte? Oder können Sie das sogar?«, frage ich ihn voller Hoffnung. Er steht von seinem tiefen Sessel auf und lächelt mich kurz an. Dann läuft er zu Emma, um sich selbst ein Bild von den kaputten Blattfedern zu machen.

»Das wird hier schwierig. Ersatzteile für einen Mercedes zu finden ist schon schwierig, und dann noch für so ein Modell. Puh. Ich denke, fast unmöglich. Aber wir können es bei einer anderen Werkstatt versuchen, ich kann nur nichts versprechen.« Direkt wird mir die Hoffnung genommen. Er bietet uns an, ihm hinterherzufahren. Sein Bekannter kann uns da vielleicht weiterhelfen. Hinter dem Basar an der alten Stadtmauer hält sein weißes Coupé. Ein chic gekleideter Mann wartet schon auf uns. Anscheinend hat er ihm schon alle Infos am Telefon mitgeteilt. Er schaut kurz unter Emma und schüttelt den Kopf.

»Euch ist das eindeutig im falschen Land passiert«, teilt er mir mit. Und nun? Wir müssen in ein paar Tagen im Iran sein und können damit ganz sicher nicht die nächsten 1000 Kilometer fahren. Der Mann mit dem schicken Hemd verabschiedet sich. Der andere, der so hilfsbereit ist, telefoniert noch hin und her. Wenn wir genug Zeit haben, dann könnte ein Ersatzteil aus Taschkent geliefert werden. Aber eben erst in drei Tagen. Das ist dann auch kein original Mercedes-Teil, aber vielleicht passt es ja. Das ist uns zu unsicher. Dann telefoniert er wieder und gibt uns ein Handzeichen, dass wir ihm hinterherfahren sollen.

Wir landen in der nächsten Werkstatt. Diesmal keine schäbige Garage, sondern ein großes Ersatzteillager mit anliegendem Mehrfamilienhaus. In einem alten Pool liegen Unmengen an Reifen, Stoßdämpfern und ganzen Achsen. Am Beckenrand steht ein verrosteter Schulbus, auf dem die Karosserie eines alten Ladas geparkt ist. Wie in einem Museum für Blechteile reiht sich hier der Schrott aneinander. In manchen Ecken liegen auch Blattfedern verteilt. Die Hoffnung steigt wieder. Als uns der Chef dieser Werkstatt nach einer halben Stunde endlich beehrt, bin ich mir dann doch nicht mehr so sicher, ob wir hier richtig sind. Herr Nosov kommt in einem kurzärmeligen gestreiften Hemd und einer schicken Jeans, die so aussieht, als wäre sie nicht auf dem Basar erworben worden. Sein Haar ist schmierig nach hinten gegelt und sein Bart frisch wie vom Barbier gestutzt. Er riecht nur so nach krummen Geschäften. Als er Emma sieht, schmunzelt er leicht arrogant. Ich kann ihn jetzt schon nicht leiden. Er selbst legt sich natürlich nicht unters Auto, um sich unser Problem anzuschauen. Mit einem Pfeifen ruft er seinen Angestellten zu sich, der sich dann für ihn bückt und nach den Blattfedern schaut. Beide besprechen sich auf Usbekisch.

»Wir müssen das erst auseinandernehmen, um zu schauen, wie viele Federn überhaupt gebrochen sind und welche wir ersetzen müssen, besser gesagt, können. Sie werden hier jedoch keine Ersatzteile finden, die genau auf Ihr Auto zugeschnitten sind. Entweder wir schweißen die kaputten Blattfedern oder setzen welche ein, die einigermaßen passen«, teilt er mir mit. Ich nicke und willige ein, Emma auseinandernehmen zu lassen. Vielleicht ist der Schaden ja auch gar nicht so groß. Herr Nosov überlässt uns seinen Angestellten und fährt mit seinem SUV vom Hof. Unser persönlicher Mechaniker heißt Marat. Ich würde ihn auf Anfang dreißig schätzen. Er wirkt etwas geknickt. Sein Blick richtet sich immer nach unten, und seine Körperhaltung orientiert sich Richtung Boden. Ich habe auch nicht ganz herausgefunden, wie er seine Arbeitsklamotten gewählt hat. Seine Schuhe sind alte Herrenschuhe aus Leder mit Motorölflecken drauf, dazu trägt er eine Adidas-Sporthose und ein fleckiges weißes Polohemd. Also eher ein russisches Dörfler-Outfit. Aber Marat macht einen vertrauensvollen Eindruck. So, wie er mit Emma umgeht und das Werkzeug schwingt, lässt darauf schließen, dass er weiß, was er da tut.

Um die 3,5 Tonnen heben zu können, nimmt er einen Gabelstapler zu Hilfe. Er fährt mit ihm vorne unter den Rahmen und
hebt den Bus langsam nach oben. Je mehr sich Emma vom
Boden löst, umso mehr zieht es auch den Gabelstapler hinten
in die Luft. Ich warte nur darauf, dass er komplett umkippt und
in der Windschutzscheibe von Emma landet. Aber es funktioniert. Unser Camper hängt mit den beiden vorderen Reifen
einen halben Meter über dem Boden. Hoffentlich bleibt das
auch erst mal so. Marat hebelt mit voller Kraft die Schrauben
aus der Verankerung. Dreißig Jahre wurde an dieser Stelle
nichts mehr gelöst. Dreck und Staub haben sich in jeden Schlitz
gelegt und machen die Arbeit jetzt besonders schwer. Paul will
ihm gerne helfen, aber das lässt Marat auf keinen Fall zu. Es ist
sein Job. Dafür wird er ja auch bezahlt. Nach über einer Stunde
liegt das Paket Blattfedern vor uns auf dem Boden. Das ganze
Ausmaß wird uns nun bewusst. Drei der Federn sind an der
Verbindungsstelle durchgebrochen. Die anderen beiden haben
den Rest noch gestützt, aber lange wäre das nicht mehr gut
gegangen. Marat telefoniert nun mit seinem Chef, um zu erfra-
gen, wie er fortfahren soll.

»Ich mache jetzt erst mal eine Mittagspause. Mein Chef
kommt gleich mit dem Ersatzteil, und dann geht es weiter.«

Dann wird es wohl auch Zeit für uns, eine Mittagspause zu
machen. Um die Ecke gibt es eine winzige Kantine, die Pirasch-
ki, frittierte Teigtaschen mit Kartoffelbrei oder Hackfleisch,
und frische Spiegeleier oder Suppe verkauft. Auf winzigen
Plastikstühlen essen wir zu Mittag zwischen all den Bauarbei-
tern, Straßenarbeitern und Mechanikern. Auch unser Mechaniker speist im selben Lokal, aber er sieht eher so aus, als
möchte er seine Ruhe anstelle unserer Gesellschaft. Nach dem
Essen steht schon Herr Nosov mit einer fabrikneuen Blattfeder
bereit. Er konnte leider nur eine auftreiben. Eine für das Sprin-
ter-Modell. Also eigentlich zu hoch und zu lang. Die anderen
zwei, die auch gebrochen sind, müssen wir auf dem Schrott-

platz zusammensuchen. Würde uns dann 300 Dollar kosten. 300 Dollar? Sein Ernst jetzt? Vielleicht sind wir ja von den billigen Preisen in Russland und Kasachstan verwöhnt, aber ich kann mir beim besten Willen nicht vorstellen, dass diese 300 Dollar wirklich gerechtfertigt sind.

»Also ihr habt keine andere Wahl. Entweder wir schweißen das Ganze, was günstiger wäre, aber nur ein paar Hundert Kilometer hält, oder ihr nehmt das, was ihr kriegen könnt.« Deutlicher kann er mir nicht sagen, dass wir auf ihn angewiesen sind und er um unsere blöde Situation weiß. Das ärgert mich so. Erst der Werkstatttyp in Tadschikistan, der für seine billigen Stoßdämpfer 250 Dollar verlangt hat, und nun der gleiche geldgierige Geschäftsmann. Wir haben gerade wirklich kein Glück mit Emma. Aber er hat recht. Wir haben keine Wahl. Es sind nur noch ein paar Tage, bis wir im Iran sein müssen, und die Straße wird nicht angenehmer, sondern, dadurch dass wir wieder durch Kasachstan müssen, erneut ein Kampf für Emma. Die nächste Möglichkeit, unser Auto reparieren zu lassen, ist also der Iran. Widerwillig geben wir ihm die Hand für das Geschäft, wahrscheinlich das Geschäft seines Lebens. Er verspricht uns, dass wir unser Zuhause morgen wieder abholen können. So lange müssen wir ins Hotel.

Wir suchen uns eines der billigsten aus, da wir ja bald um 300 Dollar ärmer sein werden. Dafür haben wir nun etwas Zeit, Buchara zu erkunden. Eine wirklich schöne alte Stadt mit überdauernder Kultur. Mit kleinen Gassen und vielen Ornamenten an den Häuserwänden. In einem Café über den Dächern von Buchara haben wir einen unglaublichen Ausblick auf die Kuppeln des historischen Zentrums. Der Orient liegt noch förmlich in der Luft. Eigenartig, dass Usbekistan den größten Teil des 20. Jahrhunderts zu Russland gehörte. Den Einfluss bemerkt man noch in der Sprache und dem Essen. Doch die Architektur, Religion und die Kultur ist eine komplett andere.

Die Reparatur des Autos war natürlich nicht über Nacht erledigt. Ganze zwei Tage warten wir nun darauf, dass wir Emma wieder abholen können, um weiterzuziehen. Als wir das Ergebnis sehen, sind wir nicht gerade erfreut. Emma hat immer noch einen schiefen Blick, nur diesmal hängt sie auf der anderen Seite tiefer. Da die neu eingesetzten Blattfedern nicht haargenau passen, ist das gesamte Paket etwas höher geraten als im Original. Das lässt sich nun nicht mehr ändern. Wir wollen weiter, und ich will noch mal versuchen, ein bisschen zu handeln. Herr Nosov sitzt in seinem Büro und telefoniert. Auf einem großen Sessel hat es sich ein alter Herr bequem gemacht, der beide Beine verloren hat. Seine maßgeschneiderte Hose ist an der Stelle seiner Knie ordentlich umgeklappt. An seinen Händen trägt er an fast jedem Finger schwere Goldringe. Ich vermute mal, dass Herr Nosov nur der Junior ist, und vor mir sitzt nun der Chef, Herr Nosov senior. Als Nosov junior nach einer halben Stunde Telefonat endlich die Aufmerksamkeit auf mich richtet, fange ich direkt mit den Verhandlungen an.

»Ich wollte mich erst mal bei Ihnen bedanken, dass Sie sich der Aufgabe gestellt haben, besser gesagt, dass Marat sich an diese schwere Aufgabe getraut hat. Doch wir müssen noch mal über den Preis reden. Ich finde die 300 Dollar nicht gerechtfertigt. Das, was eingebaut wurde, entspricht nicht ganz der Qualität, die wir gewohnt sind. Zudem hat das alles viel länger gedauert, wodurch wir noch mehr Geld für ein Hotel ausgeben mussten.« Nosov junior sagt irgendwas zum Senior, dieser nickt, und wir einigen uns auf 250 Dollar. Immer noch ein unverschämter Preis, aber wenigstens habe ich erfolgreich verhandelt.

Bevor wir in die Steppe fahren, muss noch etwas Diesel her. In der Stadt haben wir bis jetzt nur Tankstellen mit Benzin gesehen, wo das Dieselzeichen durchgestrichen war. Diesel zu bekommen ist schwierig in Usbekistan. Die meisten Lkws fahren mit Gas, der Diesel wird für die Landwirtschaft aufgespart. Da gerade Erntezeit ist, ist er fast überall ausverkauft. Marat gibt mir einen Tipp. Ich solle eine bestimmte Nummer anrufen, ihm durchsagen, wie viel Liter wir benötigen, und er bringt es uns dann direkt vor die Tür. Ein altes Taxi fährt an unsere Emma ran. Im Kofferraum zwei Kanister gefüllt mit Diesel. Als wir die Kanister umfüllen, ist die schlechte Qualität sofort zu sehen. Er stinkt, und die Farbe erinnert eher an Schmieröl. Aber was erwartet man auch auf dem Schwarzmarkt. Wir zahlen pro Liter umgerechnet sechzig Cent. Das klingt für uns vielleicht sehr wenig, aber das ist auf jeden Fall deutlich über dem Marktpreis. Jetzt sind wir mit neuen Blattfedern und genug Brennstoff an Bord gewappnet für die Steppe in Usbekistan.

Nach Buchara kommt erst mal eine Weile lang nichts. Also überhaupt nichts. Eine 600 Kilometer lange Straße, die einfach nur geradeaus führt. Mal im normalen Zustand, mal mit schlammigen Schlaglöchern. Ab und zu müssen wir wegen der Kamele neben der Straße langsamer fahren oder ihnen komplett ausweichen. Wir halten nur an, um den Tank aufzufüllen oder um für ein paar Stunden zu schlafen. Weil es einfach nichts zu sehen gibt weit und breit, entschließen wir uns einfach, so viel wie möglich zu fahren. So packen wir die 1000 Kilometer innerhalb von zwei Tagen.

Die kasachische Grenze erreichen wir am Abend. Erneut hat sich eine kilometerlange Schlange gebildet. Lkws und Pkws stehen in einer Reihe. Kein System oder eine Beschilderung, die deutlich macht, wo wir uns einreihen sollen. Wir versuchen es einfach mit dem altbewährten System. Wir fahren an allen anderen vorbei und warten vorne, bis uns ein Grenzbeamter als Touristen identifiziert und vorlässt. Das klappt auch heute.

Ein riesiges Chaos herrscht an den Kontrollstationen. Menschenmengen drängen durch die Passkontrolle. Autos stehen kreuz und quer in den reifentiefen Pfützen, und plötzlich fängt es an, wie aus Eimern zu regnen. Es wird Zeit, dieses Land zu verlassen, mit dem ich leider bis zum Schluss nicht ganz warm geworden bin. Ich zweifle nicht an der Schönheit des Landes oder der Gastfreundlichkeit der Menschen hier. Ich habe mich nur einfach nicht verliebt.

ASERBAIDSCHAN

Ich will nicht wieder zurück

Da sind wir wieder. Das Kaspische Meer vor unseren Augen. Wir mussten um die halbe Welt fahren, damit wir endlich direkt am Wasser, direkt am Kaspischen Meer stehen können. Claudi und Julian kampieren hier schon seit gestern. Sie sind auch etwas schneller durch die Steppe Usbekistans gedüst, als es uns möglich war. Die letzten 500 Kilometer durch Kasachstan waren natürlich keine Traumfahrt. Direkt nach der Grenze ging es die ersten 100 Kilometer auf den schlimmsten Straßen, die Kasachstan uns je geboten hat. Das ist eine Hauptverkehrsstraße für Lkws, die mit der Fähre ankommen und weiter nach Usbekistan oder Afghanistan wollen. Eine Hauptstraße! Es hat einfach nur wehgetan, da entlangzufahren. Die Betonplatten waren alle verschoben, und teilweise schaute die Stahlbewehrung raus. Danach ging es weiter auf einer Schotterpiste. Weil die eigentliche Straße gesperrt war. Doch neben der Straße verliefen um die drei weitere nicht offizielle Wege. Die anderen Autos fuhren mal auf der zweiten, mal auf der ersten Spur. Immer wenn wir wechselten, haben wir es ganz schnell bereut. Never change a running system. Das ist selbst auf den Straßen von Kasachstan die Regel.

Egal auf welchem der Wege wir unterwegs waren, sie haben sich gegenseitig in ihrer schlechten Beschaffenheit übertroffen. Bis plötzlich, aus dem Nichts heraus, einfach so, eine Hauptstraße hervorkam, die diesen Namen auch verdient hatte. Eine

Straße, wie wir sie in Kasachstan kaum zuvor gesehen haben. Vierspurig und mit frischem Asphalt. Eine Wohltat für unsere ramponierte Emma. So ging es bis zum Ufer von Aqtau, der Hafenstadt von Kasachstan.

Laut Internet fährt die Fähre nach Baku ganz, wie es ihr passt. Es gibt keine konkreten Abfahrtzeiten. Einfach jeden Tag dort nachfragen, und wenn man Glück hat, fährt sie an einem dieser Tage los. So machen wir es auch. Direkt am nächsten Morgen stehen wir im Büro der Hafenbehörde. Das Pech der letzten Wochen verwandelt sich endlich in Glück. Heute soll die Fähre nach Aserbaidschan ablegen. Das passt perfekt zu unserem Zeitplan. Ein oder zwei Tage später hätten uns aus dem Konzept geworfen. Die Chancen stehen also hoch, am 26. Oktober in Rascht, Iran, einzufahren.

Wir kaufen ein Ticket für uns und das Fahrzeug. Zahlen müssen wir zuerst nur für die Passagiere. Siebzig Dollar pro Person mit Vollverpflegung. Emma wird bei der Ankunft gezahlt. Jetzt heißt es abwarten, darauf, dass die Fähre ablegt. Das dauert ganze sechzehn Stunden. Währenddessen müssen wir zur Passkontrolle, Observation und Zollbehörde. Als ich beim Ausstempeln gefragt werde, ob wir denn ein gültiges Visum für Aserbaidschan haben, antworte ich ganz selbstsicher mit einem deutlichen Ja. Natürlich. Haben wir vor einer Woche beantragt und uns ausgedruckt. Man vertraut mir und gibt uns den Ausreisestempel, der mit einer kleinen Fähre verziert ist. Irgendwann gegen vier Uhr morgens dürfen wir an Bord. Ich habe so eine ähnliche Fähre erwartet wie die von der Ukraine nach Georgien. Eine nette kleine Kabine zu zweit und ein privates Bad. Hier erwartet uns eine Sechserkabine in der untersten Abteilung des Bootes, fast direkt am Motorraum. Es riecht nach Schiffsdiesel, und das Hämmern des Motors strahlt in die Zimmer. Die Toilette befindet sich auf dem Gang, und eine Dusche ist gar nicht vorhanden. Zum Glück sind wir nur mit Claudi und Julian in einer Kabine, die anderen beiden Betten bleiben frei, besser gesagt, ein Hochbett ist nicht mit Lkw-Fahrern besetzt. In dem Raum steht noch ein winziger Holztisch mit passendem Stuhl, und es gibt ein Fenster. Ein Bullauge, das sich nicht mehr schließen lässt. Also wenn die nächste Flutwelle kommt, ist unser Zimmer wahrscheinlich das erste, das mit Meerwasser vollläuft. Das Kaspische Meer gönnt uns nicht einmal eine sichere und schöne Fahrt auf seinen Wellen. Vielleicht schaukeln sie mich ja seicht in den Schlaf.

Vier Stunden später ertönt eine Sirene. Ich hoffe, das ist das Zeichen, dass es Zeit ist fürs Frühstück. Die paar Stunden Schlaf auf diesem brettharten Bett waren nicht sonderlich erholsam. Ich quäle mich aus dem Bett, öffne das sowieso schon offene Fenster und halte mein Gesicht raus. Die Wellen peitschen knapp unter mir gegen das Schiff. Ich kriege ein paar Spritzer frisches Meerwasser ab. Fühlt sich fast so an wie eine kleine Morgendusche.

Beim Mittagessen, im fensterlosen Speisesaal, sitzen wir anscheinend am Touristentisch. Also nur wir vier und zwei Engländer. Der Rest sind Lkw-Fahrer. Zur Hühnersuppe kriegen wir noch Plov mit Rindfleisch gereicht. Langsam ist ein kulinarischer Wechsel bei uns nötig. Wir kommen mit den zwei Engländern ins Gespräch. Vor drei Monaten sind sie in Kirgisistan gelandet, haben sich einen alten Lada für 5000 Dollar gekauft (was ich für einen ziemlich überteuerten Preis halte) und sind damit über den Pamir getuckert. Inklusive Motorschaden und drei Reifenwechseln. Nun wollen sie nach Georgien, um dann zu versuchen, das Auto in die EU zu überführen. Klingt auf jeden Fall auch nach einer abenteuerlichen Fahrt. Beide waren so schlau und haben einen Whiskey aufs Boot geschmuggelt. Unseren Wodka haben wir schon letzte Nacht auf dem Parkplatz einer Hotelanlage mit Meerblick geleert. Wir spielen noch ein paar Runden »Durak«, ein Kartenspiel, das man nach einer Rundreise durch die ehemalige Sowjetunion auf jeden

Fall wie ein Profi beherrscht, und tauschen unsere Geschichten vom Pamir aus. Da unsere Kojen nicht besonders einladend sind, verbringen wir den ganzen Tag im Speisesaal. Wir gleiten fließend zum Abendessen über, bis wir gegen Mitternacht dann rausgeschmissen werden. Notgedrungen gehen wir ins Bett. In ein paar Stunden legen wir nämlich auch schon in Baku an.

Während ich versuche einzuschlafen, merke ich, wie das Meer heute etwas wilder gelaunt ist. Ich überlege kurz, ob es der Alkohol ist oder das Schiff wirklich so sehr schwankt. Na ja, solange das Wasser noch nicht durch das offene Fenster dringt, ist es wohl nicht so kritisch. Ich schließe meine Augen und versuche, gegen meine aufkommende Übelkeit anzukämpfen. Doch sobald ich darüber nachdenke, mich in diesem Klo zu übergeben, wo der Schiffsdiesel am stärksten riecht und das Licht ekelhaft nervig flackert, reiße ich mich zusammen und verdränge mein Unwohlsein. Irgendwann werde ich schon einschlafen.

»Sie können heute noch nicht einreisen. In Ihrem Visabescheid steht der 26.10. als Einreisetag. Wir haben heute den 23.10.«, sagt mir der Grenzbeamte und reicht mir meinen Pass zurück. Wie jetzt? Das muss doch ein Fehler sein. Ich schaue noch mal auf das Datum auf dem ausgedruckten Zettel. Tatsächlich. Entry 26.10. Ich schaue auf Pauls Visum. Dasselbe Datum. Mist. Ich habe Pauls Geburtstag als Einreisedatum eingetragen. Dieses Datum ist mir die ganze Zeit im Kopf rumgeschwirrt, weil wir so oft darüber geredet haben, genau da im Iran sein zu müssen, dass ich vor lauter Zahlen das falsche Datum ausgewählt habe.

»Tut mir leid, da muss mir wohl ein Fehler unterlaufen sein. Was können wir da machen? Können Sie das Einreisedatum nicht einfach vorziehen?«, frage ich voller Hoffnung.

»Das tut auch uns leid. Aber wir können da gar nichts machen. Wir können Sie so nicht ins Land lassen. Sie müssen leider wieder zurück mit der Fähre nach Kasachstan«, erklärt mir der nette Mann. Als er den letzten Satz ausspricht, kommen mir die Tränen.

»Ich will nicht wieder aufs Schiff! Auf keinen Fall gehen wir da wieder drauf. Diese Fähre ist eine Zumutung. Können wir nicht hier drei Nächte bleiben, bis unser Visum gültig ist?«, flehe ich ihn unter Tränen an.

Der Mann schüttelt den Kopf. »Das können wir nicht zulassen. Das hier ist ein Fährhafen. Wir können Sie nicht drei Tage auf diesem Gelände alleine lassen.«

Ich bin entsetzt. Wie konnte mir das nur passieren? Es lief doch alles nach Plan. In drei Tagen wären wir pünktlich zu Fabis Ankunft im Iran gewesen. Ich will auch unter keinen Umständen zurück auf diese schäbige Fähre und vor allem nicht zurück nach Kasachstan. Ich kette mich lieber hier fest und protestiere gegen die Abschiebung. Sonst müssen wir ja noch mal 400 Dollar zahlen, um zurückzufahren, und dann erneut 400 Dollar, um dann wieder nach Baku zu kommen. Paul wirkt komischerweise sehr entspannt. An seiner Stelle wäre ich stinksauer auf mich und hätte aus Verzweiflung laut rumgebrüllt. Auch wenn es in dem Moment natürlich nichts gebracht hätte. Aber ich bin nun mal die Schuldige, wenn wir Emma gleich tatsächlich zurück auf die Fähre fahren und unsere kostbare Zeit und das letzte Geld dafür verschwenden müssten.

»Es gäbe da noch eine Möglichkeit. Sie haben das Visum ja online beantragt. Da gibt es auch ein Expressvisum. Innerhalb von drei Stunden wird es zugestellt. Wenn Sie das jetzt erledigen, dann schaffen Sie es, bevor die Fähre wieder ablegt. Das kostet aber leider etwas. Sie wissen schon, was ich meine. Ansonsten müssen Sie leider wirklich wieder zurück.« Als ich diese Sätze höre, fällt mir ein riesiger Stein vom Herzen. Egal was er an Schmiergeld verlangt, es wird sicher nicht so hoch sein wie die Extrakosten, die auf uns zukommen, wenn wir zurückgeschickt werden. Aber wir haben hier keine funktionierende SIM-Karte mit Internet. Wie sollen wir das jetzt anstellen? Der Grenzbeamte ruft jemanden von der Fähre. Dann werde ich zurück aufs Schiff geführt und darf in die Kommandobrücke. Ein Mann reicht mir seinen Laptop, und ich kann erneut das Visum beantragen. Ich bin total aufgeregt. Wenn das jetzt nicht klappt, dann bin ich wirklich schuld an unserer Misere.

Ich überprüfe zehnmal, ob ich das richtige Datum angegeben habe und ob die Namen stimmen. Dann drücke ich auf »Abschicken«. Jetzt heißt es abwarten. Drei Stunden lang klicke ich immer wieder in meiner Mailbox auf »Aktualisieren«, um zu sehen, ob wir das Visum schon erteilt bekommen haben. Aus dem Fenster sehe ich, wie schon die ersten Lkws aufgeladen werden. Das wird richtig knapp. Auf die Minute genau nach drei Stunden erhalte ich die lang ersehnte Mail mit unseren neuen Visa. Schnell drucke ich beide Zettel aus und renne voller Freude zu Paul.

Der Grenzbeamte freut sich auch, mich mit den Zetteln in der Hand zu sehen. Ich bedanke mich bei ihm und lege ihm fünfzig Dollar in die Pässe. Als er sieht, dass ich noch einen russischen Reisepass besitze, wundert er sich, wieso ich mir überhaupt ein Visum geholt habe, ich könne hier doch auch so einreisen.

Wie recht er eigentlich hat. Diese Option habe ich irgendwie gar nicht für möglich gehalten. Für das falsche und das neue Visum haben wir jetzt pro Person 100 Dollar gezahlt. Das hätten wir uns bei mir anscheinend sparen können. Fürs nächste Mal weiß ich nun Bescheid.

Er stempelt uns die Einreise in die Pässe und wünscht uns eine gute Zeit in Aserbaidschan. Ich bin froh, endlich weiterfahren zu können. Doch bevor wir das Gelände verlassen, müssen wir noch zum Zoll und die Fähre für Emma bezahlen. Wir verbringen weitere zwei Stunden in einer kleinen weißen Bude, bis alle Unterlagen ausgefüllt sind und die Rechnung bezahlt ist. Als Belohnung für diesen nervenaufreibenden Tag gönnen wir uns in der größten Mall von Baku einen Döner bei »Berlin Döner«. Im Vergleich zu einem richtigen Döner aus Berlin ist das hier natürlich nur ein belegtes Brötchen mit Fleisch und Salat, aber er ist bis jetzt trotzdem der beste Döner, den ich auf der ganzen Reise gegessen habe.

IRAN

Besuch aus der Heimat

Wir haben es wirklich geschafft. Sogar einen Tag früher als geplant fahren wir über die iranische Grenze. Ich bin etwas aufgeregt. Ich zupfe ständig an meinem Kopftuch und frage mich, wie viel Haar ich eigentlich zeigen darf. Ist meine Jacke auch wirklich lang genug an den Armen, und bedeckt sie meinen Hintern ausreichend? Ich nehme das Kopftuch wieder ab, binde meine Haare noch enger an den Kopf und wickle es wieder drüber. Im Seitenspiegel betrachte ich dieses kulturelle Desaster. Jeder erkennt doch sofort, dass ich eine Touristin bin, so ungekonnt, wie ich dieses Kopftuch trage. Steht mir irgendwie nicht. Mein Gesicht wirkt dadurch noch runder. Wie eine russische Babuschka sehe ich aus. Das wird aber nun meine Realität für die nächsten zwei Monate sein. Pauls Kommentar begrenzt sich auf ein »Süß«.

An der Grenze scheint alles komplizierter als gedacht. Wegen des »Carnet de Passage« müssen wir erst mehrere Stationen durchlaufen. Eine Gruppe von jungen Männern fängt uns bei der Passkontrolle ab. Sie drängen sich an unser Fenster und bieten ihre Hilfe an. Wir winken zuerst ab, weil wir der Meinung sind, das auch allein hinzukriegen. Aber als wir schon bei der ersten Station scheitern, weil wir sie einfach nicht finden können, holen wir uns doch Hilfe. Ein junger Iraner leitet uns durch die Grenzposten. Erst ein Stempel hier, um dann dort den untersten Schein abzugeben, und dann noch ein Stempel dort, damit wir den Schein bei der Abreise abreißen können. Die ganze Zeit über muss ich im Auto warten. Das ist eine ganz neue Situation für mich. Die letzten Monate habe ich mich immer um den Papierkram an den Grenzen gekümmert und mit den Grenzbeamten tiefe Freundschaften und Feindschaften geschlossen. Jetzt ist Paul an der Reihe. Der gerade seit einer halben Stunde in einer der vielen Buden verschwunden ist. Ich steige aus dem Auto und halte Ausschau nach einer Toilette. Ein Mann kommt entsetzt auf mich zu.

»What are you doing here?«

»I'm searching for the restroom. Do you know where I may find it?«

Er zeigt mit seiner rechten Hand auf eine Baracke hinter den Lkws. Aber ich soll da nicht alleine hingehen. Mein Mann muss mich begleiten oder mein Bruder oder eine andere männliche Person. Ich will seine Weisung ignorieren und einfach alleine auf die Toilette gehen. Doch der Mann schaut mich mit einem dermaßen ernsten Blick an, dass ich mich nicht mehr traue. Ich schleiche zurück ins Auto und warte auf Paul. Auf meinen Mann. Auf meinen Retter, der mich aufs Klo begleiten muss.

Selbst zur Passkontrolle muss ich nicht aussteigen. Das erledigt alles Paul. Der junge Iraner will natürlich auch was für seine Dienste. Immerhin wären wir ohne ihn aufgeschmissen. Aber vielleicht ist das genau der Trick hierbei. Es den Touristen so schwer wie möglich machen, damit noch andere etwas vom Kuchen abkriegen. Wir handeln ihn auf zehn Dollar. Was wahrscheinlich deutlich über dem iranischen Tagessatz liegt. Dann haben wir es endlich geschafft. Wir sind im Iran.

Das Kaspische Meer begleitet uns immer noch. Wir fahren gerade seit Stunden an seiner Küste entlang. Schöner ist es hier auch nicht als im Norden, Osten und Westen des Meeres. Jetzt haben wir wirklich fast das komplette Kaspische Meer umrundet. In Rascht, einer großen Stadt in der Nähe der Küste, treffen wir Fabi. Wir warten mitten auf dem zentralen Platz der Stadt. Ich glaube, dieser Treffpunkt war keine gute Wahl. Er ist überfüllt mit jungen Menschen, Straßenhändlern und lauter Musik. Kurz zweifle ich daran, dass wir ihn hier wirklich antreffen, immerhin könnte hier jeder zweite junge Typ Fabi sein. Auch hier tragen die Männer fast alle einen akkurat geschnittenen Undercut. An den Seiten schön kurz und oben eine lockere Mähne. Claudi und ich beschließen, so lange auf den Markt zu gehen, um Proviant für die nächsten Tage zu besorgen.

Meine Augen fangen an zu leuchten, als ich die Auswahl an Gemüse und Obst sehe. Überall frische Kräuter, Zitronen und Granatäpfel. Die Farben des Regenbogens sind hier alle vertreten. Ich weiß nicht, wo ich zuerst hinschauen soll. Ich würde am liebsten von allem probieren und die Tüten voll machen mit köstlichem Käse und eingelegten Oliven. An jeder Ecke lauern unterschiedliche Gaumenfreuden. In der Fleischabteilung hängen Lammköpfe und Keulen. Frische Hühner warten in Käfigen auf die Schlachtung, und Fasane und Gänse liegen sediert auf dem schmutzigen Boden, bis einer sie auswählt und ihnen den Kopf abhackt. Andere Stände verkaufen nur Innereien. Von Hirn bis zur Leber wird alles zu Geld gemacht. Ein paar Meter weiter riecht man die Fischabteilung. Das Wasser, mit dem die halb toten Fische immer wieder abgespritzt werden, um sie frisch zu halten, läuft an meinen Schuhen entlang.

Ich bin begeistert und schockiert zugleich. Diese Vielfalt an frischen Produkten lässt mein kulinarisches Herz höherschlagen. Doch wenn ich sehe, wie diese Tiere leiden, wie die Fische mit ein paar Spritzern Wasser den ganzen Tag halb am Leben gehalten werden, läuft das meiner moralischen Auffassung entgegen. Wir entscheiden uns vorerst gegen Fleisch und Fisch. Holen uns dafür frische Eier und verschiedene Sorten von gesalzenem Käse.

Als wir zurückkommen, haben sich Fabi und Paul schon gefunden. Es fühlt sich so sehr nach Heimat an, jemand Vertrautes in den Arm nehmen zu können. Ich drücke Fabi so sehr an mich, dass ich total vergesse, dass so etwas im Iran nicht gerne gesehen wird. Ich sehe auch, wie Paul strahlt, weil er endlich seinen besten Freund wieder bei sich hat. Normalerweise würden wir das mit jeder Menge Alkohol begießen, aber wir müssen auf Tee ausweichen. In einem Restaurant, in der Nähe des Marktes, sitzen wir alle im Schneidersitz vor einem großen Teller Reis und Kebab. Ständig muss ich Fabi anschauen. Irgendwie kann ich es nicht fassen, dass er wirklich hier ist. Im Iran. Bei uns.

Pauls Geburtstag feiern wir direkt am Wasser auf einem Parkplatz, besser gesagt in einem Autopark. Im Iran einen Stellplatz zu finden ist nicht schwierig. Man schaut einfach nach einem Park in der Stadt und stellt sich dann auf dessen Parkplatz – und im Iran gibt es wirklich jede Menge Parks. Die Menschen lieben sie hier. Weil es der einzige Treffpunkt für sie ist. Hier hat jeder jeden im Blick. Auch auf diesem Parkplatz kommt alle paar Stunden die Polizei vorbei, um nach dem Rechten zu sehen. Entweder um sicherzugehen, dass sich die Touristen nicht mit Einheimischen angefreundet haben, oder dass wir nicht doch Alkohol reingeschmuggelt haben. Oh ja. Alkohol. An Pauls Ehrentag stoßen wir mit Softdrinks an. Es ist ungewohnt, nicht die Dose Bier am Abend auf dem Tisch stehen zu haben. In den Wochen davor gab es wirklich fast jeden Abend Wodka oder Bier. Einfach, weil wir es konnten und es den Abend geselliger gemacht hat. Nun müssen wir komplett darauf verzichten.

In den zehn Tagen, in denen Fabi bei uns ist, wollen wir mit ihm so viel wie möglich erleben. Wir fahren bis nach Isfahan. Schauen uns fast jede Moschee an, die auf dem Weg liegt. Campen in den Bergen und nehmen zwei Tage pure Einsamkeit in der Wüste mit. Das volle Programm eben. Und unser Dachzelt, das Paul extra für Gäste angebracht hat, kommt endlich zum Einsatz.

Auf dem Weg von der Wüste zurück in die Stadt hören wir erneut dieses fiese Knacken. Dieses Geräusch hat sich so in mein Gedächtnis gebrannt, dass ich gleich weiß, was es ist. Paul hält sofort rechts an und sucht nach der defekten Stelle. Diesmal ist die hintere linke Blattfeder gebrochen. In der nächstgrößeren Stadt lassen wir sie schweißen. Als Übergangslösung müsste das erst mal reichen, bis wir eine ordentliche Werkstatt gefunden haben, die uns einfach alle vier rundum erneuert.

Der Abschied von Fabi fällt uns richtig schwer. Er hat uns durch seine Anwesenheit ein Stück Heimat mitgebracht. Wir sind schon so lange unterwegs, dass ich immer öfter an zu Hause denke. An das normale Leben in Berlin mit Freunden und Familie. Doch sobald ich beim Fahren aus dem Fenster schaue, würde ich trotzdem nirgendwo lieber sein als genau da, wo wir mit unserer Emma gerade entlangtuckern.

In Isfahan gibt es eine Straße, in der sich eine Werkstatt an die andere reiht. Iran ist das Paradies für Fahrzeuge wie unsere Emma. Die Mercedes-Busse werden hier noch zum Personentransport genutzt. Wir sehen sie in allen möglichen Farben und Längen. Sie werden liebevoll behandelt und mit Ornamenten bemalt, mit Chrom verziert und bunten Vorhängen geschmückt. In genau dieser Straße stehen unzählige dieser Autos. Entweder weil sie gerade repariert werden oder weil sie als Schlachtfahrzeug dienen. Hier sind wir anscheinend genau richtig. Wir fragen ein wenig rum, wer uns helfen kann. Es ist schwierig, jemanden zu finden, der Englisch spricht.

Nachdem wir in einigen Werkstätten nachgefragt hatten, ohne dass uns jemand verstanden hat, kommt ein Mann nun auf uns zu. Der Erste, der Englisch spricht. Er fragt uns, ob er uns helfen kann. Natürlich kann er das. Paul erzählt ihm, was genau an Emma gemacht werden muss, und fragt, an wen wir uns da am besten wenden könnten. Der nette Herr hat sofort eine Idee. Wir sollen ihm mal hinterherfahren. Er kennt eine gute Werkstatt, die nur solche Reparaturen macht. Wir folgen ihm bis zur allerletzten Werkstatt in der Straße. Dort spricht leider auch keiner Englisch. Aber der behilfliche Mann übersetzt für uns. Schnell werden die anstehenden Reparaturen abgeklärt, und er fährt wieder davon. Für den Notfall hat er uns seine Nummer dagelassen. Die werden wir sicher in Anspruch nehmen.

Die Mechaniker machen sich sofort an die Arbeit. Heute schaffen sie es nur, zwei Blattfedern rauszunehmen, kaputte auszutauschen und den Rest von Hand aufzuschmieden. Wir müssen die Nacht in der Werkstatt verbringen. Die Hotels im Iran sind unverschämt teuer, und Emma wollen wir einfach nicht alleine hier stehen lassen.

Am späten Abend klopft es noch an der Tür. Ein Mechaniker ist mit seiner Familie gekommen. Er hat uns Orangen und eine Kleinigkeit zu essen mit frisch gebackenem Brot mitgebracht. Leider verstehen wir uns gegenseitig nicht. Aber ein »Vielen Dank« kriegen wir auf Iranisch noch raus. Wie nett von ihm. Diese Iraner sind einfach ein herzliches Volk.

Am nächsten Tag werden noch die restlichen zwei Blattfederpakete repariert. Fabi hat uns auch zwei neue original Mercedes-Stoßdämpfer mitgebracht, die wir ebenfalls gleich austauschen lassen. Für zwei Tage handwerklich hervorragende Arbeit und teilweise neue Federn zahlen wir insgesamt 250 Dollar! Das kommt uns im Vergleich zu dem, was wir in Usbekistan dafür bekommen haben, wie ein Witz vor. Dafür gönnen wir uns noch eine neue, auf Hochglanz polierte Stoßstange aus Chrom. Um die Ecke habe ich auch einen Laden gesehen, der diese verspielten Vorhänge näht. Ich suche mir welche in Orange und Blau aus. Passend zu unserer Emma. Mit dem Verkäufer unterhalte ich mich über den Google-Übersetzer. Ich erzähle ein wenig von unserer Reise, und er ist so begeistert davon, dass er mir die Vorhänge schenkt. Diese Iraner sind wirklich verrückt, im positiven Sinne.

Wir fahren mit unserer aufgemotzten Emma vom Platz und sind total hingerissen von der Gastfreundlichkeit der Menschen hier.

Auf Entzug

Im Iran verzichtet man auf so einiges. Auf Alkohol, die Freiheit, seine Liebe offen zu zeigen oder überhaupt den zu lieben, den man möchte. Es wird dir verboten zu tanzen, als Frau zu singen oder das Leben zu feiern. Hier verzichtet man auf Selbstbestimmung in jeglicher Form. Ob es deinen Berufsweg angeht oder die Art, wie du dich kleidest. Hier wird das Individuelle dem Menschen ausgetrieben. Wenn du dann auch noch als Frau geboren wirst, fühlst du dich immer als Mensch zweiter Klasse.

Für die Menschen hier ist das der Alltag. Für uns aber ist das ein großer Kompromiss. Aber wenn wir ein so spannendes Land bereisen wollen, dann müssen wir uns auch an die Regeln halten. All die Sachen, die für uns so selbstverständlich sind, werden uns hier entzogen. Ich muss mich selbst immer ermahnen, nicht Pauls Hand zu nehmen oder ihn flüchtig auf die Wange zu küssen. Ständig muss ich an meinem Kopftuch zupfen, damit es ordentlich sitzt. Ich habe immerzu das Gefühl, etwas falsch zu machen. Vielleicht habe ich gerade zu lange den Mann gegenüber angeschaut oder mich als Frau falsch hingesetzt. Ist mein Kleid vielleicht doch zu figurbetont oder zu kurz? Ich versuche, mich wirklich anzupassen, aber es ist unglaublich schwer, wenn man sein Leben lang die Privilegien eines freien Menschen hatte. Dann kommt man in den Iran und sieht den Zwiespalt einer ganzen Generation und einer jahrhundertealten Kultur. Wären die Menschen hier nicht das gastfreundlichste Volk, das mir je begegnet ist, dann würde ich dieses Land verfluchen, weil es die Menschen, die hier leben, dermaßen einschränkt. Trotz des harten Regimes und der Unterdrückung durch den Islam ist das Miteinander und das Füreinander gewaltig. Vielleicht auch genau deswegen. Das Überleben ist hier nur möglich, wenn man zusammenhält.

Zwar hat der Iran genauso viele Einwohner wie Deutschland, sie sind jedoch auf einer Fläche verteilt, die viermal so groß ist wie Deutschland. Doch egal wo wir sind, es wimmelt überall nur so von Menschen und Autos. Wir sind nicht nur auf Alkoholentzug, sondern auch auf Privatsphäreentzug. Im Iran ist man nie alleine. Vor allem nicht als Tourist. Egal wo wir stehen, nach spätestens einer Stunde haben wir zehn Einladungen zum Tee erhalten und drei Kilo Datteln geschenkt bekommen. Nach zwei Stunden haben wir schon 100 Mal »Welcome to Iran« gehört und zählen zehn Neugierige, die um unser Auto rumlungern. Nach spätestens vier Stunden kommt dann die Polizei, die uns sagt, dass das kein sicherer Platz für uns sei. Sie schickt uns entweder auf einen überwachten Parkplatz, oder sie verlangt von uns, direkt vor der Polizeiwache zu stehen.

Wenn man dann doch mal eine Einladung von einem Iraner annimmt, dann kann man sich darauf einstellen, mit Geschenken überhäuft und über Tage festgehalten zu werden. Als Fremde, besser gesagt als deutsche Touristen, sind wir für die Iraner ein ganz besonderes Gut.

Wenn wir es dann endlich geschafft haben, uns aus den Klammern der iranischen Gastfreundlichkeit zu befreien, sitzen wir total fassungslos im Bus. Wir denken darüber nach, wie es sein kann, dass ein Land wie der Iran voller gutmütiger Menschen ist. Die enorm viel geben, aber nie was zurückverlangen. Dann denken wir darüber nach, wie fremdenfeindlich wir in Deutschland gegenüber Touristen sind. Wir sehen sie als nervig und überflüssig an. Weichen ihnen lieber aus, anstatt ihnen zu helfen, wenn sie ahnungslos nach der richtigen U-Bahn suchen. Wir sind lieber in der großen Stadt unter uns und lassen nur gute Freunde und die Familie ins Haus. Für Fremde ist da selten Platz.

Jetzt, wo wir selbst so viel Freundlichkeit erfahren, fühle ich mich manchmal schlecht, dass wir diese Tugend kaum pflegen. Und dann machen wir uns Gedanken, wieso das so ist. Weil wir wahrscheinlich nur Lust auf das Fremde haben, wenn es uns selbst passt. Wenn wir uns dafür entscheiden, dass es mal wieder Zeit ist, in den Urlaub zu fahren. Da ist uns dann der Fremde als Gastgeber sehr willkommen. Doch die Iraner haben diesen Luxus nicht. Sie können nicht einfach so entscheiden, mal nach Europa zu fliegen und in einem anderen Land zu sein, um Fremdes kennenzulernen. Sie sind davon abhängig, dass Fremde in ihr Haus kommen und eben von fremden Kulturen erzählen. So holen sie sich den Urlaub ins Haus, und wir versuchen ihnen dann auch genau das zu geben. Wir zeigen ihnen Fotos von der Reise oder Videos. Erzählen von spannenden Abenteuern oder von den fernen Landschaften. Das ist unser Geschenk an sie.

Es wird Zeit …

W ir bereisen den Iran ganze zwei Monate. Immer wieder trennen wir uns von Claudi und Julian, um sie dann an einer anderen Stelle des Landes wiederzutreffen. Doch nach vier Monaten gemeinsamer Reise trennen sich unsere Wege endgültig. Sie fahren in Richtung Pakistan und Indien. Wir zurück nach Europa über Aserbaidschan und Georgien. Es ist kein leichter Abschied. Manchmal haben sie die Reise erträglicher gemacht, und manchmal haben sie uns zu Abenteuern motiviert. So wie beim Pamir. Wären sie nicht gewesen, hätten wir diesen wundervollen Pass niemals überquert, und dann wären wir niemals so sehr über uns selbst hinausgewachsen. Wir gaben uns gegenseitig Halt und pushten uns abwechselnd nach vorne. Umso trauriger ist es, ohne sie weiterzureisen. Unsere treuen Reisegefährten. Ein Paar, das unterschiedlicher nicht sein könnte, aber dennoch haben beide genau den richtigen Weg miteinander gefunden. Als tolle Reisegefährten bleiben sie für immer in unserem Herzen.

Auch wird es Zeit, sich vom Iran zu verabschieden und Asien zu verlassen. Das wird mir deutlich, als wir am Persischen Golf stehen. Wir halten direkt am Meer. Es sind fünfundzwanzig Grad, und die Sonne prallt mit voller Wucht auf Emma. Ich werde von der Hitze wach. Mein Telefon zeigt mir 7:30 Uhr an. Die Luft im Bus ist knapp. Ich kann kaum richtig aufatmen. Am liebsten würde ich einfach nach draußen treten, an die frische Luft, und mir den Wind durch die Haare wehen lassen. Aber ich kann nicht. Ich muss zuerst in meine Leggings schlüpfen und ein langes Hemd über meinen durchgeschwitzten Körper ziehen. Dazu noch das Kopftuch, und dann darf ich erst aus dem Bus steigen. Meine Sehnsucht ist groß, einfach jedes Kleidungsstück vom Körper zu reißen und ins kühle Meer zu hüpfen. Mich darin erfrischen und umherschwimmen, bis ich eiskalt bin, um danach meinen nackten Körper in der Sonne wieder aufzuwärmen. Doch stattdessen suche ich vergebens ein schattiges Plätzchen, um mich irgendwie abzukühlen. Schon seit Wochen betreibe ich nur noch Katzenwäsche in unserem kleinen Waschbecken im Camper, weil ich die Außendusche nicht benutzen kann. Weil ich mich niemals in einem Bikini draußen neben dem Camper einfach waschen kann, weil ich Angst habe, dass jemand vorbeikommt und die Sittenpolizei ruft. Überall sind Menschen. Schon um acht Uhr morgens wimmelt es nur so von neugierigen Beobachtern. Ich steige zurück in den Bus und sage Paul, dass es Zeit ist, den Iran zu verlassen. Es ist wieder an der Zeit, ein wenig Privatsphäre zu haben und sich in der Öffentlichkeit seiner Freiheit zu erfreuen.

Als alle davon schwärmten, dass der Iran das tollste Land auf ihrer Reise war, schraubten wir unsere Ansprüche richtig weit hoch. Sie erzählten von tollen Landschaften. Dem Meer, den Bergen und den Menschen. Sie haben auch recht damit, dass der Iran ein tolles Land ist. Ohne Zweifel. Aber wir kamen von der anderen Seite. Wir haben zuerst Kirgisistan und Tadschikistan gesehen, und diese Länder in ihrer Schönheit und in ihrer Anmut zu übertreffen ist fast unmöglich.

Aber hier sind es die Menschen, die das Land so außergewöhnlich und herzlich machen. Der Iran wäre ohne sie nur eine karge Wüste des alten Persien.

HALLO, EUROPA

»Das Leben ist eine Reise,
die heimwärts führt.«
Herman Melville

Für mich heißt es eher:
Die Reise ist mein Leben.

EPILOG

All die Abenteuer und die schönen, aber auch unliebsamen Erlebnisse niederzuschreiben war für mich, als würde ich erneut auf eine große Reise gehen. Je mehr Seiten es wurden, umso stärker kehrte ich in den Sommer 2017 zurück. Das Gefühl, durch die Straßen der Welt zu fahren, wird dann wieder so präsent. Wie ich in Emma sitze, Paul an meiner linken Seite und wir im seichten Tempo bei Sonnenuntergang, in einer unendlichen Weite, unseren Weg bewältigen.

Ein Nachwort wäre keins, wenn ich mich nicht bei der Person bedanken würde, die mit mir in diese unsere persönliche »Schlacht« gezogen ist. Lange Zeit dachte ich, dass ich faul und träge geworden bin, doch ich wurde wieder aufgeweckt. Hellwach standen wir zusammen auf dem Gipfel und spürten die Harmonie der Natur. Wir haben an ihr gekratzt und sie an uns. Die Natur hat tiefe Narben in unserer Erinnerung hinterlassen. Narben, die uns nicht entstellen, sondern zu etwas Besonderem machen.

Danke, Paul, mein treuer Weggefährte, für mehr als nur eine Reise.

Klischees erwiesen sich teilweise als Tatsachen, oft aber auch als ein plumpes Muster, in das wir gerne Kulturen und Menschen pressen. Damit zu spielen und mich darauf einzulassen war mir eine große Freude.

Im Auf und Ab des Weges erkennen wir
den Rhythmus des Lebens wieder.

Albert Kitzler
VOM GLÜCK DES WANDERNS

Eine philosophische Wegbegleitung

Wandern heißt aus dem Alltag heraustreten, Natur erleben, Seele und Körper stärken und damit die Gesundheit fördern. Doch das ist nicht alles: Wandern ist ein Spiegelbild des Lebens – es geht ums Aufbrechen und Loslassen, um Anstiege und Abstiege, um Durststrecken und das erhebende Gefühl, ein Ziel zu erreichen. *Vom Glück des Wanderns* lädt ein zum Nachdenken über das Wandern und das Leben und erschließt dabei die stille und wohltuende Kraft, die beidem innewohnt.

»Albert Kitzler trifft die Essenz
des menschlichen Daseins.«
WDR 5